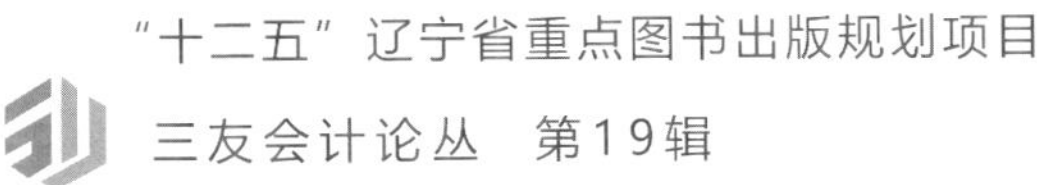

我国装备制造业全要素生产率研究

贡献、影响因素及产业升级路径

徐小惠　著

东北财经大学出版社　大连
Dongbei University of Finance & Economics Press

图书在版编目（CIP）数据

我国装备制造业全要素生产率研究：贡献、影响因素及产业升级路径 / 徐小惠著. —大连：东北财经大学出版社，2023.10
（三友会计论丛 · 第19辑）
ISBN 978-7-5654-4962-8

Ⅰ.我…　Ⅱ.徐…　Ⅲ.装备制造业-全要素生产率-研究-中国　Ⅳ.F426.4

中国国家版本馆CIP数据核字（2023）第174171号

东北财经大学出版社出版
（大连市黑石礁尖山街217号　邮政编码　116025）
网　　址：http：//www.dufep.cn
读者信箱：dufep@dufe.edu.cn

大连图腾彩色印刷有限公司印刷　　东北财经大学出版社发行

幅面尺寸：170mm×240mm　字数：263千字　印张：17.5　插页：1
2023年10月第1版　　2023年10月第1次印刷

责任编辑：王　莹　　责任校对：刘贤恩
封面设计：原　皓　　版式设计：原　皓

定价：86.00元

教学支持　售后服务　联系电话：（0411）84710309

如有印装质量问题，请联系营销部：（0411）84710711

出版者的话

随着我国以社会主义市场经济体制为取向的会计改革与发展的不断深入，会计基础理论研究的薄弱和滞后已经产生了越来越明显的“瓶颈”效应。这对于广大会计研究人员而言，既是严峻的挑战，又是难得的机遇。说它是“挑战”，主要是强调相关理论研究的紧迫性和艰巨性，因为许多实践问题急需相应的理论指导，而这些实践和理论在我国又都是新生的，没有现成的经验和理论可资借鉴；说它是“机遇”，主要是强调在经济体制转轨的特定时期，往往最有可能出现“百花齐放，百家争鸣”的昌明景象，步入“名家辈出，名作纷呈”的理论研究繁荣期和活跃期。

迎接“挑战”，抓住“机遇”，是每一个中国会计改革与发展的参与者和支持者义不容辞的责任。为此，我们与中国会计学会财务成本分会、东北财经大学会计学院联合创办了一个非营利的学术研究机构——三友会计研究所，力求实现学术团体、教学单位、出版机构三方的优势互补，密切联系老、中、青三代会计工作者，发挥理论界、实务界、教育界的积极性，致力于会计、财务、审计三个领域的科学研究和专业服务，以期为我国的会计改革与发展做出应有的贡献。

三友会计研究所的重大行动之一就是设立了“三友会计著作基金”，用于资助出版“三友会计论丛”。它旨在荟萃名人力作及新人佳作，传播会计、财务、审计研究与实践的最新成果与动态。“三友会计论丛”于1996年推出第一批著作；自1997年起，本论丛定期遴选并分辑推出。

采取这种多方联合、协同运作的方法，如此大规模地遴选、出版会计著作，在国内尚属首次，其艰难程度不言而喻。为此，我们殷切地希望广大会计界同仁给予热情支持和扶助，无论作为作者、读者，还是作为评论者、建议者，您的付出都将激励我们把“三友会计论丛”的出版工作坚持下去，越做越好！

东北财经大学出版社

三友会计论丛编审委员会

前言

自约瑟夫·熊彼特提出创新是经济发展的本质以来，世界各国政府一直致力于提高科技创新能力以推动经济增长，装备制造业作为高科技核心技术展现最集中的产业，其科技实力直接影响着一国的利益分配和产业格局，决定着一国工业的国际竞争力。改革开放以来，中国制造以低端要素禀赋优势切入全球价值链，我国装备制造业总体受益于国际分工，同时对外贸易“份优位低”，直到21世纪初中国装备制造业依然在全球价值链中处于低位。尽管产业竞争力每年一直在提升，但我国装备制造业自主创新能力不如美、日、德等发达国家，目前其竞争力提升的动力机制还处于由规模驱动向创新驱动转型的过渡阶段。同时，发达国家通过大幅提高关税、限制本国先进技术出售、强化知识产权保护、直接切断高端核心零部件的供应、拉拢发展中国家对我国采取孤立措施等方式，高度警惕“中国创新”，加大了我国装备制造业在全球价值链中突破低位的难度。同时，东南亚等一些新兴经济体在制造业低成本上的优势已开始倒逼中国制造转型升级。

本书以中国装备制造业为研究对象，根据全球价值链、全要素生产率、产业升级等理论，从国内与国际视角出发，首先对我国装备制造业的现状进行分析，得出了我国装备制造业国际竞争力还有较大提升空间、在全球价值链中所处的地位还需进一步提升等结论。接着对我国装备制造业全要素生产率的现状与趋势进行了分析，也是基于国际与国内两个视角。从国际比较来看，在产业总体方面，我国装备制造上市公司全要素生产率（TFP）整体上低于美、日、德，但与这些装备制造强国的技术差距呈不断缩小态势；在产业细分方面，我国电子通信设备业拥有较强的比较优势；在企业排名方面，我国装备制造业在先进企业数量上拥有较强的国际竞争优势，我国并不缺乏模范先进企业，但同时存在一大批落后企业，拉低了整体装备制造业实力，且先进企业在国内的技术溢出有限。从国内视角来看，我国装备制造业存在区域异质性。本书从投入要素禀赋、细分行业、生产要素类型三个方面进行了分析。

关于我国装备制造业全要素生产率的贡献，首先建立贡献部分的理论框架，再从理论和实证两个方面经过公式推演及实证检验证明了我国装备制造业全要素生产率对产业经济增长与全球价值链地位提升的重要贡献。研究发现，全要素生产率的提高能促进产业经济增长，对产业国际地位的提升也起到了积极作用，是实现我国装备制造业国际地位提升的重要路径。我国装备制造业各领域需要从要素驱动转向效率驱动，以促进整体全球价值链升级与各区域产业转型升级。

对于我国装备制造业全要素生产率的区域差异，本书从各城市群全要素生产率的测度与全要素生产率的影响因素两方面展开分析。关于全要素生产率的影响因素，本书首先在理论框架部分提出了影响因素的理论假说，在实证章节采用固定效应、双重差分、PSM倾向得分匹配、中介传导等方法进行了检验，研究发现一些因素对全要素生产率的影响存在普遍性，同时，各城市群也表现出了影响因素的区域异质性。普遍性是基于全样本企业而言的，区域产业政策、市场开放度与装备制造业全要素生产率呈正相关关系；研发投入与企业全要素生产率呈负相关关系，研发产出与企业全要素生产率呈正相关关系，经营多元化、企业盈余管理行为分别与企业全要素生产率呈负相关关系；企业金融化行为促进了装备制造业全要素生产率的提升。区域异质性体现在：区域产业政策与粤港澳大湾区和山东半岛、辽中南哈长这两个区域的装备制造业全要素生产率呈正相关关系；企业市场开放度与粤港澳大湾区的装备制造业全要素生产率呈正相关关系，与长三角、京津冀、呼包鄂、山东半岛、辽中南哈长的装备制造业全要素生产率呈负相关关系；研发支出与绝大多数城市群装备制造业全要素生产率都表现出负相关关系，尤其是山东半岛、辽中南哈长区域出现了负面的消耗；研发产出与长三角、川渝、关中、天山北坡、兰西、黔中、滇中装备制造业全要素生产率呈正相关关系；多元化经营与京津冀、呼包鄂、山东半岛、辽中南哈长、粤港澳大湾区、长江中游、中原、太原城市群装备制造业全要素生产率呈负相关关系；盈余管理与粤港澳大湾区、长三角、京津冀、呼包鄂、长江中游、中原、太原城市群、海峡西岸、北部湾装备制造业全要素生产率呈负相关关系；企业金融化与绝大多数城市群装备制造业全要素生产率呈正相关关系。研究还发现，资本因素、对外开放度、地域市场体制、地域产业发展、地域经济发展拉大了装备制造业全要素生产率区域间的差异。

我国装备制造业产业升级路径是建立在两个层面基础上的进一步深入：一是全要素生产率的区域差异；二是全要素生产率影响因素异质性。在全要素生产率的区域差异层面，根据我国各城市群装备制造业全要素生产率的测度结果、趋势与现状分析，研究给出了我国装备制造业以“国内循环”和“国际循环”为主线的升级路径。第一，国内方面，可通过产业有序转移与转型，进一步优化各城市群的装备制造业布局；按生产要素投入禀赋进行产业升级；以创新驱动装备制造业发展并进行梯队式治理；根据已有装备制造产业优势进行分类治理。第二，国际方面，需要保持开放定力，加强国际产业合作，各区域可按“一带一路”与非“一带一路”两个主层次对接国际价值环流实现全球价值链的攀升，并根据地缘优势与全要素生产率优势进行同一层次内部再细分式精准对接。在全要素生产率影响因素异质性层面，基于全要素生产率影响因素的实证结果，本书从政府、企业、各城市群三个方面试图为我国装备制造业转型升级提供科学的理论支持和经验证据。

作 者

2023年8月

目 录

1 导论

1.1 研究背景和研究意义

1.1.1 研究背景

我国高度重视装备制造业，视之为“国之重器”，它是我国高科技核心技术展现最集中的产业，是工业的核心，是推动我国工业发展的重要产业。装备制造业的科技实力直接影响着一国的利益分配和产业格局，决定着一国工业的国际竞争力。纵观发达国家的历史，其经济起飞往往始于制造业，而在制造业大规模发展之初，均优先发展装备制造业。随着新一轮工业革命的到来，各发达国家均在国家战略层面设计以推进装备制造业的发展，如德国“工业4.0”、美国“工业互联网”。中国《智能制造发展规划（2016—2020年）》、“中国制造2025”均与装备制造业的发展息息相关。我国社会的劳动力成本上涨，制造业开始走向价值链高端，低端制造逐渐向生产投入要素成本低的东南亚经济体转移。2004—2014年，我国年均工资增长率一直处于10%~20%的增长幅度，使得制造成本不仅高于东南亚、南亚、东欧，甚至达到美国制造成本的90%以上，珠三角、长三角的制造成本更是达到美国制造成本的95%。虽然美国装备制造业从业人员的工资是我国的6～7倍，但是劳动生产率也是我国装备制造业的6倍以上，两者相抵，成本已不具备太大优势。在我国人口红利、生产成本这些传统优势已经不再具备的情况下，装备制造业的发展将成为推动经济高质量增长的重要支柱。

自约瑟夫·熊彼特指出创新是经济发展的本质以来，世界各国政府一直致力于提高科技创新能力以推动经济增长。纵观世界经济史，实现科技突破的国家率先在危机中复苏，推动产业革命形成新的经济增长点，占据新一轮发展的制高点。英国曾伴随工业革命而崛起，美国则依托第二次科技革命长期占据头号强国的位置。2008年国际金融危机，表面上是发达国家金融监管缺失造成的，实际根源在于现有的科技、产业发展进入衰退期。在第四次工业革命主导全球技术进步与当前全球化退潮的经济形势下，自主创新能力是我国企业赖以生存的底牌。美国以往默默为科技"谋篇布局"，现已转变为堂而皇之的制裁，高度警惕"中国创新"，展开"301调查"，公布的加税清单商品类别恰是"中国制造2025"中重点扶持的产业，并计划通过贸易战来进行战略压制，同时直接切断高端核心零部件的供应。美国认为其装备制造业领域来自中国的挑战比来自俄罗斯和日本的挑战还大，甚至有美国学者建议美国政府建立一个高于美国产业战略的美欧日联合技术联盟，确保能够在关键领域以极具竞争力的价格生产创新产品，旨在全力压制中国。

我国装备制造业的研发投入与研发产出不对称。针对这一背离现象，亟须厘清它们之间的内在逻辑。根据投入产出数据，2017年我国装备制造业增加值占工业总增加值的17.8%，装备制造业研发支出占国内总研发支出的50.86%。而在实际产出方面，我国装备制造业在芯片、传感器、关键检验设备、基础工业装备、基础工业软件、半导体产业的光刻机、高档数控机床、轨道交通业的轴承、航空发动机、机载设备与系统等方面与发达国家相比还有较大差距。即使是先进的装备制造企业，在研发上的投入也没有取得相应的产出。比如，2017年专利产出占GDP的比重仅为0.15%；2018年位列世界五百强的55家中国装备制造企业研发投入

1 159.37亿元，占整个高新技术行业研发投入的36.41%，但这些企业产值合计47 790亿元，仅占整个装备制造业产值的14.58%，研发方面的巨大投入并未带来生产效率的提升。

致力于装备制造业生产效率、创新能力提升与转型升级的政策需要理论指导。2020年3月，中央政治局常委会召开会议提出，要加快新型基础设施建设进度。“新基建”包含的七大领域为特高压、新能源汽车充电桩、5G基站建设、大数据中心、人工智能、工业互联网、城际高速铁路和轨道交通，这些均属于装备制造业的高端领域。由此可见，我国新一轮经济增长点在很大程度上寄望于装备制造产业的科技创新。我国改革已进入深水区，要实现政府有为、市场有效的帕累托最优，就需要变革创新体系。产业政策的制定既要符合我国实际国情，又要遵循经济发展的客观规律。旨在促进企业创新的各项政策经济效应如何、怎样激励创新以更好地解放和发展生产力等问题的回答均需要理论支撑。在现阶段我国生产要素投入边际效应递减的情况下，产业政策的核心在于将研发资本从要素驱动向效率驱动转换。

当今世界正经历百年未有之大变局，中国处于近代以来最好的发展时期，社会结构、发展动能、比较优势、约束条件都在发生变化，产业基础能否高级化是我国能否成为制造强国的关键，对装备制造业因势而谋，便显得尤为重要。《中华人民共和国国民经济和社会发展第十四个五年规划和2035年远景目标纲要》中已经明确要深入实施制造强国的方向：“加快补齐基础零部件及元器件、基础软件、基础材料、基础工艺和产业技术基础等瓶颈短板”，“推动集成电路、航空航天、船舶与海洋工程装备、机器人、先进轨道交通装备、先进电力装备、工程机械、高端数控机床、医药及医疗设备等产业创新发展”。本研究力图从全要素生产率测度、影响因素等方面系统性研究装备制造业全要素生产率，以探索我国装备制造业自主创新能力提升、转型升级的实施路径。

1.1.2 研究意义

（1）理论意义

搭建微观企业全要素生产率的理论分析框架，进一步丰富产业经济学、技术经济学、区域经济学的相关研究内容。虽然当前有关全要素生产率的问题的研究引起了国内外学者的广泛关注，但学术界专门针对装备制造业全要素生产率及其影响因素的研究并不多，而且现有的理论研究在特定的时期、特定的区域才能成立，情境不同，结论也会有所差异。不同区域、时点、产权对装备制造业全要素生产率究竟会产生怎样的影响、影响机制如何，还没有形成成熟的理论分析框架，还有很多问题有待深入探讨。本研究将形成较为完整的理论分析体系，为从全要素生产率视角推进企业创新能力提升及产业转型升级提供理论指导。

（2）现实意义

一是改革已经进入深水区，对企业全要素生产率进行研究，是实现产业创新能力提升与转型升级的关键。装备制造业是全球科技争夺的焦点，在全球化退潮、美国贸易保护主义抬头及高科技产品断供的国际形势下，提高自主创新能力是我国产业经济走可持续发展之路的重要渠道。对装备制造业全要素生产率及其影响因素进行研究，能为今后市场参与主体如何配置高级生产要素以更有效支撑产业发展提供现实参考。通过实证研究装备制造业全要素生产率，不仅能够反映市场有效性、资源配置效率，亦能检验政府产业政策的实施效果。

二是通过深入研究装备制造业全要素生产率及区域异质性特征，了解中国装备制造业创新实力的基本面，寻求全要素生产率的影响因素、机理与区域性差异，能为“中国制造 2025”“智能制造”“新基建”等产业政策提供实施基础，有助于我国产业转型以及综合国力的提升，对于推动产业经济与区域经济的高质量发展以及解决我国装备制造业核心零部件“卡脖子”等技术进步问题有着十分重要的现实意义。

三是我国进入 21 世纪以来，“西部大开发”“振兴东北老工业基地”“中部崛起”“推动长江经济带高质量发展”“建设粤港澳大湾区”等区域性发展战略相继实施，中西部的基础设施建设水平迅速提升，打通了东中西部的资源流通渠道，提高了中西部创新资源配置能力，促进了中西部全要素生产率的提升，在中西部形成了湖北、湖南、陕西、甘肃、重庆等全要素生产率中高省市的中坚力量，带动整个地区创新发展。而振兴东北老工业基地战略已经进入第二轮实施阶段，东北地区的“经济结构失衡”“市场缺失”“体制束缚”“人口老龄化”等问题依然严峻。本研究通过对全要素生产率的影响因素进行研究，有助于厘清“智能制造”“新基建”等产业政策对这些区域全要素生产率的影响。

1.2 文献综述

1.2.1 国外研究综述

(1) 装备制造业竞争力

装备制造概念是中国提出的，目前国外学者没有关于装备制造业的“简单再生产和扩大再生产”的概念，与之相关的有高端制造业（high-end manufacturing）、机床制造业（machine tool industry）、高新技术制造业（high-tech manufacturing industry）、新兴产业（emerging industries）。

国外学者关注高新技术产业、新兴产业、高科技产业等相关产业的竞争力，从劳动力、政策、外国直接投资等方面展开研究，尤其关注该类产业的研发、技术、创新。Guillou（2006）认为，较低的劳动力成本与较高的劳动效率是美国高新技术产业保持较高竞争优势的关键。Rammer等（2017）认为，需求方政策对企业的国际竞争力有负面影响。Chin和Rowley（2018）认为，在政策环境的支持下，出口导向的外国直接投资在很大程度上促进了中国制造业的增长。Keshari和Saggar（1989）认为，技术工人、生产工艺等是优化印度机械和运输设备出口表现的关键因素。Alvarez和Marin（2013）认为，外国直接投资和技术是发展中国家竞争力的杠杆，通过面板数据实证研究了发展中国家的企业如何通过跨国公司的联合行动和技术吸收与创造能力在复杂的高科技市场中实现整合，以及内外部因素如何影响高科技产业的国际竞争力。Koziowska（2017）认为，波兰机械制造商竞争力取决于组织的规模。泰国学者Pananond（2013）通过研究电子行业中国台湾母公司泰国子公司从单纯的出口制造到国际扩张的案例，建议通过在较先进国家进行外国直接投资来摆脱本土子公司低端位置、实现转型升级。Chidchob（2019）认为，驱动力、知识管理和绿色供应链管理影响了泰国制造业的竞争力。Andreoni和Tregenna（2020）认为，中国、巴西和南非陷入“中等收入技术陷阱”，不利于经济增长以及持续的工业技术升级。简而言之，学者们对装备制造业竞争力的影响因素展开了讨论，认为劳动力、政策、投资、经济环境、技术、规模都能影响该产业竞争力，同时竞争力也与技术、产业升级、价值创造直接挂钩。

（2）全要素生产率的测度

国外学者对全要素生产率的函数拟合、模型设计的测度方法进行了大量研究。全要素生产率的测算是斯蒂格勒在20世纪50年代最早提出的。索洛（1957）将技术进步因素纳入经济增长模型，将人均产出增长扣除资本集约程度增长后的未被解释部分归为技术进步的结果，未被解释的部分称为索洛余值，即全要素生产率的增长率。丹尼森发展了余值的测算方法。Farrell（1957）首次提出随机前沿分析SFA法，由此发展起来的生产函数法允许技术无效的存在，该方法比传统的生产函数法更接近生产和经济增长的实际情况。以上的索洛余值法、SFA法属于参数法。Charnes等（1978）提出了数据包络分析（DEA）方法，与索洛余值法、FSA法不同之处在于，该方法是非参数的生产率指数法。数据包络分析方法和随机前沿分析方法不能很好地去除外部环境和随机干扰对全要素生产率的影响，因此Fried等在2002年提出三阶段DEA方法，但三阶段DEA方法属于静态模型，Fare等（1992）提出的Malmquist生产率指数法弥补了静态模型的缺陷。这些用来测算全要素生产率的方法在国外学术界均有应用。Puskarova和Piribauer（2016）基于知识生产函数来研究知识和人力资本存量对欧洲各国制造业全要素生产率的影响。Serdaroğlu（2015）采用索洛余值法测试土耳其的金融开放性与全要素生产率的关系。Basile等（2012）基于半参数自回归模型研究欧盟区地缘与产业生产效率的关系。

Nguyen（2017）采用LP方法测算越南2000—2010年企业全要素生产率。Herrala等（2012）运用DEA模型测度芬兰19个供水系统的生产效率，采用Malmquist指数法的有：Frank（2013）运用指数法分析了挪威水产部门1996—2008年的全要素生产率；Ben（2014）评估了中东和北非国家小额信贷机构的生产效率。Li和Chen（2021）将固定的Malmquist-Luenberger（ML）索引和基于松弛测度（SBM）模型与不良输出结合起来，提出了一种新的方法，即基于松弛的量度Malmquist-Luenberger（SBM-ML）模型，采用该方法来测量绿色全要素生产率，不仅可以进行时间维度上的分析，还能进行区域空间上的分析。

（3）全要素生产率的影响因素

国外文献从创新、市场、政府、产业结构、产业集聚、地理距离、国际贸易和国际投资等因素来研究全要素生产率。

①知识资本与创新投入视角。在知识资本与企业生产率之间的关系研究中，代表者是美国哈佛大学Griliches，他对121家美国大公司在1968—1975年间研发投入与专利申请数量之间的关系进行研究，发现企业研发投入与申请并授权的专利数量之间存在显著的正相关关系。他运用R&D资本计量模型和知识资本生产函数证明了资本对美国大型制造企业生产率的持续增长具有重要作用，对于企业生产率提高而言，私人企业投资效应比政府投资效应更明显。他还基于以知识资本和创新为增长发动机的企业内生增长理论，建立了以创新投资驱动的企业内生增长理论框架，做出了很大的理论贡献。不少文献研究了财政政策对企业研发投入的影响。Coe和Helpman（1995）研究了研发投入对全要素生产率的影响效应，认为研发资本能显著促进全要素生产率的提高。Kumar等（2018）研究发现，印度煤炭开采业技术效率的变化来源于印度技术升级和经营规模的投资。也有学者得出了相反的结论。Bereskin等（2018）研究发现，R&D支出减少会导致创新产出数量下降。Gunny（2010）发现，基于盈余管理动机的R&D支出下降导致了更低水平的创新产出及效率。Chang和Robin对中国台湾1997—2003年间23个行业的48 794家公司分析发现，对全要素生产率进行创新会产生显著的负面影响。可见，知识资本、研发投入、创新在

不同地区、不同时期、不同环境对全要素生产率产生的影响各有不同。

②国际贸易视角。关于对外贸易对全要素生产率的影响，国外学者观点一致，大多数研究认为对外贸易通过溢出效应、规模效应、竞争效应等可提高全要素生产率，只是论证方式不一样。最初有关贸易与全要素生产率的研究考察了贸易规模（进出口总额）、贸易开放度（进出口规模/GDP）对技术进步与经济增长的影响机制及其效应。Feder（1982）、Helpman和Krugman（1985）认为，贸易将会通过增加规模效应促进生产率的增长。Grossman和Helpman（1991）认为，贸易通过提供更多的“干中学”机会带来学习效应，促进一国全要素生产率的提升。Harmse和Abuka（2005）对南非制造业的实证研究表明，贸易自由化可以通过竞争和学习效应促进技术进步。Kim（2000）对韩国制造业的实证研究和Pavcnik（2002）对智利种植业的实证研究均表明，对外贸易的发展能够促进全要素生产率的提升。Awokuse（2016）将进口与出口同时纳入模型，对捷克、保加利亚和波兰三个转型经济的实证结果表明，出口、进口都对经济增长存在促进作用。Coe和Helpman（1995）研究表明，一国从高水平R&D国家进口产品会促进本国生产率的提高。Perkins（1997）对中国沿海省区出口绩效与企业改革之间关系的研究表明，出口企业比非出口企业具有更高的生产率，出口行为可能带来企业生产率的提高。Ghirmay（2001）分析了19个发展中国家出口同经济增长的关系，发现出口对全要素生产率的影响是效率和积累共同作用的结果。Raberto和Lopez（2005）认为，出口会通过对前后产业的技术溢出来提升出口相关产业的生产率。

③国际直接投资视角。关于国际直接投资（FDI）对全要素生产率的影响，国外学者观点不一。有学者证实了FDI正溢出效应的存在。Caves（1974）、Globerman（1979）、Imbriani和Reganati（1997）分别对澳大利亚、加拿大以及欧洲国家企业的检验结果表明外资企业对当地企业产生了明显的外溢效应。Kokko（1996）、Fredrik（1999）分别发现FDI在乌拉圭、印度尼西亚等国家存在技术溢出。同时，持反面观点的学者也不少。Djankov和Hoekman（2000）通过检验捷克制造业1993—1996年的数据发现，如果外资份额由独资企业和合资企业两部分组成，则当地企业的生产

效率呈现负溢出效应。还有一些学者认为FDI对行业效率的提升并没有影响，或者说即便有影响，也是有条件的。20世纪末21世纪初，一些国外学者通过对多个国家的研究证实FDI对行业效率的提升没有影响。Liu（2000）对英国、Dimelis和Louri（2002）对希腊、Kokko（1996）对乌拉圭、Fredrik（1999）对印度尼西亚、Blomstrom（1986）对墨西哥进行了研究。其中，Blomstrom（1986）选用墨西哥1970—1975年制造企业的横截面数据，考察了行业竞争对技术溢出的影响，发现存在正溢出效应，他认为主要原因在于竞争加剧导致当地企业效率提高，而不是外资进入导致行业内的技术转移增加。Haddad和Harrison（1993）、Aitken和Harrison（1999）等认为其影响是有条件的，对委内瑞拉、摩洛哥等发展中国家的检验结果发现，FDI的技术外溢效应只在一定条件下成立。

④企业管理视角。国外学者从知识、人力资本、研发投入、企业规模、技术进步、管理水平等内部角度研究装备制造业全要素生产率的影响因素。人力资本是企业管理视角下很关键的因素，人力资本可以直接影响生产率（Brown和Dev，2000），还可以通过技能、知识和工作经验影响劳动力的效率和效力（Syverson，2011；Madera等，2017；Úbeda-García，2014；Cho等，2006；Joppe和Li，2016）。Puskarova和Piribauer（2016）发现，知识和人力资本存量都会对制造业全要素生产率产生溢出效应。学者们还研究了人力资源所处的环境壁垒。卡纳特·阿卜杜拉通过使用增强型Roy模型预测，消除巴西和印度的人力资本积累壁垒以及劳动力市场的壁垒，平均产出分别增加22%～52%和38%～53%。Combes和Duranton（2006）、Glaeser（2010）支持了这一观点，认为灵活多样的劳动力市场集合可以使集群内的劳动力分配更加有效，这在需求或生产率受到冲击之后尤其重要（Graham和Melo，2014）。关于企业规模与产出的关系，Kohtamaki和Partanen（2016）对芬兰91家制造企业研究发现，企业规模与产出呈现U形关系。关于企业规模、R&D支出强度与全要素生产率的关系，Worley（1961）建立了企业规模弹性模型，企业规模弹性大于1，表明随着企业规模的增加，企业的研发强度增加。Scherer（1965）建立了企业规模与研发支出的三重关系来描述两者之间复杂的关系，以专利数作为研发

活动指标，以销售额作为企业规模指标，结果只有三家企业通过了拐点。Kamien（1978）认为，大企业规模庞大，导致组织内部沟通困难，研发效率低下。Rothwell（1994）的实证研究支持了这种观点。Shefer 等（2005）使用以色列高科技企业数据，也得出了企业规模与R&D强度的负相关关系。全要素生产率主要归因于技术进步，而技术进步主要由劳动力驱动。生产率的提高与劳动力驱动的效率提高方向相同，人力资源管理是提高全要素生产率的主要原因。Bloom 和 Van Reenen（2007）的实证研究也表明，企业管理水平对全要素生产率的影响在统计上表现出很强的显著性。

⑤产业集聚与地缘视角。Krugman（1991）、Novelli 等（2006）都认可地缘的重要性。Marshall（1920）最早提出集聚经济的概念。大量学者研究集聚与生产率之间的关系，Glaeser 和 Maré（2001）、Rosenthal 和 Strange（2004）研究发现了集聚对生产率的重大影响。Bosile 等发现，地理邻近关系是欧盟产业生产效率提高的重要因素。Martin 和 Sunley（2003）、Porter（1998）、McCann 和 Folta（2009）、Chung 和 Kalnins（2001）、Kalnins 和 Chung（2004）确定集聚对公司和地区绩效与增长具有积极影响，支持了 Shaver 和 Flyer（2000）所提出的企业不仅受益于集聚经济和溢出效应而且也为它们做出了贡献的理论。Marshall（1920）的集聚经济为产业区内工业为何在特定区域本地化提供了经济学依据。过去的研究发现，集群中的劳动力市场集聚对于生产率提升起着重要作用（Helsley 和 Strange，1990；Krugman，1991；Overman 和 Puga，2008；Martin 和 Sunley，2003）。Chang 和 Oxley（2009）以中国台湾为例研究产业集聚、地理创新和全要素生产率，研究结果也支持了关于集群内创新溢出的现代产业集群理论。Kim 等（2021）则确定了集聚经济对生产率的竞争性和互补性。相反，McCann 和 Folta（2009）认识到集聚不经济现象。在制造业中，劳动力市场集中化的积极作用已经得到确认，拥有大量人力资本的大都市区可以提高制造业的生产率（Andersson 和 Loof，2011；Mariotti 等，2010；Abel 等，2012；Andini 等，2013；Wheeler，2006）。

⑥政府控制视角。有学者提出提高税收优惠对全要素生产率的增长率

会产生积极影响，也有学者认为税收分配的资本和劳动力推动全要素生产率的重点在于平衡企业经济效益和社会效益。政府可以通过提供更好的基础设施来替代较低的资本税。鲁皮卡·汉娜通过研究印度基础设施是否会刺激全要素生产率发现，不同类型的基础设施（如公路、铁路、能源、港口和电信）对生产力的影响存在巨大差异。基础设施总存量每增加1%，生产率将提高0.16%。运作货币政策也是政府控制经济增长背后的机制。俄罗斯学者通过研究科学政策如何推动科研生产力的增长，发现其主要与高等教育部门的人力资源能力较强有关，俄罗斯科学部门的改革和科学政策的变化极大地改变了俄罗斯科学的形态和结构。在服务贸易政策方面，Beverelli等（2017）认为，降低服务贸易壁垒可以提高制造业生产率，而且服务贸易开放性带来的生产率收益取决于国内机构。Igna和Waterman（2019）指出，服务监管的总体效果也能导致生产率的差异。在政府对金融的管控方面，金融开放性对全要素生产率的影响是显著的，Serdaroğlu（2015）提出，需要通过宏观、全面的互补政策来增强利用金融开放优势的能力和程度。越南学者实证研究发现，财政支持可以改善技术进步和公司规模的增长，但对提高技术效率有负面影响，腐败水平的提高会直接降低区域全要素生产率，而行政服务支出等占比对全要素生产率的影响存在阈值，在达到阈值之前，增加行政服务支出的比例可以提高全要素生产率。Ge等（2018）从研发和政府补贴的角度研究嵌入全球价值链对生产率提高的影响，发现中国制造企业嵌入全球价值链之后生产率显著提高，同时，政府补贴强度可以增强私营企业和技术密集型企业的生产率。

（4）国外文献述评

现有研究支持了技术效率、产业集聚、人力资本、贸易开放度、外商直接投资、R&D溢出、基础设施、制度改革与环境、知识、研发投入、企业规模、技术进步、管理水平等诸多因素对全要素生产率的影响，但是对于影响的程度和方向并没有统一的结论，不同样本维度、数据统计口径和空间维度内的研究结论存在较大差异。从上述文献来看，因素之间存在交互影响。比如，研发投入对生产率的作用存在规模异质性，市场开放度对全要素生产率的影响存在城市人口异质性等。这也意味着我们在做检验时，简单的单因素分析已经不能满足理论要求。此外，一些因素与全要素生产率之间还存在层层递进的关系。比如，知识资本、人力资本可以影响研发投入，再通过研发投入转移到对全要素生产率的影响；国际贸易开放度会影响劳动力资本，国际直接投资会产生技术外溢效应，而劳动力资本和技术外溢也可能直接对全要素生产率产生影响。这就要求我们在寻找影响因素时考虑中介效应、因果效应等影响机理，不能只看直接效应的显著性。总之，各因素之间的交叉关系和中介效应使得全要素生产率影响因素的研究变得复杂。

1.2.2 国内研究综述

（1）装备制造业的全球化视角

国内学者在研究中国装备制造业的国际地位与提升路径时，主要通过国别比较和多种贸易指标进行深入研究。国内学者通过国际竞争力的国别比较研究，普遍认为我国装备制造业总体上与发达经济体相比缺乏竞争力，但对于中国装备制造各子行业竞争力评价的观点有所差异。陈爱贞和刘志彪（2011）借助投入产出分析发现，我国装备制造业各细分行业的中间投入层次低，中间投入结构中间接消耗较多，且依赖性有上升趋势；全球价值链下外泄效应比较显著地阻碍了国内价值链的延伸；“为出口而进口”的贸易模式增强了低端锁定效应，为了突破这种“内生”而又具有“链条关联”的影响，需要进行价值链创新。关于我国装备制造业竞争力不断上升的趋势，学者们的研究结论基本一致。杜晓旭和李钕铃（2016）、金钊（2013）研究指出，我国铁路运输设备的国际竞争力不断提升。陈明等（2015）认为，我国高科技出口国际竞争力逐年提高。张玉芹和李辰（2016）通过研究不同技术等级的中间产品贸易状况、产业内贸易类型、增加值贸易，得出我国装备制造业在全球价值链中所处的地位有所提升，但总体而言依然处于价值链的低端这一结论。林桂军和何武（2015）利用Kaplinsky升级指数和中间品相对出口单价分析指出，中国装备制造业在全球价值链中所处的地位低于美国、日本和德国，在电信和船舶方面升级明显，总体表现远超美国、日本和德国三个装备制造业强国。刘似臣和张诗琪（2018）采用KWW法扩展的出口增加值核算方法对金砖国家装备制造业出口增加值进行比较研究发现，2000—2014年，中国装备制造业出口增加值快速增长，远高于其他国家。王三兴和董文静（2018）基于RCA指数测算，指出中国计算机、电子及光学设备制造业等是“战略行业”，亟待转型升级为“黄金行业”。盛新宇和刘向丽（2017）通过IMS、TCA、RCA、CA指数对中、美、德、日高端装备制造业国际竞争力进行对比发现，美国优势不断下降，德国和日本占据高位优势且稳中有升，其中日本优势更强，中国呈现长期增长态势；美国轨道交通装备业竞争力下滑；中国智能制造装备产业竞争力弱，远弱于美、日、德三国，中国航空装备业国际竞争力较强且有上升趋势，经过实证分析后指出，中国高端制造业缺乏竞争力的主要原因是高级生产要素水平偏低。康学芹和廉雅娟（2020）选取CA指数测算中美国际竞争力，发现我国高新技术产业发展不平衡，中国航空航天设备制造、医疗仪器设备产业呈现弱竞争力，电子通信设备、计算机及办公设备产业有优势，产业发展不平衡限制了国际竞争力的提升。曹雨（2018）采用ESI指数得出中国装备制造业总体上仍处于全球价值链低端的结论，认为中国除仪器仪表及文化、办公用机械制造业外，出口复杂度均较低，通用设备、专用设备和交通运输设备制造业与美、日、德三国相比差距很大；电气机械及器材，通信设备、计算机及其他电子设备制造业与美国存在很大差距，仪器仪表及文化、办公用机械制造业处于全球价值链较高水平。王厚双和盛新宇（2020）采用ESI指数测度中国装备制造业竞争力发现，中国装备制造业竞争力水平偏低，仅在中国香港、荷兰、新加坡市场上具备一定竞争力；虽然中国高端装备制造品的国际市场份额不断上升，但法、韩、日、墨的高端装备制造品的出口竞争力均明显高于中国；中国航空、海洋装备制造具备国际竞争优势。沈国兵和李韵（2017）等采用经过修正的MPI法，基于最终品进口市场的增加值市场渗透率（MPIVA）指标测度出口竞争力，认为中国制造业仍处在全球价值链的低端，尚需从自身的品牌、营销管理、知识产权等方面提升。

面对全球化退潮的形势，不少学者开始关注贸易保护主义、有限全球化下装备制造业如何应对的问题，并就此提供了中国对策。支持正向影响的有：许亚运（2014）认为，美国对华FDI对中国制造业出口竞争力有正向影响；徐冰曦（2014）认为，美国对华FDI与中国制造业升级正相关；徐坚（2017）认为，国际游戏规则和国际利益分配格局调整出现相对有利于发展中国家的变化趋势。支持负向影响的有：潘辉和汤毅（2018）认为，美国制造业回归抑制中国制造业转型升级及出口。不落正负两边的有：王永龙（2017）认为，逆全球化对我国制造业参与国际分工的基本格局并未根本改变；佟家栋等（2017）认为，特朗普政府经济政策对中国制造贸易影响微乎其微。根据影响提出对策的有：徐孝勇和曾恒源（2018）、徐坚（2017）、陈伟光和郭晴（2017）认为，逆全球化引发的新全球化将造成世界制造业重塑，中国制造可以有所作为；詹建兴（2017）、董琴（2018）将逆全球化与“一带一路”倡议结合起来研究中国对策。

（2）装备制造业的区域发展视角

关于我国装备制造业竞争力的区域分析，綦良群和李兴杰（2011）以辽宁省装备制造业为例进行了实证研究，总结影响区域装备制造业产业结构升级的关键因素。赵桐和宋之杰（2018）从供给侧、需求侧、紧密性三个维度评价了中国装备制造业在双重价值链中的参与模式与地位，发现仍以加工贸易为主嵌入GVC；在国内价值链中，总体上形成了以东部区域为主导，带动中西部区域发展的趋势，部分子行业形成了供需较为均衡的国内价值链体系；西、东、中部区域依次位于国内价值链的上、中、下游。王英和董轲萌（2019）以江苏装备制造业为例研究产业集聚的环境效应及其空间溢出，得出加快产业集聚、促进企业间资源共享和技术溢出是良性集聚的关键，区域污染防治的根本是建立区域协调机制等结论。不少学者结合我国各省的实际情况对装备制造业的竞争力提升问题进行了思考。姜绍华（2007）认为，山东装备制造业的发展需要强化技术创新、调整结构、加大资本投入。王群（2009）基于全球价值链视角研究了辽宁装备制造业集群发展模式。王福君（2009）研究了辽宁装备制造业的比较优势。郭玉屏（2013）从全球价值链视角对宁波制造业产业升级进行研究，提出产品升级、产业升级、管理模式升级、商业模式升级、融资渠道升级、市场升级和企业战略升级等路径，同时提出了策略行为，即加强自主创新能力、拓展融资渠道、积极完善财税政策、建立管理培训体系、促进行业协会发展、完善服务平台。盛丽丽（2014）研究了生产性服务业对江苏装备制造业国际竞争力的影响。霍文慧（2018）基于GVC视角探索了黑龙江装备制造业升级路径。刘佳斌（2018）根据辽宁装备制造业的发展规模、发展布局、重点行业和企业、转型升级以及参与全球价值链分工等现状，提出了高端化发展路径、智能化发展路径、服务化发展路径、集聚化和外向化等GVC升级路径及“一带一路”发展机遇下构建主导型GVC的发展建议。

（3）区域全要素生产率

在区域全要素生产率研究中，国内学者主要通过全要素生产率的测算来分析区域经济增长来源，以及要素积累和效率增长对区域发展差距的影响，但是，对于要素积累和效率增长的贡献程度，学术界却有分歧，并且都有相关实证研究作为支撑。彭国华（2005）采用修正的索洛余值法估算了我国1982—2002年的区域全要素生产率，研究认为TFP是我国区域经济发展差距的决定性因素。傅晓霞和吴利学（2006）对我国区域全要素生产率进行测算，研究认为改革开放以来的地区经济差距主要来源于要素积累，但是全要素生产率的作用渐大。李静等（2006）采用增长核算法估算了我国各省区的全要素生产率，然后对各省区劳均产出进行了方差分解，研究证明全要素生产率是我国区域产出差距的主要根源。赫睿（2006）采用两种前沿生产函数法对我国1978—2003年的区域劳动产出进行了分解，并检验了相关因素的收敛效应，研究表明资本投入是我国区域经济增长的主要驱动力，全要素生产率的贡献相对较弱，但它是缩小地区间差距的唯一因素。刘树峰等（2019）分析了2008—2015年中国省际创新总效率及两阶段效率演化动态及其成因，认为现阶段亟待解决的问题有企业自身研发能力不足、高校和研究机构科研评价体系不健全、成果转化收益分配不合理、基础研究投入不足、区际间知识生产能力与市场吸纳能力不匹配等。

（4）装备制造业全要素生产率影响因素

①生产要素视角下市场、政府、产业结构、地理等外部因素。国内学

者从市场、政府、产业结构、产业集聚、地理距离等外部角度研究装备制造业全要素生产率的影响因素。余泳泽和张妍（2012）认为，市场化程度对高技术产业全要素生产率有显著的正向影响。田泽和程飞（2017）发现，政府支持度与对外开放程度对装备制造业全要素生产率有显著的正向影响。李晓钟等（2017）认为，浙江省信息产业与制造业各行业的融合度、市场开放度对制造企业绩效有显著影响。根据国内外大量制造业全要素生产率的研究发现，服务业和制造业融合度与制造业全要素生产率的提升有关系。陈洁雄（2010）参照Andy Neely的研究方法，以OSIRIS数据库2008年中国和美国上市制造企业为样本进行了对比分析，结果表明，中国制造企业的服务化与经营绩效存在显著的倒U形二次曲线关系，而美国制造企业的服务化与经营绩效之间存在显著的线性正相关关系，而不是倒U形关系。徐振鑫等（2016）提出，我国制造企业的服务化程度与制造企业的盈利能力之间具有正U形关系。

②生产要素视角下研发、规模、技术、管理等内部因素。国内学者还从研发投入、企业规模、技术进步、管理水平、进出口贸易、FDI等内部角度研究装备制造业全要素生产率的影响因素。研究研发投入对装备制造业全要素生产率影响的学者较多，这些学者认为研发投入会对装备制造企业的全要素生产率产生显著的正向或负向影响。有研究表明，企业规模对高技术产业全要素生产率有显著的正向影响。有学者将这些因素在装备制造业的子行业中进行了研究。国内有学者研究认为，外资贸易与FDI下的R&D溢出、出口参与度对制造业全要素生产率有正向影响。肖利平（2018）提出，“互联网+”提高了装备制造业全要素生产率中的规模效应。此外，国内学者还研究FDI对绿色全要素生产率的影响，所得结论不相一致。涂正革和谌仁俊（2013）认为，FDI对地区工业环境技术效率存在显著的抑制作用。王兵等（2010）得出FDI显著促进了中国总体绿色全要素生产率及环境效率增长的结论。王恕立和王许亮（2016）认为，FDI对绿色全要素生产率的影响并不显著。李斌等（2016）认为，FDI既无法促进绿色技术进步，也不能改善绿色技术效率。杨冕和王银（2016）的研究发现，FDI显著促进了中国总体以及东、中部地区绿色全要素生产率增

长，对西部地区绿色全要素生产率则存在负向影响。

（5）国内文献述评

国内学者更多的是从实证层面研究不同领域、不同空间尺度，普遍缺少理论层面对区域经济效率与全要素生产率的影响因素及影响机制的讨论。

关于我国全要素生产率的评价，研究结果反映的是我国经济增长主要依赖于要素投入增长，是典型的投入型增长方式。学者们普遍认为，我国企业全要素生产率增长率较低的原因在于技术进步率偏低、生产能力没有得到充分利用、技术效率低下和资源配置不尽合理。但是，对导致技术效率低下和资源配置不合理的因素及具体改进方案的研究则争议较大。

学者们对全要素生产率的研究最先从宏观和中观层面开启，对于企业层面的研究相对于宏观和中观层面要少。此外，在区域全要素生产率的研究方面，更多的是对区域的宏观测度与比较，缺乏立足于产业层面的区域比较。同时，学者们对全要素生产率内部因素研究的文献远不如对全要素生产率外部因素研究的文献充足，而对内部因素的研究若是基于具体企业样本则更有说服力。从企业层面的内部影响因素来看，尽管学者们均认为研发投入、管理水平、“干中学”的知识、信息化水平等能够提高企业的全要素生产率，但具体如何在装备制造业中提高则缺乏相关文献研究，这给本研究提供了一定的拓展空间。

1.2.3 小结

（1）国内研究在经济基础理论创新上落后于发达国家

国内学者在对全要素生产率测算方法的研究上追随国外文献，在测算全要素生产率时也基本上采用国外文献的测算方法作为实证分析的基础。主要原因在于基础研究比较薄弱，相对于应用研究还较为匮乏。

尽管装备制造业的概念首先由中国提出，但国内学者对装备制造业发展的研究在理论层面上滞后于世界经济强国。形成这一问题的主要原因有两大方面：一是在工业文明进程上，中国工业发展滞后于发达国家，而理论研究多基于中国工业实际情况，研究基础相对滞后；二是学术界围绕装备制造在社会科学领域做现象研究的居多，对问题研究的深度不足，导致国内有关装备制造竞争力的研究一直以来处于跟随阶段，难以实现理论和实践上的超越。

（2）关于全要素生产率影响因素的研究还有拓展空间

首先，对影响因素的研究更多的是从实证层面，对不同领域、不同空间尺度的生产效率进行研究。已有的国内研究普遍缺少理论层面对区域效率与全要素生产率的影响因素及机制问题的讨论。

其次，有关不同样本、时间维度、数据统计口径和空间维度内的诸多因素对全要素生产率的影响的研究结论存在较大差异。各因素之间错综复杂的关系使得全要素生产率影响因素的研究变得复杂，也使得具体针对某个产业领域和特定区域的研究充满现实价值。目前将装备制造业与区域结合起来研究全要素生产率的理论研究并不多，系统性研究鲜有，这为本研究提供了一定的研究空间。

再次，关于我国全要素生产率的评价，研究结果反映的是我国经济增长主要依赖于要素投入增长，是典型的投入型增长方式。学者们普遍认为，我国企业全要素生产率增长率较低的原因在于技术进步率偏低、生产能力没有得到充分利用、技术效率低下和资源配置不尽合理。但是，对导致技术效率低下和资源配置不合理的因素和具体改进方案的研究则争议较大。本研究通过系统性研究区域装备制造业的全要素生产率问题，试图从多个视角提出全面改进的中国方案。

最后，学者们对全要素生产率的研究最先从宏观和中观层面开启，对于企业层面的研究相对于宏观和中观层面要少。在区域全要素生产率的研究方面，更多的是对区域的宏观测度与比较，缺乏立足于产业层面的区域比较。同时，学者们对全要素生产率内部因素研究的文献远不如对全要素生产率外部因素研究的文献充足，而对内部因素的研究若是基于具体企业样本则更有说服力。从企业层面的内部影响因素来看，尽管学者们均认为研发投入、管理水平、“干中学”的知识、信息化水平等能够提高企业的全要素生产率，但对于具体如何在装备制造业中提高则缺乏相关文献研究，这给本研究提供了一定的拓展空间。

1.3 研究思路、研究框架和研究内容

1.3.1 研究思路

学术界对全要素生产率的研究较多，大多基于宏观及制造业层面。众所周知，装备制造业是制造业的核心。2016年以后我国装备制造企业国际竞争优势凸显，目前学术界对装备制造业研发方面的研究远少于制造业层面的研究，且结论存在一定的争议，这使得装备制造业转型升级的理论得到了进一步发展。对全要素生产率及其影响因素的研究见仁见智，但站在装备制造企业微观层面，系统性研究全要素生产率影响因素的文献并不多。此外，学者们在对区域异质性的系统性研究中，大多采用东、中、西部的区域划分方式，而本研究采取以京津冀、长三角、粤港澳大湾区、成渝城市群、中原与大西部的区域划分方式，更适合研究产业政策对全要素生产率的影响。本研究试图系统性研究其影响因素，首先考虑到在实际规范研究中，中观层面的数据可获得性与丰富度远不如微观层面，由此选取了企业数据进行实证研究，且在实证研究前，对全要素生产率相关数据在宏观、中观、微观三个层面的区域特征与动态变迁的一致性进行了验证，以保证微观数据的价值与可实用性，随后提出理论假说，分别实证研究装备制造企业全要素生产率的影响因素及区域异质性。

1.3.2 研究框架

研究框架如图1-1所示。

1.3.3 研究内容

第1章，梳理装备制造业、全要素生产率、产业转型升级的相关文献。

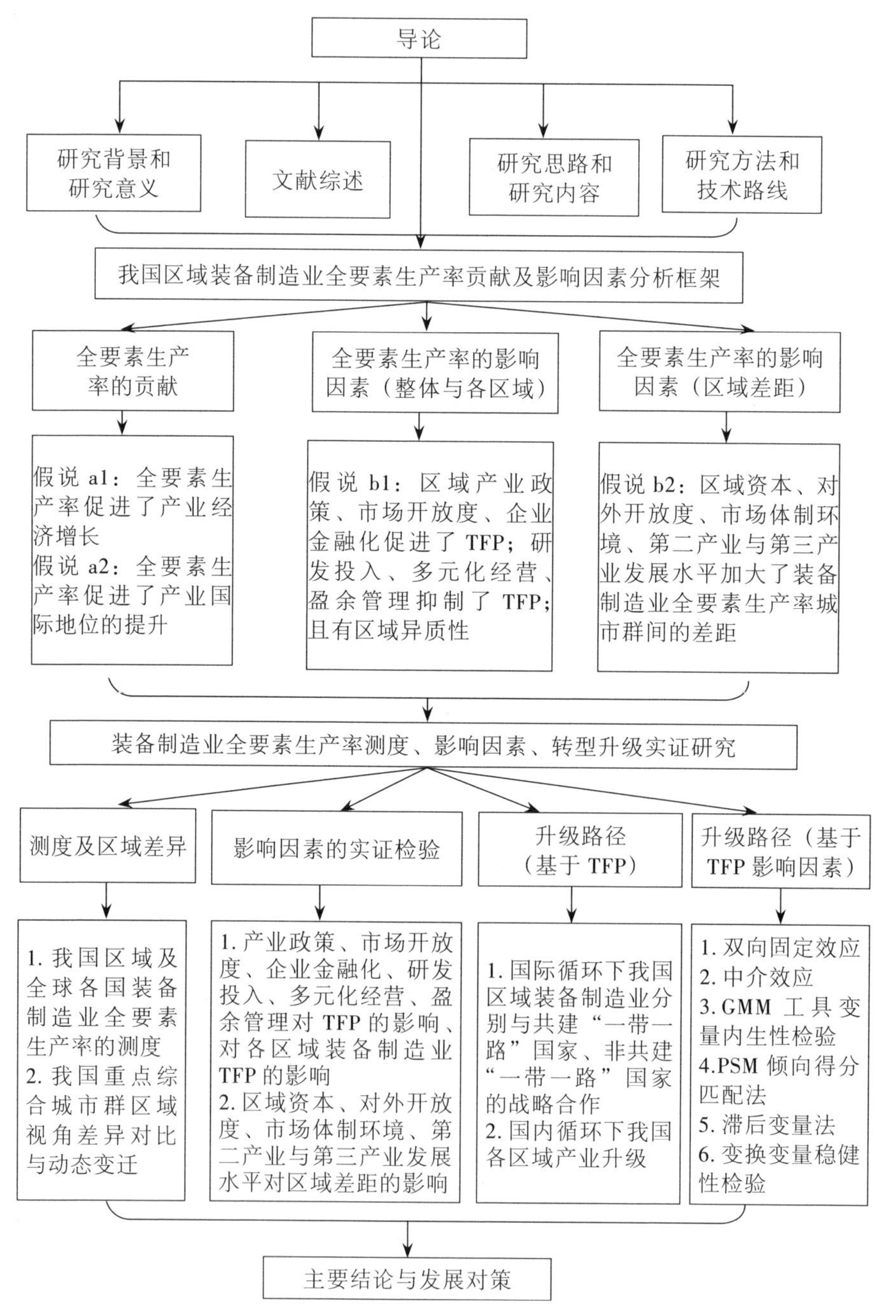
导论
研究背景和研究意义
文献综述
研究思路和研究内容
研究方法和技术路线
我国区域装备制造业全要素生产率贡献及影响因素分析框架
全要素生产率的贡献
全要素生产率的影响因素（整体与各区域）
全要素生产率的影响因素（区域差距）
假说a1：全要素生产率促进了产业经济增长
假说a2：全要素生产率促进了产业国际地位的提升
假说b1：区域产业政策、市场开放度、企业金融化促进了TFP；研发投入、多元化经营、盈余管理抑制了TFP；且有区域异质性
假说b2：区域资本、对外开放度、市场体制环境、第二产业与第三产业发展水平加大了装备制造业全要素生产率城市群间的差距
装备制造业全要素生产率测度、影响因素、转型升级实证研究
测度及区域差异
影响因素的实证检验
升级路径（基于TFP）
升级路径（基于TFP影响因素）
1. 我国区域及全球各国装备制造业全要素生产率的测度
2. 我国重点综合城市群区域视角差异对比与动态变迁
1. 产业政策、市场开放度、企业金融化、研发投入、多元化经营、盈余管理对TFP的影响、对各区域装备制造业TFP的影响
2. 区域资本、对外开放度、市场体制环境、第二产业与第三产业发展水平对区域差距的影响
1. 国际循环下我国区域装备制造业分别与共建“一带一路”国家、非共建“一带一路”国家的战略合作
2. 国内循环下我国各区域产业升级
1. 双向固定效应
2. 中介效应
3. GMM工具变量内生性检验
4.PSM倾向得分匹配法
5. 滞后变量法
6. 变换变量稳健性检验
主要结论与发展对策

图1-1　框架结构图

第2章，构建我国区域装备制造业全要素生产率贡献、影响因素的理论分析框架，提出相关理论假说。

第3章，揭示我国装备制造业国内外现状及全球价值链地位动态趋势，再分别从国内与国际视角对我国装备制造业全要素生产率现状与趋势进行分析。在国际视角方面，将我国装备制造业全要素生产率与日、美、德进行国际比较；在国内视角方面，基于企业层面对我国重点综合城市群区域装备制造业全要素生产率进行测度，揭示各个区域装备制造业全要素生产率水平及区域差异。

第4章，分析我国装备制造业全要素生产率的贡献，分别通过公式推演及实证检验证明我国装备制造业全要素生产率对产业经济增长与全球价值链地位提升的重要贡献。

第5章，对我国各个区域装备制造业全要素生产率的影响因素进行实证分析，揭示装备制造业全要素生产率影响因素的普适性与区域异质性。

第6章，根据我国装备制造业全要素生产率的国际对比与国内现状、普适性的影响因素及各城市群装备制造业全要素生产率影响因素的区域差异，给出我国装备制造业转型升级的发展路径。

第7章，对我国装备制造业全要素生产率提升、区域合理布局提出规划建议。

1.4 研究方法和技术路线

1.4.1 研究方法

（1）理论归纳及假说演绎法

通过大量研读有关装备制造业、全要素生产率、区域经济发展等文献，从中寻找有效信息点并加以分析判断，形成理论框架。对掌握的文献进行分类，找出共同点及可继续挖掘的研究空间，进而总结本选题的边际贡献、研究价值及突破路径。以行业及上市公司数据为观测样本，在对我国各区域装备制造业进行全面、系统的描述性统计分析的基础上，结合观察结果和政策导向，本研究提出若干有待检验的假设。根据研究假设进行演绎推理，再通过实证环节检验演绎推理的结论，从而保证研究结论更具针对性和时效性。

（2）理论与实证分析相结合

本研究现有的理论假说建立在特定时空上，存在产业与区域异质性。全要素生产率的内外部影响因素、经济效应都需要实证检验。本研究在研究过程中将运用柯布-道格拉斯生产模型、Malmquist指数法、钻石模型指标体系构建、熵值法、TFP_LP测算法、PSM匹配、中介效应检验模型、滞后变量法、工具变量法、面板回归、双重固定效应检验等开展中观与微观计量的大样本检验。因此，本研究采用理论与实证相结合的方法，二者相辅相成。

（3）对比分析法

本研究在研究过程中多处采用对比分析法。首先，企业微观数据来源于CSMAR、RESSET、Osiris BvD数据库及企业官网，产业中观数据来源于中国工业统计年鉴、中国科技统计年鉴等信息，通过对不同角度进行全要素生产率比较，分析区域差异与动态发展趋势，确保企业微观数据的真实性与可用性。其次，在影响因素检验中采用制造业作为对照组进行对比分析，将产权性质差异作为进一步实证分析的因素。

1.4.2　技术路线

本研究的总体技术路线图如图1-2所示。

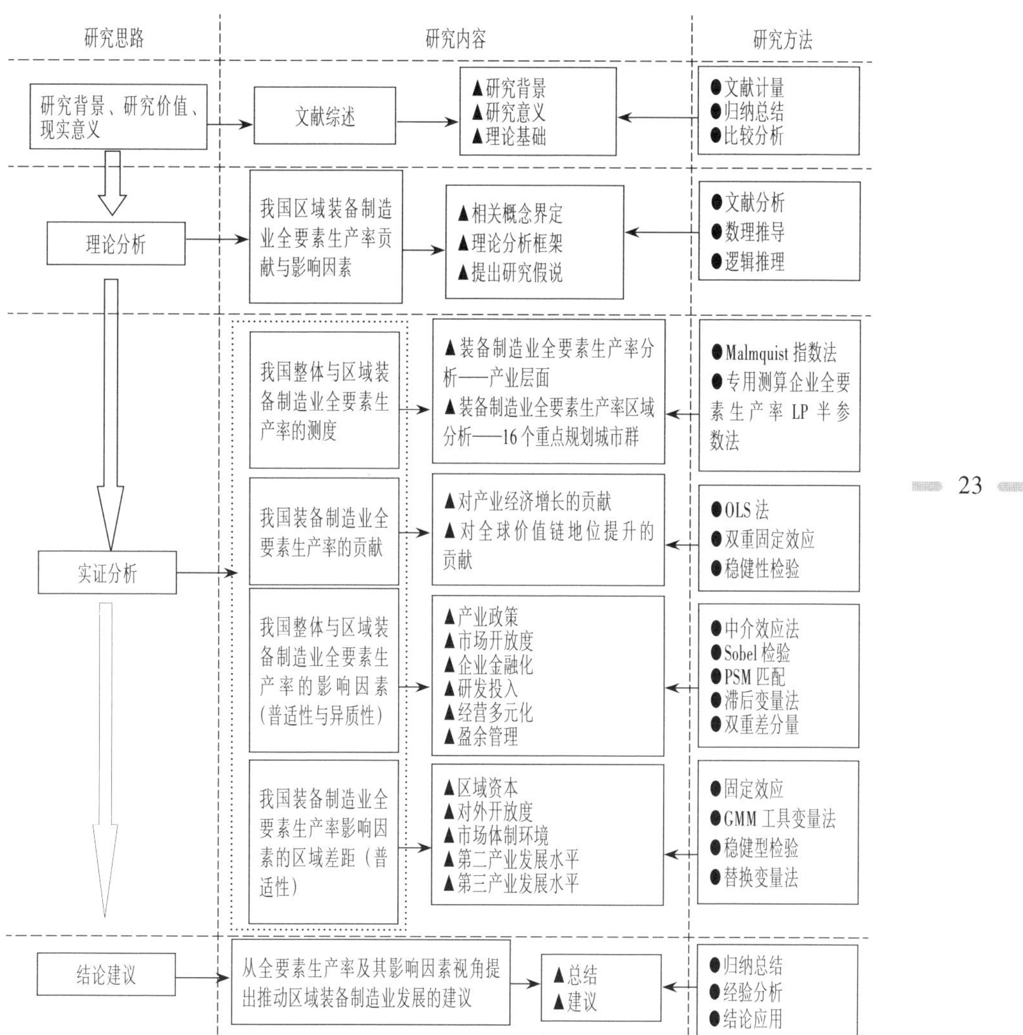

图1-2　总体技术路线图

1.5 拟解决的关键问题与创新之处

1.5.1 拟解决的关键问题

（1）搭建“我国区域装备制造业全要素生产率贡献与影响因素研究”理论分析框架。

（2）通过分析我国“粤港澳大湾区”“长三角经济圈”“京津冀”“东北老工业基地”“大西部”装备制造业全要素生产率，给出区域经济高质量发展的对策建议；探究我国中、东、西、东北部装备制造业全要素生产率的影响因素。

（3）从区域层面和企业层面探索我国区域装备制造业全要素生产率的影响因素，并通过构建实证模型寻找这些影响因素的作用机理。

1.5.2 可能的创新点和边际贡献

（1）国务院发展研究中心已指出中国所沿袭的东、中、西部区域划分方法已经不合时宜，但学术界对区域全要素生产率的系统性研究大多依然停留在东、中、西部此类传统的划分方法上。对“粤港澳大湾区”“长三角经济带”“京津冀”“东北老工业基地”“大西部”的区域研究，定性研究较多，定量研究亟须拓展。由于行业层面数据的局限性，无法细化到城市并根据城市区域进行全要素生产率的研究，而本研究通过搜集企业层面的数据分析各城市群区域的全要素生产率，在很大程度上丰富了对这些综合经济区的定量研究。

（2）在我国装备制造业全要素生产率的研究中，基于国别比较的研究较多，但针对我国区域与别国整体水平进行装备制造业全要素生产率的研究鲜有，本研究通过统一采用装备制造业上市公司微观层面数据实现了这一比较，能为今后推进“国内国际双循环”相互促进以及推动共建“一带一路”高质量发展提供一定的理论指导。在区域分析中，本研究将我国装备制造业所在区域分为16个城市群，将所有城市群与国际上多个区域和国家层面进行对比，这不仅在很大程度上丰富了装备制造业的国别比较，而且提供了各城市群产业发展的新思路。同时，16个城市群之间的协调合作又进一步为国内循环的产业经济发展与政策实施提供了坚实的基础。

（3）关于装备制造业全要素生产率的影响因素，本研究结合中国具体国情和实际产业情况，纳入了产业政策、研发投入与产出、金融化、多元化、盈余管理等关键指标，并试图研究这些因素的影响机理。在装备制造业全要素生产率研究中探索这些指标对其影响的文献并不多，因此本研究在一定程度上丰富了产业全要素生产率影响因素的研究。

2 我国区域装备制造业全要素生产率的理论框架

2.1 相关理论基础

2.1.1 新古典增长理论

新古典增长理论（new-classical theory of economic growth）主要是指美国经济学家罗伯特·索洛提出的经济增长理论。索洛以柯布-道格拉斯生产函数为基础，推导出一个新的增长模型：G=a△K/K+（1—a）△L/L，即索洛经济增长模型（Solow growth model），又称作新古典经济增长模型，这是在新古典经济学框架内的经济增长模型。

1960年，索洛和米德在原有模型中引入了技术进步和时间因素，数学公式为：Y（t）=F（K（t），A（t）L（t）），“索洛-米德模型”为：G=a△K/K+（1—a）△L/L+△T/T。其中，△K/K代表储蓄增长率；△L/L代表劳动人口增长率；△T/T代表技术进步率；G代表经济增长率；a代表储蓄对总产出的贡献弹性；1-a代表劳动对总产出的贡献弹性。

假定条件如下：①储蓄-投资转化率为1；②投资的规模收益是常数。

索洛模型进一步完善了古典经济学理论中哈罗德-多马模型关于K和

L两个要素不可替代的假设。该模型在完全竞争市场和规模报酬不变的假定下，认为经济增长来自要素投入的增加与全要素生产率的提高这两个主要因素，技术进步是经济增长的持久动力。

主要结论有：①经济向平衡增长路径收敛；②人均产出（Y/L）的增长来源于人均资本存量和技术进步，技术进步能带来人均产出的持久性增长；③储蓄率存在黄金定律，可实现人均最优消费和资本存量最优增长；④储蓄率的变化对产出的影响是暂时的、有限的、缓慢的。

关于该模型的争议之处是：①把技术进步看成外生给定的，以至于不能很好地解释长期经济增长的真正来源；②理论预测与实际数据不符。

2.1.2 熊彼特创新理论

1912年，经济学家约瑟夫·熊彼特在《经济发展理论》一书中首次提出，创新是建立一种新的生产函数，是把一种从来没有过的关于生产要素和生产条件的新组合引入生产体系，该函数包括了新产品、新技术、新市场、新供应商、新组织与企业家职能。随后，熊彼特在《经济周期》和《资本主义、社会主义和民主主义》两书中形成了以生产技术和生产方法的变革为经济发展根本助推力的“创新理论”。该理论体系强调创新是经济发展的本质。熊彼特创新学派认为，一个国家或地区经济发展的质与量在很大程度上来源于该国或该地区拥有创新精神的企业家的数量以及企业家在实践中的创新努力。其过程为“企业家创新示范—根本性的创新成功实施—现有市场和生产结构改变—创新企业获得短期超额垄断利润—更多模仿企业加入创新行列—社会对生产资料和资金、信用需求增加—经济高涨—创新机会逐渐减少—经济向低潮转变—新一轮创新到来”。在这一螺旋式循环推动经济增长的过程中，经济波动周期长短会因技术创新规模、技术含量、周期、效应等的不同而不同。

20世纪70年代，门施、弗里曼、克拉克等经济学家用现代统计方法验证了熊彼特的观点，进一步将创新理论发展为“新熊彼特主义”。该理论提出，政府通过一系列的科技创新政策来构建一个包括“科技创新政策、创新链、创新人才、创新文化”等在内的完整的创新生态体系，涵盖孵化器、公共研发平台、风险投资、围绕创新形成的产业链、产权交易、市场中介、法律服务、物流平台等，通过这个完整的创新生态体系，利用好研发资源以形成持续创新成果。进入21世纪，信息技术下的创新被认为是技术进步与应用创新珠联璧合下的产物。

学术界将熊彼特的创新理论归纳为这几点：第一，创新具有内生性，是资本与劳动力投入以外的导致经济发展自行发生的变化，是从系统内部发生的，是诸多经济变化的重要原因；第二，创新是一种革命性变化，熊彼特强调创新的突发性、间断性以及对经济发展作动态分析的比较性；第三，创新意味着毁灭，在竞争性经济中，新组合通过竞争将旧组织消灭；第四，创新必然伴随新价值，熊彼特创新理论强调创新是新工具或新方法的应用，必须产生新的经济价值；第五，创新是经济发展的本质规定，熊彼特区分了经济“增长”与经济“发展”，后者是经济循环流转过程的中断，只有发展才能实现创新；第六，创新的主体是企业家。

2.1.3 内生经济增长理论

内生经济增长理论在考察一个国家的经济增长时，除了囊括传统的资本和劳动等生产投入要素外，还增加了人力资本、知识、研发、政策制度等投入要素，认为一国经济增长的主要动力为效率与技术。由于新古典经济增长理论与现实经济情况严重不符，于是经济学家将技术进步内生化，将K由以前的物质资本变为人力资本，重视研发、知识的作用，形成了内生经济增长理论，提出了AK模型、研发模型、“干中学”模型、人力资本模型。AK模型是内生增长的基本模型，不存在边际报酬递减，无收敛性；而索洛模型是假设规模报酬不变、边际报酬递减的外生增长模型，存在收敛性。研发模型强调的是知识积累而非资本积累导致了增长。阿罗（Arrow，1962）的“干中学”模型强调知识积累是一般生产活动的副产品。人力资本模型中的资本包括教育、人力资本。罗默（Romer，1986）在“干中学”模型的基础上更加强调技术进步对经济增长的作用。罗默认为，自主创新比知识溢出效应更为重要，同时，政府只有通过给予研发方面的补贴、健全知识产权保护制度，才能使得创新主体的研发行为得以保护，罗默理论的前提为技术进步是增长的核心，市场竞争所导致的研发投入是技术创新的主要来源，创新产品可以成为商品。继罗默之后，卢卡斯

（Lucas，1988）以人力资本为核心建模，他认为，社会生产率的提高是由人力资本决定的，而非物质资本，国家经济之间的差距来源于人力资本水平，发达国家的资本和劳动力边际收益大于发展中国家是由于其拥有较高的人力资本水平，这弥补了新古典经济增长理论中对国家经济差距现实问题解释不足的缺陷。

内生经济增长理论的缺陷在于没有考虑资源环境对经济增长的约束，并且忽视了制度因素对要素投入和生产率的重要影响。随着能源危机和环境污染问题的到来，人们越来越意识到环境的重要性。现代经济增长理论应运而生，在之前理论的基础上又纳入了资源利用水平因素，考虑了经济增长过程中的资源环境约束和政策对生产率的影响，这使得经济增长的评估更加全面，弥补了内生经济增长理论的缺陷。梅多斯于1972年在《增长的极限》一书中提出“世界崩溃论”，指出经济增长存在极限，自然资源的消耗会造成资源枯竭、大量且过快的污染排放会对人类生存环境造成破坏，一步步推动世界濒临崩溃。

2.1.4 代理理论

公司治理理论主要包括两权分离理论（即委托代理理论）和利益相关者理论。

委托代理理论起源于Berle和Means（1932）。Ross于1973年提出了关于“委托人”与“代理人”的专有名词，该理论系统随后经过Jensen和Meckling（1976）的契约成本理论、Grossman和Hart（1986）的不完全契约理论等逐步发展而来。其核心在于如何以股东与经营者之间的代理成本最小化为目的构筑一套有效的公司治理机制。该理论在早期以理性人假设为前提，研究股东与经理人之间的契约关系，由于双方利益、风险不同，权责不对等，企业实际运营信息不对称，因此代理人在信息和时间方面更有优势，当双方出现分歧时，代理人很可能为谋取自身利益最大化而违背契约，出现机会主义倾向和道德缺失。

利益相关者概念最早由美国斯坦福研究院（1963）提出，是指所有与公司产生紧密联系的人。Freeman（1984）指出，广义的利益相关者为个人和群体。Blair（1995）从法律角度扩充了利益相关者的概念，将员工、客户、供应商、银行等自然人或法人加入公司利益相关者的范围。以利益相关者理论为基础的多边治理理论逐步占据主流位置。Shleifer和Vishny（1997）指出，公司治理研究的对象主要包括股权结构、董事会结构与规模、管理层激励和利益相关者治理。公司董事会作为所有有形资产和无形资产的受托人，其职责不仅包含资本增值，也包含不同利益相关者之间增加值的公平分配。由此可见，利益相关者以系统学为基础，并考虑利益相关者群体共同效益最大化，以实现公司的社会价值。

上述理论关注的核心在于剩余收益和它的最优分配，但忽视了生产过程和资源配置过程的重要性，组织控制理论从效率、业绩、创新角度对此作了进一步完善。Lazonick和O'Sullivan（2000）、O'Sullivan（2000）讨论了企业效率和价值提升对公司治理的重要性，他们以创新经济学（包括技术创新和制度创新经济学）为基础，提出了组织控制理论。该理论以创新为核心，提炼出公司创新的三大特征：一是积累性，即创新是知识积累和学习的过程；二是集体性，即在集体中通过共享相互学习，内化知识；三是不确定性，即创新的成果存在不确定性，同时创新投入有可能带来沉没成本。该理论还总结出创新在资源配置过程中的特征：一是开发性，即持续将收益以较高比例投入创新过程；二是战略性，即创新需要持久的资金支持，而且在公司内部必须要有具备创新精神的人；三是组织性，即充分高效整合人力资源与物质资源。

2.1.5　产业升级理论

经济学理论文献中，关于产业升级并没有一个公认的明确定义。关于产业升级理论，主要围绕产业结构升级、全球价值链下产业升级、生产要素改进、资源优化配置、生产效率提高、技术进步与产品质量改进等角度展开研究。

产业结构是指国民经济中产业之间与部门内部的组织与构成状况。法国经济学家Quesnay是产业结构升级理论的奠基者，他在《经济表》（1758）中首次提出了不同部门之间的生产要素流动可创造财富的观点。德国经济学家Hoffmann在《工业化的阶段和类型》（1931）中通过计算第二产业消费资料与资本资料的比例关系揭示了工业结构演变规律，人们将这种比例关系称为霍夫曼系数，将此规律称为霍夫曼定理。英国古典经济学家Petty和Clark于1940年提出，劳动人口会按照第一产业、第二产业、第三产业的顺序逐步转移，通过人均收入分配揭示出经济发展过程中产业结构变化，人们将此经验性学说称为配第-克拉克定理。美国经济学家Rostow在《经济成长的阶段》（1960）中指出，一个国家的经济发展过程分为传统、准备腾飞、腾飞、成熟、高额消费、追求生活质量六个阶段，产业发展程度与所处的经济成长阶段高度相关。此外，产业结构升级的表现形式还包括：产业结构发展沿着“劳动密集型优势—资本密集型优势—技术密集型优势”的顺序演进，并且由低附加值向高附加值的方向演进。

全球价值链下产业升级主要包括四种类型：（1）流程升级；（2）产品升级；（3）功能升级，是指由全球价值链“微笑曲线”低端向两端高位攀升；（4）链条升级，是指从附加值低的产业向附加值高的新产业价值链转移（Humphrey和Schmitz，2002）。

作为对产业升级的补充，涂颖清（2010）认为产业升级方式还包括：（1）同一产品沿着分工链向上游延伸或向下游延伸；（2）同一产业内沿着“劳动密集型产品—资本密集型产品—技术密集型产品”的顺序升级；（3）不同要素密集度跨产业式升级。

学者们还从生产要素改进、资源优化配置、生产效率提高、技术进步等角度研究产业升级。关于生产要素改进、结构升级与产业升级的研究在新结构经济学中占有核心位置，新结构经济学认为要素禀赋结构的升级会推动产业结构的升级。丁志国等（2012）基于资源要素配置效率分析中国经济增长的核心动力，研究发现技术进步是中国实现产业升级方向及驱动中国经济持久增长的核心动力。以上研究主要关注要素配置与生产效率对产业升级的影响，还有一些学者研究产业升级对经济效率的影响。傅元海等（2016）认为，尽管中国制造业不断升级，却一直处于全球价值链低端，制造业结构高度化却没有伴随高附加值化，使得经济效率并未提升。

2.2 相关概念及研究范围界定

2.2.1 装备制造业及装备制造企业

（1）装备制造业

“装备制造业”一词最早出现于1998年我国中央经济工作会议上提出的“大力发展装备制造业”相关文件，于2002年从三重意义层面对装备制造业进行了概念界定：“第一，对经济社会发展，装备制造业是为国民经济及国家安全提供各种技术装备的企业的总称；第二，对两大部类分类，装备制造业是为国民经济各部门提供简单再生产和扩大再生产所使用的工具的生产制造部门；第三，从现代三次产业划分，装备制造业是指资本品制造业及其相关的零部件的制造，隶属于第二产业。”国外并无此概念，但在国外的产业分类中存在装备制造业对应的产业部门，具体见表2-1。

本研究所界定的“装备制造业”，按照常用的国民经济行业分类七分类法，即：①金属制品业；②通用设备制造业；③专用设备制造业；④交通运输设备制造业；⑤电气机械及器材制造业；⑥通信设备、计算机及其他电子设备制造业；⑦仪器仪表及文化办公用机械制造业。其涵盖了186个小类，包括国民经济行业分类中生产投资类产品，提供主机产品、维修配件和服务等的全部企业，按照国际工业分类标准ISIC分为38大类，欧洲国家所指的“资本货物制造业”即“生产生产资料的行业”。

装备制造业是国家所有产业发展之基，是国家竞争力的重要体现，是高新技术之本。装备制造业按装备功能和重要性不同，主要分三个方面：①重要的基础机械，即数控机床（NC）、柔性制造单元（FMC）、柔性制造系统（FMS）、计算机集成制造系统（DIMS）、工业机器人、大规模集成电路及电子制造设备等；②重要的机械、电子基础件，即先进液压、气动、轴承、密封、模具、刀具、低压电器、微电子和电力电子器件、仪器

表2-1 **装备制造业范围界定**

装备制造业分类	国民经济行业分类 GB/T 4754—2017 代码及名称	北美产业体系 NAICS 2017 代码及名称	UIBE GVC 指标体系 代码及名称	欧洲产业分类 NACE Rev.2 代码及名称
金属制品业	C33金属制品业	331初级金属制品 332复杂金属制品	C12金属制造	24基本金属制造 25金属制品制造（机械和设备除外）
通用设备制造业	C34通用设备制造业	333机械制造	C13机械制造	28机械设备制造
专用设备制造业	C35专用设备制造业			
交通运输设备制造业	C36汽车制造业 C37铁路、船舶、航空航天和其他运输设备制造业	336交通设备制造	C15交通运输设备制造	29机动车辆、拖车和半拖车制造 30其他运输设备制造
电气机械及器材制造业	C38电气机械和器材制造业	335电子设备及零部件制造	C14电气、电子设备制造	27电气设备制造
通信设备、计算机及其他电子设备制造业	C39计算机、通信和其他电子设备制造业	334电脑与电子产品制造		26计算机、电子和光学产品制造
仪器仪表及文化办公用机械制造业	C40仪器仪表制造业	3391医疗设备与医用物资制造		

仪表及自动化控制系统等；③国民经济各部门所需的重大成套技术装备，如矿产资源的井采及露天开采设备，大型电力成套设备，输变电、超高压直流输变电成套设备，化工成套设备，黑色和有色金属冶炼轧制成套设备，民用飞机、高铁、地铁及城轨、汽车、船舶，污水废气垃圾等大型净化环保设备，大江大河治理、隧道挖掘和盾构、大型输水输气等大型工程所需重要成套设备，农业机械及成套设备，大型科学仪器和医疗设备，军工装备，通信、航管及航空航天装备，3D打印设备等。

（2）装备制造企业

装备制造企业作为实体经济的重要承担者，推动着我国社会物质生产与进步。在中华人民共和国成立之初，我国为满足和保障物资短缺的计划经济时代的基本需求，主要靠国有企业引进设备与技术。20世纪90年代末，我国采取了一系列改革举措，引入股份制，改制国有企业、集体企业，将非公有制经济纳入中国基本经济制度体系，放宽对非公有制企业的市场准入等，这些举措促进了装备制造企业的发展。我国将装备制造业定位在国家战略层面，我国“十一五”至“十三五”规划、“中国制造2025”均对装备制造业进行规划并给予大量政策支持，该产业发展迅速：2010年后我国逐渐进入世界装备制造大国行列；2014年，我国在装备制造成套设备生产能力上成为全球领先的国家；2015年，中国装备制造业产值突破20万亿元；2017年以后我国某些关键技术领域取得重大进步，一些企业的技术水平已接近或达到国际先进水平。

我国装备制造企业虽然发展迅速，但自主创新能力依然不强，在全球市场分工体系中一直处于不利地位。在过去很长一段时期里，其发展都是借助低廉的劳动力与原材料成本优势，产品出口靠“量”取胜，发达国家设定的贸易壁垒进一步加大了我国装备制造企业以“价”取胜的难度。我国装备制造产品虽然在国际市场份额上一直呈上升趋势，却在国际专业化分工中前后向关联度始终未达到20%的较高水平，直接导致了在国际专业化分工中价格低廉。我国企业参与国际专业化分工的深度不够，且在金融危机后进一步受损，加上贸易保护主义抬头以及贸易壁垒导致我国企业参与国际化分工的成本提高，深嵌国际分工体系难度加大。我国装备制造中间品结构占比最低，体现为最终品居多，更多的是从事中低端的跨国活动，这也是造成产品附加值低的重要原因。全球零部件的供应商主要来源于在产品设计和出口零部件生产方面拥有优势的日本与德国，而我国企业在国际分工下中间品生产端的参与能力弱于最终品市场端，在关键上游材料、核心零部件上受制于别国、缺乏定价权。技术作为装备制造业的核心竞争力，还需要我国企业进一步投入大量的资金和人力用于研发，并提高创新效率，以突破其长期处于全球价值链低位的困境。

2.2.2 全要素生产率

Solow（1957）最早通过计算索洛余值得到全要素生产率的增长率，从总产出的增长率中除去资本与劳动力因素，从本质上讲是我们不能直接观察到的所有因素所带来的增长，是对未被解释的部分的度量。按照新古典增长理论，全要素生产率应该是仅限于非体现的、外生的、希克斯中性的技术进步。克鲁德曼在1994年通过批驳东亚无奇迹的经济增长及预测东亚经济的不可持续性，对新古典增长理论关于全要素生产率是经济增长的源泉提供了强有力的支持。

然而，随后不少的学者对克鲁德曼进行了批判。郑玉歆（1999）提出，全要素生产率在经济增长方式的不同阶段有着不同贡献，其重要性随发展阶段的不同而变化，对经济越发达的经济体，贡献越大，反之亦然，在资本原始积累达到一定程度后，技术进步才成为增长的主要来源，全要素生产率贡献凸显。Kim和Lau（1994）的研究也支持了该观点。此后，发展经济学派讨论了“经济发展中资本积累”的问题，对全要素生产率评价经济增长可持续性的方法提出了许多质疑。Abramovitz（1993）在有关经济史的研究中指出，1800—1855年和1855—1890年，即美国工业革命初期，资本积累是美国经济增长的主要推动力。Hayami和Ogasahara（1995）认为，19世纪末至20世纪初，即日本工业革命初期，也同样表现出资本对产出的贡献在增长。全要素生产率的增长只能解释劳动生产率增长的10%，其余均为要素投入的贡献。郑玉歆（1999）也认为高投入并非不好。新结构经济学代表学者林毅夫等（2007）指出，克鲁格曼当年对东亚经济的争论观是站不住脚的，并说明了全要素生产率在经济学理论方法方面的缺陷，认为全要素生产率是来自对投入要素没有在生产函数中被准确衡量所致的一种计算上的误差，且全要素生产率对经济的贡献因阶段而异，而在跨国研究中只有采用一致的测算方法才有可比性。他还指出，全要素生产率并非技术创新的代名词，处于发展中阶段的国家通过进口先进技术与设备可以促进技术创新与经济发展，但会造成全要素生产率低值，只有达到发达阶段通过研发取得技术创新才会带来全要素生产率高值。所有这些发展经济学用以反对采用全要素生产率来评价宏观经济增长可持续性的理由，恰恰为全要素生产率的研究提供了探索空间。

首先，学者们对全要素生产率对经济贡献的否定很大一部分来源于经济主体发展阶段的差异，这就需要我们辩证地去看待全要素生产率。一是十多年来我国经济增长主要靠要素投入，全要素生产率的增长率大约为-5%，符合我国经济增长放缓的基本事实。2010年以后中国改革进入深水区，是否还能依靠高投入的方式促进经济增长尚无定论。二是装备制造业领域依靠引进技术与设备来替代自主创新的传统做法，在技术保护壁垒高企与全球化退潮的阶段是否还行得通，存在疑虑。

其次，学者们对全要素生产率对技术创新与经济发展贡献的否定大多基于宏观层面的研究。就微观层面而言，全要素生产率在系统性与成熟度上远不如微观经济学的生产者理论，但是随着学术界对全要素生产率的应用从宏观向中微观延伸，全要素生产率理论可以在很大程度上丰富以利润最大化目标函数假设为基础的销售最大化（Baumol，1967）、管理效用最大化（Williamson，1964）和利润满意（Simon，1959）等生产者理论。

再次，装备制造业是高科技核心技术展现最集中的产业，而全要素生产率作为衡量技术进步率以及创新效率的重要指标，仍是衡量该领域竞争力的有效指标。

最后，21世纪以来，经合组织（OECD）要求在一个经济体内采用行业视角测度宏观投入产出关系，行业总量函数是宏观全要素生产率研究的合理框架。本研究对全要素生产率进行的产业研究恰好符合此经济规律，并为宏观全要素生产率提供了研究支持。

需要指出的是，全要素生产率在宏观层面与中微观层面的理论分析是存在差异的，由于本书对区域的研究基于我国城市群视角，而我国产业层面的详细信息无法精确到城市层面，因而本研究在区域研究部分是基于微观层面探索全要素生产率的。与宏观层面不一样的是，微观层面的研究并不强调技术进步、技术效率、规模效应等全要素生产率的分解，而是侧重于市场因素、制度因素、企业管理等方面的创新。

2.2.3 产业升级路径

“升级”的概念源自国际贸易理论，该理论将产品品质、生产流程、生产效率、生产技术、市场获取的进步视为“升级”。随着产业的完善与细化，学术界在装备制造业的中微观层面逐步发展出竞争力观、区域协同观、结构优化观、全球价值链观、创新观等多种升级路径。

（1）竞争力观

学术界通过高级生产要素投入、产出能力、创新投入、创新产出等多个维度探索产业竞争力水平，运用竞争力衡量装备制造业升级程度。娄岩等（2012）研究发现，以北京为代表的装备制造业存在专利申请量与授权量增长率较高等竞争优势，还需要进一步通过创新实现产业升级。何施等（2013）指出，2004—2009年是我国装备制造重要材料技术科技成果的主要产出年份，这一时期我国装备制造业竞争力的提高最为明显。乔世政（2016）认为，一旦失去国家自主创新的核心竞争力，中国设备制造产业集群化的知识溢出效应将极为有限，甚至会带来高端设备技术的规模化流失。杨斌（2017）认为，技术创新是装备制造业核心竞争力，我国装备制造业需要通过提高创新能力实现转型升级。余子鹏（2018）认为，高新产业研发投入、金融质量、外商投资和产业激励可以提高产业竞争力，建议雇用和培养大量科技人才、密集使用资本、优化金融和财税环境以实现产业升级。

（2）区域协同观

区域协同观从产业转移、空间布局、区域产业分工与合作角度来说明产业升级的方向。区域经济一体化提高了制造业合理化水平，梯度效应促进了产业优势新格局的形成。产业梯度转移促进了技术势能集聚的空间效应，通过要素禀赋优化了空间的产业布局。创新驱动区域高质量发展，促进了产业升级。不同产业形态的集聚，既促使企业间通过区域合作交流技术信息，也能发挥规模经济效应，激励创新活动，提高产业技术生产率。

（3）结构优化观

产业结构演变理论是英国经济学家Petty（1672）最早提出的。该理论指出，第一、二、三产业从业人员收入依次上升。克拉克（1940）认为，劳动力会因产业收入差异由第一产业向第二产业转移，随后又由第二产业向第三产业转移，也就意味着，一个经济体当处于人均收入水平较低的阶段时，第一产业占比高，反之亦然，以此类推。库兹涅茨（1966）提出了“人均收入影响理论”。该理论指出，当一个经济体处于人均GDP较低阶段时，第一产业占GDP的比重会呈现逐渐下降的趋势，第二、三产业占GDP的比重则呈现不断上升的态势；当其处于人均GDP较高的发展阶段时，第一、二、三产业占GDP的比重趋于稳定，同时第二、三产业内部结构会发生较大变化。进一步研究发现，随着经济发展，第一产业占GDP的比重与劳动力占比逐渐下降；第二产业占GDP的比重不断上升，其劳动力占比微弱上升；第三产业占GDP的比重微弱上升，其劳动力占比大幅上升。随着中国工业的发展，学术界纷纷研究如何通过提高装备制造业在制造业中的比重、制造业向制造业服务化方向发展、制造业与生产性服务业融合互动来优化制造业结构。在装备制造业产业结构升级问题上，出现了装备制造业服务化、装备制造业与生产性服务业融合互动、通过绿色经济把握先进制造等产业结构升级理论。

（4）全球价值链观

Gereffi在1999年最早提出企业升级的概念，其中引入了全球价值链分析模式，指出一个企业跨入附加价值更高的资本领域，或一个经济体进入技术密集型经济领域，可谓升级。还有其他学者提出，企业通过获得技术、市场能力以增强其竞争能力及从事高附加值的活动可以达到“升级”目的。装备制造业作为工业的核心，推动着一国工业的发展。为了提高本国企业在全球价值链中所处的地位，德国推出了“工业4.0”，美国推出了“工业互联网”，中国推出了《智能制造发展规划（2016—2020年）》、“中国制造2025”等。中国制造业开始走向价值链高端，低端制造逐渐向生产投入要素成本低的东南亚经济体转移。在我国人口红利、生产成本低这些传统优势不再具备的情况下，装备制造业的国际分工发生变化，中国装备制造业只有转型升级才能占据优势地位。中国装备制造企业此前扩大生产导致产能过剩，进而导致低端市场价格战，如今唯有优化自身在全球价值链中的分工，才能实现产业升级。

(5) 创新观

从技术能力的角度看，升级代表企业创新、提升产品附加值、优化流程的能力。从劳动力的角度看，研发人员、高端人才引进、先进管理水平等方面的创新都会促进装备制造业升级。从制度因素的角度看，企业内部制度、政府政策、市场体制等方面的创新均会影响产业升级。从要素投入的角度看，在资本积累到一定程度后，学者们普遍从加大研发投入的角度探索升级路径。还有学者将创新与全球价值链挂钩，认为装备制造业的升级只有依靠科技创新，才会在迈向全球价值链的高端过程中获得技术溢出。在全球技术进步与工业互联网+、智能制造技术革命兴起、全球化退潮、贸易保护主义抬头及高科技产品断供的国际形势下，提高自主创新能力是我国产业经济走可持续发展之路的重要渠道。

由此可见，产业升级是一个复杂的体系，不是某个指标可以简单衡量的，升级路径也具备多样性和灵活性。因此，本研究以全要素生产率为载体，从国家战略、市场体制、区域分工协作和产业发展规律来思考装备制造业的升级路径，同时，基于国内国际双循环的发展思路，既有国内要素禀赋的区域协同发展，又有装备制造业的国际升级方向，旨在实现区域要素、创新的协调驱动与装备制造业的全局进步。

2.2.4 区域划分

本研究的区域范围为16个城市群。根据《深化粤港澳合作 推进大湾区建设框架协议》《珠江三角洲地区改革发展规划纲要（2008—2020）》《粤港澳大湾区发展规划纲要》《京津冀都市圈区域规划》《山东半岛城市群总体规划（2006—2020年）》《长江三角洲城市群发展规划》《长江中游城市群发展规划》《成渝城市群发展规划》《中原城市群发展规划》《哈长城市群发展规划》《中华人民共和国国民经济和社会发展第十三个五年规划纲要》《中共中央 国务院关于新时代推进西部大开发形成新格局的指导意见》《北部湾城市群发展规划》《关中平原城市群发展规划》《海峡西岸城市群发展规划》等，中国城市群区域界定范围见表2-2；未在该范围内的城市选取最邻近区域作为某个城市群的扩容区域，即泛粤港澳大湾区、泛长三角、泛京津冀、泛山东半岛、泛长江中游、泛川渝、泛海峡西岸、泛中原，分别纳入粤港澳大湾区、长三角、京津冀、山东半岛、长江中游、川渝、海峡西岸、中原城市群。本研究将表2-2列示范围定义为狭义城市群，扩容后称为广义城市群。后文中未作特殊说明的，默认为广义城市群。

表2-2　　**中国城市群区域范围的界定**

城市群	所辖城市
粤港澳大湾区[①]	广州、深圳、珠海、佛山、江门、肇庆、惠州、东莞、中山、香港、开平
长三角[②]	上海、南京、无锡、常州、苏州、南通、盐城、扬州、镇江、泰州、杭州、宁波、嘉兴、湖州、绍兴、金华、舟山、台州、合肥、芜湖、马鞍山、铜陵、安庆、滁州、池州、宣城
京津冀[③]	北京、天津、石家庄、保定、唐山、沧州、廊坊、张家口、承德、秦皇岛、邯郸、衡水、邢台
山东半岛[④]	济南、青岛、潍坊、烟台、淄博、威海、日照、东营
长江中游[⑤]	武汉、信阳、黄冈、孝感、九江、岳阳、荆州、黄石、咸宁、荆门、随州、鄂州、长沙、株洲、湘潭、南昌、长沙、景德镇、襄阳、宜春、益阳、鹰潭、抚州、吉安、上饶、衡阳、新余
川渝[⑥]	成都、重庆、德阳、绵阳、广元、宜宾、乐山、泸州、南充、自贡、内江、遂宁、广安、雅安、资阳、巴中、眉山、达州
海峡西岸[⑦]	福州、厦门、泉州、莆田、漳州、三明、龙岩、南平、宁德、平潭、汕头、揭阳、潮州、梅州、抚州、上饶、鹰潭、赣州、丽水、温州
中原[⑧]	郑州、洛阳、许昌、平顶山、新乡、开封、焦作、漯河、济源
辽中南哈长[⑨]	沈阳、大连、鞍山、营口、抚顺、铁岭、丹东、盘锦、本溪、辽阳；哈尔滨、大庆、齐齐哈尔、绥化、牡丹江、佳木斯，长春、吉林、四平、辽源、松原、阜新、延边朝鲜族自治州
关中	西安、咸阳、宝鸡、渭南、铜川、商洛、天水、汉中、延安
天山北坡	乌鲁木齐、昌吉、阜康、克拉玛依
兰西	兰州、西宁、银川

续表

城市群	所辖城市
北部湾	南宁、北海、钦州、防城港、玉林、崇左、湛江、茂名、阳江、海口、儋州、东方、澄迈县、临高县、昌江县、柳州
黔中	贵阳、桂林、遵义
呼包鄂	乌兰察布、包头、呼和浩特、鄂尔多斯
太原城市群	太原、晋中、吕梁、阳泉、忻州
滇中	昆明、曲靖、楚雄、玉溪

注：

①由于粤港澳大湾区在2017年才提出，因此，在2017年以前，本书研究对象为珠三角（广州、佛山、肇庆、深圳、东莞、惠州、珠海、中山、江门）与泛珠三角（台山、鹤山），2017年后为粤港澳大湾区。

②泛长三角：包括上述长三角区域，以及徐州、江阴、温岭、蚌埠、诸暨、玉环、东阳、丹阳、常熟、张家港、昆山、启东、宜兴、太仓、永康、海宁、义乌、海门、乐清、巢湖、宁国、高邮、慈溪、衢州、如皋、靖江、溧阳、余姚、嵊州、连云港。

③泛京津冀：包括上述京津冀区域，以及涿州。

④泛山东半岛：包括上述山东半岛区域，以及济宁、聊城、龙口、寿光、胶州、曲阜、高密、莱州、泰安、禹城、莱阳、滨州、诸城、德州、乐陵。

⑤泛长江中游：包括上述长江中游区域，以及京山、郴州、永州、浏阳、枝江、丰城、沅江、大冶、宁乡。

⑥泛川渝：包括上述川渝区域，以及什邡、崇州。

⑦泛海峡西岸：包括上述海峡西岸区域，以及南安、阳春、龙海。

⑧泛中原：包括上述中原区域，以及武安、巩义、南阳、长葛、孟州、林州、偃师。

⑨辽中南、哈长城市群同属于老工业基地，地理位置同处于东北三省，这里将两个城市群合并分析。

2.3 我国装备制造业全要素生产率的贡献

学术界对于全要素生产率的否定主要集中在“引进技术购买设备能够代表技术进步”这点上，认为引进方所支付的价格包含了发达国家的研发支出，实际上是“创新利润”向发达国家的转移支付，因而用它来衡量宏观经济增长对于发展中国家而言是非常不合理的。但是，对于装备制造业而言，全要素生产率是非常重要的。第一，装备制造业涉及国家安全，是全球各国竞相争夺的领域，各国在该产业上设置了很高的贸易壁垒与严格的技术保护。随着逆全球化的兴起，中国引进国外关键技术与进口核心零部件的难度越来越大，自主创新几乎成为装备制造业领域的唯一选择。第二，随着全要素生产率理论的逐步成熟，研究已经从宏观逐步向中微观层面拓展，无论我国装备制造业全要素生产率高低，它都是装备制造业领域不得不重视的有效的评价指标。

学者们对于全要素生产率对经济增长的贡献一直争论不休，尤其对于发展中国家采用全要素生产率来衡量经济发展质量与技术进步的观点提出了很多质疑。上文在全要素生产率的概念及研究范围界定中已经说明，此处不再赘述。但是，装备制造业作为全球高新技术最集中的产业，且各国均有严格的技术保护壁垒，而全要素生产率作为反映知识应用、生产效率与技术进步的指标，其对经济增长的贡献也得到了诸多学者的肯定。李京文和钟学义（1998）测算出1978—1995年我国全要素生产率增长对经济增长的贡献是36.23%。中国人民银行货币政策分析小组测算出1980—2000年我国全要素生产率增长对经济增长的贡献为20%。Turner等（2013）整合了1840—2000年美国各州农业领域有形资本的数据，研究人力资本、物质资本和全要素生产率增长对于1840—2000年美国各州经济增长的重要性，发现投入积累占产出增长的五分之三至四分之三，而全要素生产率的变化约占经济增长率变化的四分之三。蔡跃洲和付一夫（2017）测算出1978—2014年宏观TFP增长对GDP增长的平均贡献度达到

39.4%，认为全要素生产率增长是中国未来经济高速增长与高质量增长的重要保障，而且不同阶段宏观TFP增长及行业TFP增长对GDP增长的贡献度不同，2000年以前TFP增长贡献度波动较大，2005年以后呈明显的下降趋势；第二产业TFP增长的平均贡献度为33.9%。冯贞柏（2019）测算出技术进步率和技术效率的贡献率为10%左右，规模报酬率的贡献率达60%左右，配置效率变化的贡献率达20%左右。鉴于此，本研究认为我国装备制造业全要素生产率促进了产业经济增长，提出假说a1。由于一国装备制造业技术实力是产业竞争力的体现，有学者采用全要素生产率来评价产业竞争力，这种方法主要是从技术进步对产出增长贡献的角度来分析生产率的变化，从而对产业竞争力进行评价，由此本研究认为我国装备制造业全要素生产率对其国际地位的提升具有促进作用，提出假说a2。

a1：我国装备制造业全要素生产率促进了产业经济增长。

a2：我国装备制造业全要素生产率对其国际地位的提升具有促进作用。

2.4 我国装备制造业全要素生产率的影响因素

2.4.1 关于企业层面影响因素的理论假说

（1）产业政策

企业全要素生产率受诸多因素影响，如企业的技术创新能力（Bloom和Van Reenen，2007；Comin和Hobijn，2010）、企业的资本配置效率（Hsieh和Klenow，2009；Brandt等，2011）等。市场制度不完善、企业创新能力不强、资源错配等因素导致中国企业的全要素生产率普遍不高。政府作为经济调控中“看得见的手”，所实施的产业政策在实践中被广泛运用。一些学者选取“五年规划”等特定政策作为产业政策冲击，通过设置各省（自治区、直辖市）出台的“五年规划”虚拟变量，实证考察了产业政策对企业全要素生产率的影响（宋凌云和王贤彬，2013；钱雪松等，

2018)，得出产业政策对企业全要素生产率的影响受制于是否遵循了效率原则等结论。促进产业发展的“五年规划”具体实施举措多样，如通过信贷支持和鼓励直接融资为企业提供金融支持，为企业提供财政补贴、税收优惠、人力支持等。考虑到“五年规划”出台的背景和相关举措，“五年规划”对企业全要素生产率的影响十分复杂。产业政策冲击既可能因导致企业实施低效率投资而降低全要素生产率，也可能促使企业通过并购重组、淘汰落后产能等措施优化资本配置效率因而促进全要素生产率的提升，因此关于产业政策对全要素生产率的影响效果，学术界尚无定论。在探索方法上，作为产业政策与全要素生产率等经营绩效之间因果关系的一个自然选择，学者们多采用了自然实验。关于区域产业政策的影响，本研究提出如下假设：

b1-1：区域产业政策促进了区域装备制造业全要素生产率的提高，且存在区域异质性。

（2）市场开放度

这里的市场开放度主要指的是企业在海外的市场开拓度，也可以理解成企业对外贸易对全要素生产率的影响。关于此项影响因素在前面的文献综述中已有概述，国外学者观点一致，大多数研究认为通过对外贸易的溢出效应、规模效应、竞争效应等可提高全要素生产率，只是论证方式不一样，这里不再赘述。关于市场开放度，本研究提出如下假设：

b1-2：市场开放度促进了区域装备制造业全要素生产率的提高，且存在区域异质性。

（3）企业金融化

随着金融市场的发展，企业金融化已成为近年来中国非金融企业发展的重要趋势。关于金融化对全要素生产率的影响，学术界存在“挤出说”“储蓄说”“U形双重效应说”等观点。“挤出说”认为，全要素生产率增长放缓的“生产率之谜”的根源之一在于实体企业金融化行为，表现为实体企业对配置金融资产的偏好。实体企业金融化是“脱实向虚”的资源错配行为，对全要素生产率会产生负面影响（刘笃池等，2016；盛明泉等，2018；杨筝，2019），但短期金融化对流动比率的改善作用与长期金融化对过度投资的抑制作用通过交叉机制缓解了这种负面影响，若改善融资难困境，可以避免企业金融化对全要素生产率的负面影响（颜新艳等，2020）。“储蓄说”认为，金融化对全要素生产率有促进效应，且与国有企业混合所有制改革效果相关，引入非国有资本会减弱这种正面效应，尤其在盈利能力弱、规模小和市场化进程慢的国有企业中抑制效应更明显（熊爱华和张质彬，2020）。与之类似的说法是，非国有制造业企业的“储蓄”效应更加显著，而国有制造业企业更多的是挤出效应（许平祥和李宝伟，2019）。“U形双重效应说”追求金融适度，认为金融发展和经济增长关系之辩归根结底在于探索金融和经济均衡协调的发展路径，金融化与生产效率存在显著的倒U形关系，适度金融化能够助推生产效率的提升，过度金融化会阻碍生产效率的提升（胡海峰等，2020；许平祥和李宝伟，2019；杨文溥，2019）。关于金融化对装备制造业全要素生产率的影响，本研究提出如下假设：

b1-3：企业金融化程度促进了区域装备制造业全要素生产率的提高，且存在区域异质性。

（4）研发投入与产出

国内外学者从微观、中观、宏观不同层面对研发投入与全要素生产率之间的关系进行了研究，至今尚未形成一致的观点。在研发投入方面，一些学者从微观企业层面检验得出R&D投入与TFP增长之间具有正向关系。Jefferson等（2006）、宗庆庆和周亚虹（2013）、毛德凤等（2013）分别以中国大中型制造企业面板数据、中国近3万家产值在500万元以上的工业企业数据、中国工业企业微观数据测算R&D产出弹性，弹性系数估计值处于5.5%~16.5%，均显著为正。另有部分学者认为研发投入强度与全要素生产率之间并非正相关，甚至有些研究结果表明R&D投入对TFP产生了负向影响。张海洋（2005）发现，R&D投入对总体TFP的作用显著为负，外资R&D活动通过竞争效应对行业技术效率的抑制作用是引起整体TFP下降的主要原因。李小平和朱钟棣（2006）通过检验R&D溢出效应发现，R&D资本对全要素生产率增长产生了阻碍作用。谢建国和周露昭（2009）指出，创新政策在一定程度上的失灵导致了产业结构和技术结构的不匹配，是R&D投入与TFP呈现负向关系的重要原因。唐静等（2014）认为，R&D投资不足或投资过量均会对技术创新和生产率增长产生不利影响。在研发产出方面，根据内生经济增长理论，将技术创新作为经济增长的主要内在动力，创新成果是推动全要素生产率增长的决定性因素，它们之间的关系可以表示为“利润增加—研发投入—创新产出—产品升级—全要素生产率增长”，即微观企业为了追求利润会加大研发投入强度，在企业研发成功后，可以通过新研发的创新成果使产品升级，攫取市场高额利润，随着社会越来越多的企业加大技术创新投入，更多的新产品或者新工艺得以孕育，全行业全要素生产率也会增长。由此，本研究认为，研发对装备制造业全要素生产率产生的效应是多维度的，提出如下假设：

b1-4：研发投入抑制了区域装备制造业全要素生产率的增长，研发产出促进了区域装备制造业全要素生产率的增长，且存在区域异质性。

（5）多元化经营

关于多元化经营对全要素生产率的影响，学术界普遍得出企业多元化程度与企业生产效率相背离的结论。在工业领域，就这一问题主要有四种观点，基本趋于一致。具体说来，观点一是“短期追风论”。班琦（2019）认为，企业为了攫取政策红利、应对市场不确定性需求的变化、追逐短期利润，将有限的资金分散到各个行业，背离了企业核心竞争力的培育。观点二是“研发资金挤出说”。邱金辉和侯剑平（2006）认为，多元化经营挤出了自身主营业务的研发资金，对企业的生产效率产生了长期负向影响。观点三是“多元化陷阱论”。魏志华和李常青（2009）实证研究发现，上市公司多元化程度与产出效率显著负相关，认为盲目多元化对上市公司是“陷阱”而非“馅饼”。观点四是“多元化U形说”。钱学锋和余弋（2014）通过研究中国工业企业数据和海关进出口数据发现，2000—2005年出口市场多元化和企业生产率之间呈U形关系。在其他领域，学者们也得出了相似的结论。范黎波等（2012）、余国新和张建红（2009）得出农业上市公司多元化程度与其绩效呈显著的负相关关系的结论。关于多元化经营对装备制造业全要素生产率的影响，本研究提出如下假设：

b1-5：多元化经营抑制了区域装备制造业全要素生产率的提高，且存在区域异质性。

（6）盈余管理

现有文献从内部控制、货币政策、融资、投资者情绪、高管股权激励、公司业绩、制度环境等诸多方面对盈余管理展开研究。一般来说，企业进行盈余管理的目的是，希望利用“失真”的会计信息“寻租”以获得政府补贴。上市公司进行盈余管理的目的是，希望通过“美化”的业绩提高公司市值，制造“繁荣假象”，这些行为破坏了市场有效性。为推动产业转型升级，中央和地方政府陆续出台了关于创新的税收优惠与补贴政策。一些企业借由创新获得政府补助和税收优惠，而企业在税收上的寻租会挤出企业自主研发与对外研发策略，企业在信贷上的寻租会产生金融资源错配，最终抑制企业创新，这样势必阻碍技术进步从而抑制全要素生产率增长。关于盈余管理对装备制造业全要素生产率的影响，本研究提出如下假设：

b1-6：盈余管理抑制了区域装备制造业全要素生产率的提高，且存在区域异质性。

2.4.2 关于区域层面影响因素的理论假说

为了分析装备制造业全要素生产率的区域差异，还必须进一步探讨各个区域经济发展的质量高低对装备制造业全要素生产率区域差异的影响。本研究根据现有文献研究，选取区域资本、对外开放度、市场体制环境、第二产业与第三产业发展水平等因素研究装备制造业全要素生产率区域差异。

（1）区域资本

在资本投入对区域产业全要素生产率的提升方面，大多数研究认为两者正相关。Xu 等（2008）采用1994—2006年中国29个省（自治区、直辖市）组成的综合面板数据研究开放性、人力资本和全要素生产率的关系，发现人力资本、贸易和外国直接投资是决定全要素生产率的重要因素，且其重要性根据各省的技术水平而变化。Destefanis和Sena（2010）测算了

1970—1998年意大利多个地区全要素生产率和公共资本之间的关系，发现公共资本存在弱外生性，公共资本对全要素生产率的演变具有重大影响，特别是在意大利南部地区，主要归因于核心基础设施。Xiong等（2017）研究发现，中国各省份的社会资本对全要素生产率的增强作用非常有限。上述文献研究发现，人力资本、公共资本对全要素生产率存在正向影响。

（2）对外开放度

在本研究中，对外开放度指的是该地区外资使用比重以及外商实际投资额。地方政府可以采取放宽政策、取消各种限制等方式扩大对外经济交往，吸引各国企业来华投资、开展贸易，推动企业通过资金投入和引进先进的管理经验、生产技术提高投资效率。从产品的出口上看，与国内企业相比，跨国企业可以直接与国际市场对接，从而进一步提高产出效率。关于国际贸易视角下对外贸易对全要素生产率的影响，以及国际直接投资视角下FDI对全要素生产率的影响，在前面关于全要素生产率影响因素的文献综述中有详细的阐述，这里不再说明。对外经济开放对中国省际全要素生产率产生了显著的正向效应，在对外经济开放水平较高的沿海地区，这种正向效应更强，而在内陆地区则恰好相反。

（3）市场体制环境

体制虽然难以量化，但对区域全要素生产率存在重要影响。经济的高质量发展需要建立在资源有效配置的基础上，资源有效配置又建立在制度安排和市场机制相互作用的条件下。市场化体制越完善，经济运行就越有“效率”。根据马克思主义的分析范式，影响经济投入与产出的效率因素主要有金融、知识、技术、结构、制度等，这些因素协同发挥作用，并分别通过不同的作用机理对经济效率的增长产生影响，形成了经济效率内生增长的机制。本研究采用市场化指数衡量市场化体制。改革开放40多年来，社会主义市场经济逐渐发展起来，有不少研究证明市场化对全要素生产率具有显著的促进作用，作用路径为“市场化—劳动力与资本市场要素扭曲改善—企业全要素生产率提升”。同时，因为市场失灵的存在，其对产业协同集聚的城市生产率效应并没有产生积极作用，这也从反面证明了市场化与全要素生产率的正相关关系。此外，市场化的影响还存在显著的地理区位与所有制属性异质性，使得市场化程度对企业全要素生产率的影响呈“倒U形”特征。我国高技术产业发展迅速，但是地区发展不平衡，绝大多数高技术产业分布在粤港澳大湾区、长三角、京津冀等东中部地区，近几年来中部地区和西部地区高技术产业增长率比东部地区快。我国东、中、西部地区市场化进程差异较大。市场化的其他方面（包括政府与市场的关系、非国有经济的发展、产品市场的发育程度、要素市场的发育程度、市场中介组织的发育和法治环境）也都能促进高技术产业生产率的提高。市场化体制对东部、中部和西部高技术产业生产率发挥促进作用的回归系数有所差异。由于与其他资源配置方式相比，市场经济在社会资源配置方面有巨大优势，因此，市场机制是最具经济效率的。当市场失灵时，政府需要对经济进行合理调控。受长期以来传统体制惯性和市场体制发展不完善等因素的影响，如果政府对经济的管制不适度，则会破坏市场经济的效率。唯有简政放权，发挥市场机制的自发调节作用，才能有效提升经济效率。

（4）第二产业与第三产业发展水平

装备制造业是工业的母机与核心，第二产业是装备制造业的基础。一国的工业越是先进，就越注重装备制造业的发展。纵观装备制造业发达国家的历史，其经济起飞往往始于制造业。随着新一轮工业革命的到来，各国逐渐开始将服务业与制造业融合发展。如今，以智能制造和大数据技术等现代科技为基础的服务化成为全球制造业升级的新趋势，大数据、物联网、工业互联网、人工智能成为当前引领装备制造业发展的主流服务业。装备制造业与服务业的融合发展已经上升至各个国家的战略层面，如德国“工业4.0”、美国“工业互联网”、中国《智能制造发展规划（2016—2020年）》、“中国制造2025”。国内外大量关于制造业TFP的研究发现，服务业和制造业融合度与制造业TFP的提升存在关联。Kohtamaki和Partanen（2016）对芬兰91家制造企业研究发现，企业销售额与服务提供呈现U形关系。陈洁雄（2010）参照Neely的研究方法，以OSIRIS数据库2008年中国和美国上市制造企业为样本进行对比分析，结果表明，中国制造企业服务化与经营绩效之间存在显著的“倒U形”二次曲线关系，而美国企业的服务化与经营绩效之间主要存在显著的线性正相关关系而非“倒U形”关系。张德荣（2012）对全要素生产率与生产要素收益率之间的动态关系的研究得出：①全要素生产率增长率等于资本生产率增长率与劳动生产率增长率之加权和；②资本收益率增长率等于资本生产率增长率与分配向资本倾斜率之和；③劳动收益率增长率等于劳动生产率增长率与分配向劳动倾斜率之和；④资本生产率增长率与劳动生产率之加权和等于资本收益率增长率与劳动收益率增长率之加权和。徐振鑫等（2016）提出，我国制造业服务化程度与制造企业盈利能力之间具有“正U形”关系。

b2：区域资本、对外开放度、市场体制环境、第二产业与第三产业发展水平加大了装备制造业全要素生产率城市群间的差距。

3

我国装备制造业及其全要素生产率的现状与发展趋势

3.1 我国装备制造业发展现状

3.1.1 国内视角下我国装备制造业发展现状[①]

改革开放后我国装备制造业迅猛发展，成为推动中国工业经济增长乃至推动GDP增长的重要力量。本部分从产值、出口额、固定资产投资三个方面说明我国装备制造业对GDP的贡献，从研发投入角度说明我国对装备制造业的重视度，并展示了装备制造业全要素生产率的动态变迁。2017年装备制造各子行业出口、产值、固定资产净值占比情况如图3-1所示。

（1）装备制造业产值占工业总产值的情况

从2017年的统计结果看，装备制造业产值占工业总产值的28.45%。其中，排名第一的电子及通信设备制造业（产值98 457.24亿元）占比8.55%；排名第二的电气机械及器材制造业（产值74 163.80亿元）占比6.44%。

① 数据来源：根据《中国工业统计年鉴》整理而得。

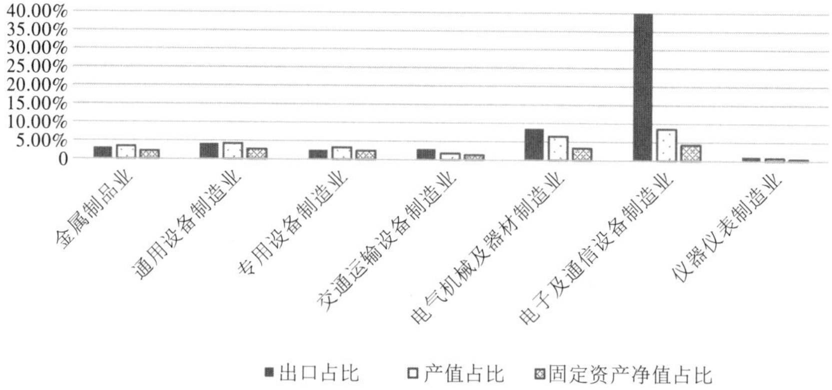

图3-1　2017年装备制造各子行业出口、产值、固定资产净值占比情况

（2）中国装备制造业出口情况

从2017年的统计结果看，装备制造业出口占工业出口合计的62.39%。其中，排名第一的电子及通信设备制造业（出口额47 081.32亿元）占比39.95%；排名第二的电气机械及器材制造业（出口额10 092.24亿元）占比8.56%。从2014—2017年的情况看，装备制造业出口占比保持在62%以上（分别是63.01%、73.37%、62.33%、62.39%），表明装备制造业在我国工业中起着举足轻重的作用。

（3）中国装备制造业固定资产投资情况

从2017年的统计结果看，装备制造业固定资产净值占工业固定资产净值合计的16.78%。其中，排名第一的电子及通信设备制造业（固定资产净值15 816.43亿元）占比4.34%；排名第二的电气机械及器材制造业（固定资产净值12 161.93亿元）占比3.34%。从固定资产净值占比数据来看，相较于工业产值占比（28.45%）、出口占比（62.39%），装备制造业对固定资产的投入不算大。

（4）中国装备制造业研发经费占高新技术产业的绝大部分

从2017年的统计结果看，装备制造业R&D人员占高新技术产业科研人员合计值的98.51%，装备制造业科研经费占高新技术产业科研经费合计值的98.38%。[①]其中，排名第一的电子及通信设备制造业R&D人员与科研经费分别占比55.75%、60.22%（如图3-2所示）。

① 数据来源：根据《中国高新技术产业统计年鉴》整理而得。

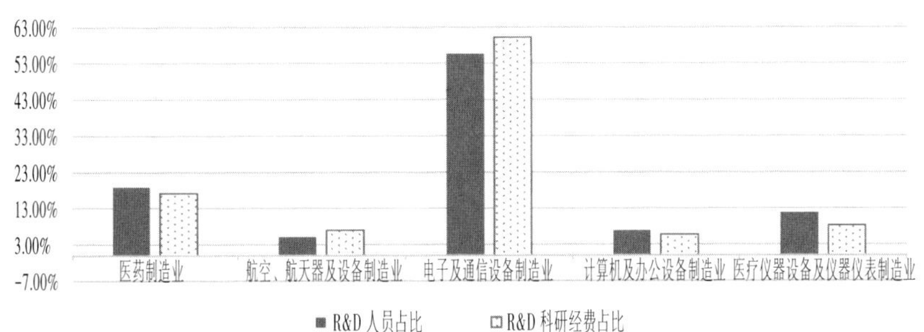

图3-2 2017年装备制造业R&D人员与科研经费占比情况

（5）中国装备制造业对外依存度较高

2018年，我国生产对外依存度最高的十大产业中，有五大产业属于装备制造业，它们是通信设备、计算机及其他电子设备制造业，电气机械及器材制造业，交通运输设备制造业，专用设备制造业，通用设备制造业，排名分别为第2、5、7、9、10位（见表3-1）。生产对外依存度，是指国内生产活动在多大程度上要依靠外国提供原材料、中间产品和机器设备，比例越高意味着该产业的脆弱性可能越大。这五个产业的进口中间品与国产中间品之比合计为0.875，仅低于石油、炼焦产品和核燃料加工品，足以看出当下中国装备制造业的脆弱性。

2018年，我国市场对外依存度最高的十大产业中，装备制造业的七大产业中就有三个产业上榜，它们是通信设备、计算机及其他电子设备制造业，金属制品业，电气机械及器材制造业，排名分别为第4、5、8位。市场对外依存度，是指国内生产的产品在多大程度上要依靠国外市场销售。这三个产业的进口中间品与国产中间品之比合计为0.644，远高于排名第一的金属冶炼和压延加工品（该比值为0.186），说明当下中国装备制造业市场双循环格局下要加大内需，大力发展国内循环，深入挖掘国内市场。

3.1.2 国际视角下我国装备制造业竞争力现状

（1）评价指标体系构建

①指标选取。根据迈克尔·波特的竞争优势论，一国产业竞争力与该国的要素禀赋、需求条件、相关产业支持、公司战略、组织与竞争、政府

表3-1　　2018年我国对外依存度最高的十大产业

2018年我国生产对外依存度最高的十大产业				2018年我国市场对外依存度最高的十大产业			
产业	进口中间品/国产中间品	(进口中间品+进口固定资本）/总产出	出口/产值	产业	进口中间品/国产中间品	(进口中间品+进口固定资本）/总产出	出口/最终使用
石油、炼焦产品和核燃料加工品	0.885	0.356	0.370	金属冶炼和压延加工品	0.186	0.119	1.110
通信设备、计算机及其他电子设备制造业	0.481	0.288	0.711	纺织品	0.039	0.031	0.862
金属冶炼和压延加工品	0.186	0.119	1.110	非金属矿物制品	0.025	0.017	0.776
化学产品	0.123	0.084	0.621	通信设备、计算机及其他电子设备制造业	0.481	0.288	0.711
电气机械及器材制造业	0.117	0.093	0.592	金属制品业	0.046	0.036	0.675
造纸印刷和文教体育用品	0.114	0.079	0.626	造纸印刷和文教体育用品	0.114	0.079	0.626
交通运输设备制造业	0.108	0.105	0.126	化学产品	0.123	0.084	0.621
木材加工品和家具	0.102	0.074	0.441	电气机械及器材制造业	0.117	0.093	0.592
专用设备制造业	0.092	0.172	0.243	纺织服装鞋帽皮革羽绒及其制品	0.043	0.034	0.536
通用设备制造业	0.077	0.110	0.385	木材加工品和家具	0.102	0.074	0.441

说明：出口在投入产出表中是最终使用的一部分，出口/最终使用大于1可能是因为存货调整。

数据来源：相关统计年鉴。

及环境的外部力量有关。结合装备制造业的产业特征，该产业属于技术与资本密集型产业，加之学者们认为高级生产要素是决定高端制造业竞争力的重要因素，本研究选取高级生产要素作为钻石模型中的要素禀赋。OECD（1994）将国际竞争力定义为一种创新能力，新经济增长理论将技术因素融入产业发展的影响因素，由此，本研究将产业知识吸收、转换与创新能力视为产业竞争力的本源性变量。因需求条件更多涉及竞争力结果性指标，为了降低内生性，本研究从竞争力来源出发，选取装备制造业的产出指标来代替波特理论中的需求条件，在已有文献基础上，对波特钻石模型进行改造，建立如图3-3所示的装备制造业竞争力评价模型，再根据模型设定各级指标（见表3-2）。

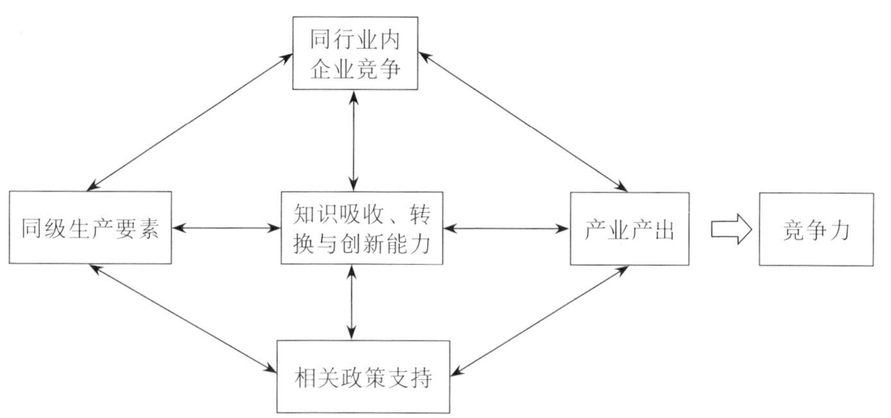

图3-3 装备制造业竞争力评价指标体系的钻石模型

表3-2 **各国装备制造产业国际竞争力指标体系**

<table>
<tr><th colspan="2">一级指标</th><th>二级指标</th><th>三级指标</th><th>指标正负类型</th></tr>
<tr><td rowspan="2">高级生产要素（S）</td><td rowspan="2">装备制造产业层面</td><td rowspan="2">研发投入强度（S1）</td><td>装备制造研发支出占国内总研发支出的比率（S11）</td><td>正向</td></tr>
<tr><td>装备制造研发支出占GDP的比率（S12）</td><td>正向</td></tr>
</table>

续表

一级指标		二级指标	三级指标	指标正负类型
高级生产要素（S）	装备制造产业层面	资本资源（S2）	资本结构——资产负债率（S21）	超过50%为负向
			金融行业占比（S22）	正向
			市盈率标准差（S23）	负向
		人力资源（S3）	每千名劳动力的研究人员总数（S33）	正向
产业产出（PR）	装备制造产业层面	市场产出（PR1）	国际市场占有率（PR11）	正向
			出口贡献度（PR12）	正向
		研发产出（PR2）	装备制造类国际专利技术知识产权（PR21）	正向
			各国每单位GDP的专利产出（PR22）	正向
同行业内企业竞争（C）	装备制造企业层面	市场绩效（C1）	收入（C11）	正向
			毛利额（C12）	正向
			利润总额（C13）	正向
			净利润（C14）	正向
		产业竞争性（C2）	产业集中度（C21）	正向
知识吸收、转换与创新能力（K）	国家宏观层面	基础研究（K1）	基础研究投入强度（K11）	正向
		研发投入人均指标（K2）	人均国内研发支出（K21）	正向
		研发投入相对比率（K3）	国内研发支出占GDP的比率（K31）	正向
			企业研发经费占GDP的比率（K32）	正向
			企业融资研发经费复合年增长率（K33）	正向

续表

一级指标		二级指标	三级指标	指标正负类型
相关政策支持（P）	国家宏观层面	直接补助（P1）	政府直接资助研发占GDP的比率（P11）	正向
			政府直接资助研发占企业研发经费的比率（P12）	正向
		税收优惠（P2）	研发支出中隐含的税收补贴率（P21）	正向
			研发支出中隐含的税收补贴率——大型企业（P22）	正向
			研发支出中隐含的税收补贴率——中小企业（P23）	正向

①指标体系

高级生产要素是从投入角度考虑装备制造业的竞争力来源。要提高产业竞争力，就必须拥有先进的技术、充沛的资金、高端的人才等高级生产要素。本研究从研发投入强度、资本资源、人力资源三个角度出发，选取装备制造研发支出占国内总研发支出的比率、装备制造研发支出占GDP的比率、资本结构——资产负债率、金融行业占比、市盈率标准差、每千名劳动力的研究人员总数6个指标作为高级生产要素的三级指标。

对于装备制造业来说，可以从市场产出和研发产出两个方面来考察产业产出。为了便于统一口径，本研究从国外市场需求端出发，选取国际市场占有率、出口贡献度作为市场产出的子指标；在研发产出方面，选取装备制造类国际专利技术知识产权、各国每单位GDP的专利产出作为研发产出的三级指标。

在同行业内企业竞争方面，站在企业层面，对比各国入围世界五百强的装备制造企业的市场业绩，用每家企业的收入、毛利额、利润总额、净利润等盈利能力指标来衡量市场绩效；产业集中度能够衡量产业竞争性。

与高级生产要素中研发投入强度指标不同，知识吸收、转换与创新能力是基于国家层面的宏观数据，而高级生产要素则是基于产业层面的中观数据。本研究采用基础研究投入强度、人均国内研发支出、国内研发支出占GDP的比率、企业研发经费占GDP的比率、企业融资研发经费复合年增长率作为知识吸收、转换与创新能力的三级指标。

对于装备制造业来说，相关政策支持普遍体现在政府从研发上给予直接补助与税收优惠两个方面。本研究采用政府直接资助研发占GDP的比率、政府直接资助研发占企业研发经费的比率、研发支出中隐含的税收补贴率及其分项作为相关政策支持的三级指标。

②数据来源说明

国家宏观与产业中观数据来源于OECD数据库，企业微观数据来源于各企业发布的年报。OECD数据库中C25、C252、C33为金属制造业，C27为电气机械及器材制造业，C28为通用设备制造业，C26（C261、C262、C263）、G4651-4652为通信设备、计算机及其他电子设备制造业，C265、C266、C267为仪器仪表及文化办公用机械制造业，C29、C30、C304、C301、C302、C303、C309为交通运输设备制造业，C325为专用设备制造业。本研究采用的企业数据来源于世界五百强企业公布的年度财务报告，根据企业主营范围划分所属行业。

③时间说明

国家宏观与产业中观数据时间为2016—2018年，企业微观数据时间为2018年，同一指标年份相同，因此，各国比较的时间口径完全一致。

④相对性说明

由于各经济体的体量差异很大，本研究删除了绝对指标，采用人均、企业平均、比率等相对性指标。

⑤评价方法

系统评价方法分为单项评价法和综合评价法两类。单项评价法是应用经济的或技术的标准对评价对象的某个方面做出定量评价；综合评价法则是从多个方面对评价对象满足评价主体需求的程度进行定量测度。多指标综合评价是系统评价的主要方法之一。本研究先采用多指标综合评价方法，再采用单项评价法对各国竞争力来源因素进行逐一分析。个人判断法、专家会议法、德尔菲法属于定性评价方法，主成分分析法、聚类分析法、因子分析法、熵值法则是多指标综合评价的常用方法。其中，熵值法是一种对信息不确定性进行度量的理论数学方法，基本思路是根据指标变异性的大小来确定客观权重，不失为多指标综合评价方法中较为科学有效的方法（见表3-3）。本研究选取熵值法，既避免了定性评价方法中因个人在权重方面主观臆断而失效的情况，又弥补了其他定量方法对负向指标仅做简单的负数或倒数处理的缺陷。

表3-3　**熵值法确定权重的基本原理**

信息熵E_j越大	变异程度越小	指标离散程度越小	越不确定	信息量小	影响小	权重小
信息熵E_j越小	变异程度越大	指标离散程度越大	越确定	信息量大	影响大	权重大

熵值法运算步骤及公式如下：

第一步，数据标准化。

假设给定了k个指标X_1，X_2，…，X_k，其中，$X_i=\{X_1, X_2, \cdots, X_n\}$。假设对各指标数据标准化后的值为$Y_1$，$Y_2$，…，$Y_k$，那么：

$$Y_{ij}=\frac{X_{ij}-\min(X_i)}{\max(X_i)-\min(X_i)}$$

第二步，求各指标的信息熵。

一组数据的信息熵$E_j=-\ln(n)^{-1}\sum_{i=1}^{n}P_{ij}\ln P_{ij}$。其中：

$$P_{ij}=\frac{Y_{ij}}{\sum_{i=1}^{n}Y_{ij}}$$

如果$P_{ij}=0$，则定义

$$\lim_{P_{ij}\to 0}(P_{ij}\ln P_{ij})=0$$

第三步，确定各指标权重。

计算出各指标的信息熵为E_1，E_2，…，E_k。通过信息熵计算各指标的权重：

$$W_i=\frac{1-E_i}{k-\sum E_i}\qquad (i=1, 2, \cdots, k)$$

（2）竞争力综合评价结果与分析

根据前文构建的评价指标体系，录入原始数据，并进行标准化处理，使表征不同计量单位的各特征值之间具有可比性，见表3-4。

表3-4　　　　**各国产业竞争力评价数据标准化结果**

国家	S						PR				C		
	S11	S12	S21	S22	S23	S33	PR11	PR12	PR21	PR22	C11	C12	C13
中国	0.4580	0.0541	1.0000	0.5630	0.7356	-0.0000	1.0000	1.0000	1.0000	-0.0000	-0.0000	-0.0000	-0.0000
德国	1.0000	0.6351	0.7273	-0.0000	1.0000	0.9514	0.2667	0.7099	-0.0000	0.2208	1.0000	0.5671	0.8675
日本	0.8276	1.0000	0.6364	0.4699	0.9951	1.0000	-0.0000	0.8306	0.7683	1.0000	0.9818	1.0000	1.0000
美国	-0.0000	-0.0000	-0.0000	1.0000	-0.0000	0.8448	0.1816	-0.0000	0.7667	0.0088	0.4419	0.6246	0.5485

国家	C			K					P				
	C14	C21		K11	K21	K31	K32	K33	P11	P12	P21	P22	P23
中国	0.4918	0.0265		0.6154	1.0000	0.5981	0.4000	-0.0000	1.0000	1.0000	0.2340	0.1351	0.3529
德国	-0.0000	-0.0000		-0.0000	-0.0000	-0.0000	-0.0000	1.0000	0.3333	0.4865	1.0000	1.0000	0.5882
日本	0.6766	1.0000		1.0000	0.9491	0.8785	0.5222	0.0035	0.4317	0.4344	-0.0000	-0.0000	-0.0000
美国	1.0000	0.4846		0.3590	0.6944	1.0000	1.0000	0.0366	-0.0000	-0.0000	0.6596	0.3784	1.0000

根据上述熵值法运算步骤，对标准数据做进一步测算，得出最终每项指标的 P_{ij} 值及 $P_{ij}\ln P_{ij}$ 值，见表3-5及表3-6。

表3-5　　　　**各国产业竞争力评价 P_{ij} 值**

国家	S						PR				C		
	S11	S12	S21	S22	S23	S33	PR11	PR12	PR21	PR22	C11	C12	C13
中国	0.2004	0.0320	0.4231	0.2769	0.2694	-0.0000	0.6905	0.3936	0.3945	-0.0000	-0.0000	-0.0000	-0.0000
德国	0.4375	0.3760	0.3077	-0.0000	0.3662	0.3402	0.1841	0.2794	-0.0000	0.1795	0.4126	0.2587	0.3591
日本	0.3621	0.5920	0.2692	0.2311	0.3644	0.3576	-0.0000	0.3270	0.3031	0.8133	0.4051	0.4563	0.4139
美国	-0.0000	-0.0000	-0.0000	0.4919	-0.0000	0.3021	0.1254	-0.0000	0.3025	0.0072	0.1823	0.2850	0.2270

国家	C			K					P				
	C14	C21		K11	K21	K31	K32	K33	P11	P12	P21	P22	P23
中国	0.2268	0.0175		0.3117	0.3783	0.2415	0.2081	-0.0000	0.5666	0.5206	0.1236	0.0893	0.1818
德国	-0.0000	-0.0000		-0.0000	-0.0000	-0.0000	-0.0000	0.9614	0.1889	0.2533	0.5281	0.6607	0.3030
日本	0.3120	0.6618		0.5065	0.3590	0.3547	0.2717	0.0034	0.2446	0.2261	-0.0000	-0.0000	-0.0000
美国	0.4612	0.3207		0.1818	0.2627	0.4038	0.5202	0.0352	-0.0000	-0.0000	0.3483	0.2500	0.5152

表3-6　　**各国产业竞争力评价$P_{ij}\ln P_{ij}$值**

国家	S						PR				C		
	S11	S12	S21	S22	S23	S33	PR11	PR12	PR21	PR22	C11	C12	C13
中国	-0.3221	-0.1101	-0.3639	-0.3556	-0.3533	-0.0000	-0.2557	-0.3670	-0.3669	-0.0000	-0.0000	-0.0000	-0.0000
德国	-0.3617	-0.3678	-0.3627	-0.0000	-0.3679	-0.3668	-0.3116	-0.3563	-0.0000	-0.3083	-0.3653	-0.3498	-0.3678
日本	-0.3678	-0.3104	-0.3533	-0.3386	-0.3679	-0.3677	-0.0000	-0.3655	-0.3618	-0.1681	-0.3661	-0.3580	-0.3651
美国	-0.0000	-0.0000	-0.0000	-0.3490	-0.0000	-0.3616	-0.2604	-0.0000	-0.3617	-0.0354	-0.3103	-0.3577	-0.3366

国家	C			K					P				
	C14	C21		K11	K21	K31	K32	K33	P11	P12	P21	P22	P23
中国	-0.3365	-0.0709		-0.3634	-0.3677	-0.3431	-0.3267	-0.0000	-0.3219	-0.3398	-0.2584	-0.2157	-0.3100
德国	-0.0000	-0.0000		-0.0000	-0.0000	-0.0000	-0.0000	-0.0378	-0.3148	-0.3478	-0.3372	-0.2738	-0.3618
日本	-0.3634	-0.0000		-0.3445	-0.3678	-0.3676	-0.3540	-0.0191	-0.3444	-0.3362	-0.0000	-0.0000	-0.0000
美国	-0.3569	-0.3647		-0.3100	-0.3512	-0.3662	-0.3400	-0.1179	-0.0000	-0.0000	-0.3673	-0.3466	-0.3417

根据上述结果，计算出各项指标的信息熵值E_j，求出各指标权重，并根据权重与标准化数据，计算出各国每个指标的得分（见表3-7）。在高级生产要素（S），产业产出（PR），同行业内企业竞争（C），知识吸收、转换与创新能力（K），相关政策支持（P）的指标体系下，根据熵值法得出评分结果为：日本装备制造产业竞争力最强，德国排名第二，中国与美国竞争力水平接近，均远弱于日本与德国，中国最弱。最终得分合计值为：中国42.21%、德国61.65%、日本71.21%、美国42.84%。中国在高级生产要素方面得分最低，具体数值为中国9.16%、德国20.05%、日本22.98%、美国10.65%；中国在产业产出方面得分较高，具体数值为中国10.90%、德国4.91%、日本11.55%、美国3.29%；中国在同行业内企业竞争方面得分最低，具体数值为中国0.00%、德国17.31%、日本16.54%、美国7.12%；中国在知识吸收、转换与创新能力方面得分最低，具体数值为中国8.59%、德国16.23%、日本12.28%、美国11.73%；中国在相关政策支持方面得分最高，具体数值为中国13.56%、德国3.15%、日本7.87%、美国10.06%。

表3-7　　产业竞争力评价各项指标的熵值、权重以及评分

各指标	信息熵 E_j	权重	中国	德国	日本	美国
装备制造研发支出占国内总研发支出的比率（S11）	0.653 412 476	0.033 390 774	1.53%	3.34%	2.76%	0.00%
装备制造研发支出占 GDP 的比率（S12）	0.489 792 292	0.049 154 194	0.27%	3.12%	4.92%	0.00%
资本结构——资产负债率（S21）	0.670 964 268	0.031 699 808	3.17%	2.31%	2.02%	0.00%
金融行业占比（S22）	0.648 125 695	0.033 900 111	1.91%	0.00%	1.59%	3.39%
市盈率标准差（S23）	0.676 673 839	0.031 149 739	2.29%	3.11%	3.10%	0.00%
每千名劳动力的研究人员总数（S33）	0.681 087 977	0.030 724 474	0.00%	8.17%	8.59%	7.26%
国际市场占有率（PR11）	0.514 253 401	0.046 797 573	4.68%	1.25%	0.00%	0.85%
出口贡献度（PR12）	0.676 501 707	0.031 166 322	3.12%	2.21%	2.59%	0.00%
装备制造类国际专利技术知识产权（PR21）	0.677 520 397	0.031 068 180	3.11%	0.00%	2.39%	2.38%
各国每单位 GDP 的专利产出（PR22）	0.318 038 161	0.065 701 250	0.00%	1.45%	6.57%	0.06%
收入（C11）	0.647 195 746	0.033 989 703	0.00%	3.40%	3.34%	1.50%
毛利额（C12）	0.662 073 804	0.032 556 329	0.00%	1.85%	3.26%	2.03%
利润总额（C13）	0.664 519 136	0.0323 207410	0.00%	2.80%	3.23%	1.77%
净利润（C14）	0.656 654 641	0.033 078 419	0.00%	2.24%	3.31%	1.63%
产业集中度（C21）	0.270 663 762	0.070 265 373	0.00%	7.03%	3.41%	0.19%

续表

各指标	信息熵E_j	权重	中国	德国	日本	美国
基础研究投入强度（K11）	0.632 422 283	0.035 413 002	0.00%	8.59%	3.08%	5.28%
人均国内研发支出（K21）	0.675 180 411	0.031 293 618	0.00%	2.97%	2.17%	3.13%
国内研发支出占GDP的比率（K31）	0.669 160 120	0.031 873 622	0.00%	2.80%	3.19%	1.91%
企业研发经费占GDP的比率（K32）	0.634 167 320	0.035 244 882	0.00%	1.84%	3.52%	1.41%
企业融资研发经费复合年增长率（K33）	0.108 634 217	0.085 875 548	8.59%	0.03%	0.31%	0.00%
政府直接资助研发占GDP的比率（P11）	0.609 588 296	0.037 612 863	1.25%	1.62%	0.00%	3.76%
政府直接资助研发占企业研发经费的比率（P12）	0.636 136 524	0.035 055 166	1.71%	1.52%	0.00%	3.51%
研发支出中隐含的税收补贴率（P21）	0.598 305 388	0.038 699 876	3.87%	0.00%	2.55%	0.91%
研发支出中隐含的税收补贴率——大型企业（P22）	0.519 499 689	0.046 292 138	4.63%	0.00%	1.75%	0.63%
研发支出中隐含的税收补贴率——中小企业（P23）	0.629 689 346	0.035 676 297	2.10%	0.00%	3.57%	1.26%
合计		1.000 000 000	42.21%	61.65%	71.21%	42.84%

说明：存在尾差。

①高级生产要素方面

从研发投入强度来看，中国研发投入绝对值大，相对比率低。本研究选取的是相对比率指标，中国研发投入得分较低，这与相对比率及人均单位研发值等各项指标均处于弱势的事实相符。装备制造研发支出占国内总研发支出的比率为中国50.86%、德国64.22%、日本59.97%、美国39.57%；装备制造研发支出占GDP的比率为中国0.83%、德国1.26%、日本1.53%、美国0.79%；基础研究投入强度为中国5.50%、德国25%、日本12.50%、美国17.50%。中国在研发投入上得分低于德国4.67%，低于日本5.88%，高于美国1.80%。从资本资源来看，位列世界五百强的装备制造企业中，日本29家，美国36家，中国50家。在纽约证券交易所（NYSE）、纳斯达克证券交易所（NASDAQ）、美国证券交易所（AMEX）、场外交易市场（OTC）、上海证券交易所、深圳证券交易所上市的日本企业4家，美国企业36家，中国企业49家（多个企业分拆成母子公司，最终上市样本67家，其中在国内上市65家）。美国装备制造企业在资本市场上最为活跃，且装备制造产业资本化程度高、泡沫严重。通过对2001年4月至2020年4月所有上市公司的市净率数据进行整理发现，美国企业股东权益与净资产变动之比为负值的比率高达15.35%，且平均市净率竟然达到-1694.68，也就是说，当美国企业股东权益与净资产变动之比为-100%时，平均市值还可高达净资产的1694.68倍（如图3-4所示）。从资产结构来看，美国装备制造企业表现出较高风险性，资产负债率最高为73%，远高于日本（59%）、德国（57.00%）和中国（51%）。金融行业占比为正向指标，各国差异不大，具体得分为美国23.72%、中国20.08%、德国15.40%、日本19.31%。金融化程度过高会导致产业空心化，对主营业务产生“挤出”效应，对经济增长不利。在世界五百强企业中，美国金融产业分布占比23.72%，大于其他国家；而美国装备制造企业收入占比最小，仅为26.08%，远低于日本（53.64%）和中国（35.87%）。虽然美国的金融业最为发达，但高度资本化对装备制造业造成了“挤出”效应，使其产业竞争力大大削弱。曾经处于全球引领地位的朗讯、摩托罗拉和北电网络等都已不复存在，英伟达、美光、波音、英特尔、联合技术等一批优秀的装备制造企业排名也在大幅下降。中国装备制造业已开始呈现资本化上升的趋势，要吸取美国的教训，防止产业过度金融化，同时维护金融市场的稳定。由于资本结构——资产负债率、市盈率标准差为负向指标，最终资本资源得分为中国最高、美国最低，具体得分为中国7.37%、德国5.42%、日本6.71%、美国3.39%。从人力资源来看，中国最低，具体得分为中国0.00%、德国8.17%、日本8.59%、美国7.26%。2017年，各国每千名劳动力的研究人员总数分别为中国2.1571、德国9.7159、日本10.1018、美国8.8691，显示了中国在研发人才上的弱竞争力。

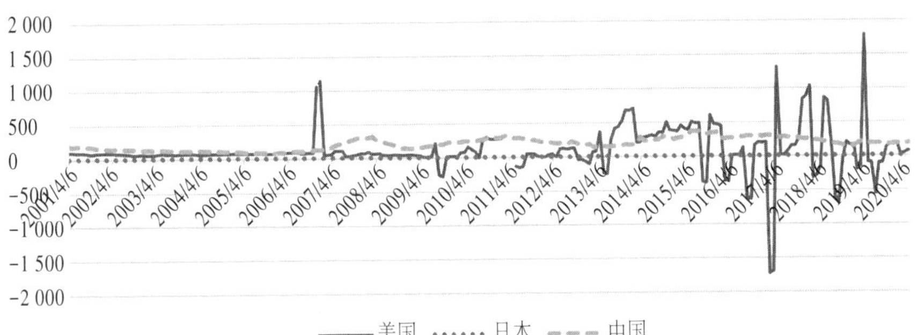

图3-4 市值/（归属于母公司股东的所有者权益+期间净资产净变动）

②产业产出方面

从市场产出来看，具体得分为中国7.80%、德国3.46%、日本2.59%、美国0.85%，中国具有竞争力比较优势。究其原因，中国在国际市场占有率和出口贡献度指标上具有比较优势。国际市场占有率为中国6.38%、德国3.19%、日本2.03%、美国2.82%；出口贡献度为中国9.88%、德国8.27%、日本8.94%、美国4.33%。从研发产出来看，日本的产出效果最佳，中国得分低于日本5.85个百分点，高于美国0.67个百分点，高于德国1.66个百分点。2017年，每单位GDP的专利产出得分为中国0.149%、德国0.249%、日本0.602%、美国0.153%。实际上，中国研发创新的专利质量远低于发达国家，发明专利是专利中技术含量及价值最高的创新部分，而中国在2017年的发明专利比例仅为18.55%，与日本（84.31%）相差甚远。

③同行业内企业竞争方面

从利用微观企业数据计算的同行业内企业竞争得分来看，中国最低，低于德国17.31个百分点，低于日本16.54个百分点，低于美国7.12个百分点。通过世界五百强装备制造企业盈利能力指标看市场业绩，中国企业平均收入、毛利额、利润总额、净利润、利润率最低，日本最高，美国和德国在中间，德国领先于美国（如图3-5所示）。中国企业（67家）业绩合计不如美国企业（38家），中国企业较为分散，缺乏龙头企业，美国则相对集中在对市场有主导作用的一些大公司，德国和日本企业业绩明显高于中国和美国。

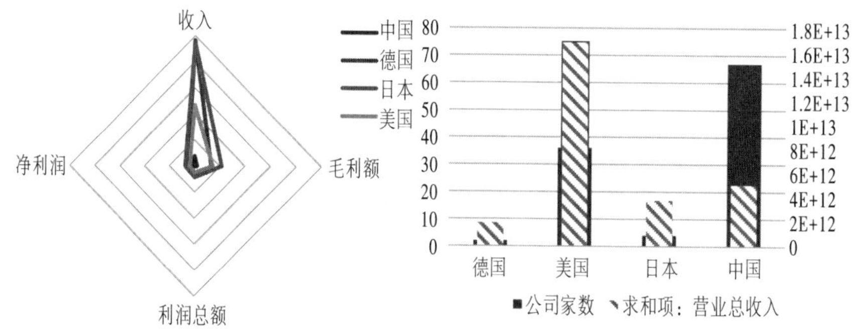

图3-5 同行业内企业市场业绩（左）与产业集中度（右）

④知识吸收、转换与创新能力方面

从国家宏观角度来看，中国仅在研发经费增长率方面具有相对优势。在知识吸收、转换与创新能力方面，中国竞争力最弱，得分低于德国7.64个百分点，低于日本3.69个百分点，低于美国3.14个百分点。在研发经费增长率方面，具体得分为中国8.96、德国3.25、日本3.44、美国3.23。在研发占比指标方面，中国得分最低，具体如图3-6所示，主坐标为国内研发支出占GDP的比率与企业研发经费占GDP的比率，次坐标为人均国内研发支出。

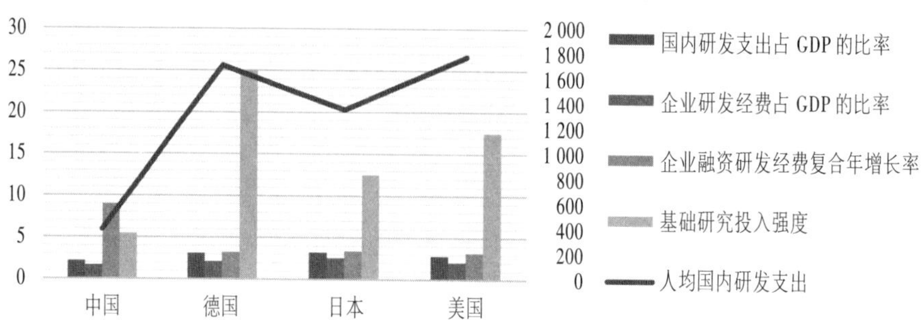

图3-6 各国宏观层面知识吸收、转换与创新能力对比

⑤相关政策支持方面

在相关政策支持方面的得分，中国最高，美国其次，德国最低。在政府给予企业用于研发的直接资助方面的得分，美国最高（12.50%），德国其次（6.72%），中国居中（5.72%），日本最低（2.33%）；在政府针对研发给予税收优惠补贴率方面的得分，中国最高（55.00%），日本其次（39%），美国居中（19.00%），德国最低（8%）。上述结果与中国装备制造业在财税方面可以享受较多优惠政策的事实相符，比如研发费可以在税前按照175%加计扣除，高新技术企业减按15%征收企业所得税。

（3）关于我国装备制造业国际竞争力的几点结论

第一，中国装备制造业竞争力提升的动力机制处于由规模驱动向创新驱动转型的过渡阶段。相比较而言，中国装备制造业在国际市场占有率、出口贡献度、创新增长率等方面具有比较优势，在高级生产要素投入及知识产权、专利等研发产出方面处于弱势地位。由此可见，一是中国装备制造业在国际市场中靠量取胜，在国际分工中处于弱势地位；二是中国装备制造业创新能力不足，但得益于规模支撑和转型发展，创新能力呈高速增长态势；三是中国装备制造业正值规模驱动向创新驱动转型之际，亟待突破研发投入强度偏低、研发人才等高级生产要素投入不足的瓶颈。

第二，研发投入质量不高和投入产出不对等是中国装备制造业创新能力低下的重要原因。一方面，中国装备制造业研发投入质量不高。基础研究投入强度长期在5%左右徘徊，研发比率及人均单位研发指标均处于弱势。试验发展经费投入偏高、基础研究投入偏低，导致基础研究的创新力度和知识供给长期乏力，在基础研究领域与科技强国相比存在巨大差距。另一方面，中国装备制造业在创新投入与产出上不对等。人才资源错配及科研管理体制、知识产权保护方面的缺陷造成研发的低水平重复，从而使得研发成果转换效率低下。同时，高昂的研发成本与目前处于国际分工低位的中国产业发展现状不符，造成“规模优势—价格低廉—成本依赖—研发动力不足—无法居于创新的有利地位—处于国际分工低位”的恶性循环局面。

第三，中国装备制造业创新能力受制于现有的全球经济秩序和企业政策“寻租”。受制于不利的分工地位及研发投入上可能存在的“失灵”问题，中国装备制造业创新能力低下。作为技术引领者，发达国家拥有全球经济规则的制定权，以此来剥削发展中国家的经济利益。中国在国际分工中处于技术追赶者的较低位置，仅在发达国家设计的技术框架内进行低附加值式工艺创新，通过提高技术熟练度来提高劳动生产率，在技术革新中的受益程度远低于发达国家。即使中国每年保持8.96%的研发经费增长率且执行55.00%的最高税收补贴率，也难以如发达国家一样从高端工业发展中获得超额收益。要从根本上改变这种局面，中国需要自力更生，重视体制创新，打破政策“寻租”的创新路径依赖。

第四，中国装备制造业具备资本结构及资本化合理性优势，但融资成本较高。根据前文的计算结果，一方面，中国装备制造企业平均资产负债率低于美、日、德，资本结构明显优于其他国家，产业资本化合理性更具优势，资本风险远远小于美国，但中国也存在资本化上升的趋势，需防止产业过度金融化。另一方面，中国金融业占比低于美、日、德，这可能不利于降低产业的资金使用成本。从全球产业发展规律来看，资本投入与产业国际竞争力呈正相关关系，较低的资金成本使得产业更具竞争优势。近年来，中国装备制造业投入逐年递增，但融资成本并未减少，资金成本过高，无法有效促进产业国际竞争力的提升。因此，为了促进装备制造业实现高质量发展，推进金融业改革尤其是降低融资成本、拓宽融资渠道应是今后改革的方向。

3.2 我国装备制造业全球价值链地位的动态变迁

3.2.1 数据说明与指数选取

本部分数据源于ADB数据库，以贸易增加值为计算口径。关于数据的说明如下：

（1）经济体的选择

ADB中的经济体包括4个国家，中、美、日、德。

（2）装备制造业的选择

被纳入ADB-MRIO的35个行业中的4个行业为本研究的研究对象，即C12金属制造业，C13机械制造，C14电气、电子设备，C15交通运输设备。

（3）数据时间范围的选择

考虑到本研究考察的时间范围是全球价值链重塑下后金融危机时代，再结合数据可获取的实际情况，在ADB中选择的数据主要为2010—2017年，部分数据为2008—2017年以及2000年。装备制造业GVC参与度指数、位置度指数见表3-8。

表3-8　**装备制造产业GVC参与度指数、位置度指数**

目标层	指标层	计算方法	指标解释
GVC参与度指数	市场占有率	一国某产业的中间品或最终品出口增加值占世界出口增加值的份额	该指数越大，表示其占世界出口增加值的份额越大，国际市场占有率越大
	国内占比	一国某产业的中间品或最终品出口增加值占本国国内出口增加值的份额	该指数越大，表示其占本国国内出口增加值的份额越大，在本国该产业越具备GVC的竞争优势
	显示性比较优势指数（RCA）	一国某产业的出口增加值比重与世界该产业的出口增加值比重之比	RCA越高，表示该国某产业越有竞争优势。具体为： 当RCA>2.5时，表示该国的产业竞争力极强； 当1.25<RCA≤2.5时，表示该国的产业竞争力很强； 当0.8<RCA≤1.25时，表示该国的产业竞争力较强； 当RCA≤0.8时，表示该国的产业竞争力较弱

续表

目标层	指标层	计算方法	指标解释
GVC位置度指数	中间品与最终品结构	一国某产业的中间品出口的贸易增加值与最终品出口的贸易增加值之比	中间品占比越高，表示产业技术水平越高；最终品占比高于50%，说明该产业加工贸易大于零部件贸易
	前向关联指数（SVA）、后向关联指数（FGY）	SVA表示该产业生产外贸增加值；FGY表示该产业最终产品外贸增加值	前向表示生产端，后向表示市场端；指数高于20%，表示GVC下该产业在生产端或市场端受益度较高；后向关联指数低于前向关联指数，说明该产业在GVC下生产端弱于市场端，说明进料加工、来料加工和来件组装类的加工贸易大于产品设计和出口零部件贸易
	国内增加值指数（DVA_Fs）、国外增加值指数	DVA_Fs=DVA_F/SVA，表示国内增加值占总出口增加值的份额，国外增加值同理	国内增加值指数越高，说明国内技术替代进口能力越强；国外增加值指数越高，说明对国外市场的依赖性越强；若国内增加值指数高于国外增加值指数，表示国内自力更生的能力高于对国外市场的依赖
	简单指数（GVC_simple）、复杂指数（GVC_complex）	GVC_simple：简单的跨国生产分享活动与总出口增加值之比；GVC_complex：参与GVC的复杂活动与总增加值之比	复杂指数越高，表明该产业参与到GVC中的附加值较高；简单指数越高，表示在GVC下该产业简单制造能力越强；简单指数高于复杂指数，说明该产业简单生产的比较优势高于技术优势
	位置度指数（GVC_s）	Hummels等的垂直专业化比率与Koopman等的地位指数法相结合，具体公式在下文有说明	GVC_s越高，在GVC下地位越高。具体为：当GVC_s>1时，表示该国家在GVC中的国际分工地位极高；当0.8<GVC_s≤1时，表示该国家在GVC中的国际分工地位很高；当0.6<RCA≤0.8时，表示该国家在GVC中的国际分工地位较高；当GVC_s≤0.6时，说明该国家在GVC中的国际分工地位较低

GVC下的位置度指数建立在投入产出模型的基础上，以里昂惕夫经典方程（1936）为依据，矩阵表格表现出各个国家间、区域间、部门间的贸易联系。通过对相关投入产出结构进行分解，研究各个国家和部门之间贸易利益产生的内在机理和中间投入品的流动方向，从而对贸易产品在全球价值链上各个阶段的生产过程进行追溯，学术界已普遍演示过其推导过程，这里不再赘述。

本研究先采用Hummels等（2001）与Koopman等（2010）的方法来测算各国位置度：

$$VSS_i = FVA_i/E_i = FVASH_i$$

$$VSS_i^{VA} = \frac{INTDVA_i}{E_i} = INTDVASH_i$$

式中，VSS_i衡量一国产业i价值链分工程度；i表示产业；E_i表示一国产业i的总出口额；FVA_i表示一国产业i出口包含的国外增加绝对值；$FVASH_i$为一国产业i产品出口中包含的国外增加相对值；$INTDVAi_i$表示一国产业i出口中间品带来的国内增加绝对值；$INTDVASH_i$表示一个国家产业i出口中间品带来的国内增加相对值。

再根据Koopman等（2010）的GVC地位指数来测算一国某产业在GVC中所处的国际分工地位。产业i的地位指数通过对比一国某产业的出口增加值与国外附加值来考察：

$$GVCs = \ln(1 + VSS_i^{VA}) - \ln(1 + VSS_i) = \ln(1 + INTDVASH_i) - \ln(1 + FVASH_i)$$

3.2.2　基于GVC视角下的中美日德装备制造业整体竞争力比较

（1）GVC下市场占有率、中间品与最终品结构、国内占比

金融危机之后，GVC下中国装备制造业最突出的特点是具有规模优势、总体呈现上升趋势。如图3-7所示，中间品出口占世界贸易份额在2012年至2015年期间呈现增速加快的趋势，由2010年的11.39%、2013年的13.48%、2014年的14.52%增加到2015年的14.94%，2016年有所下降；GVC下中国最终品出口占世界贸易份额由2010年的19.11%到2015年的峰值21.51%；从2017年来看，中国无论是中间品出口还是最终品出口在其占世界份额方面均有优势。其他国家在金融危机后呈现略微下降趋势，而

中国能逆势而上，与一揽子外贸“组合拳”政策有关，包括对出口退税机制不断完善，出口、通关、收费环节“轻装上阵”，简化跨境贸易和人民币结算流程，以及在国别政策上有所调整。由于受金融危机影响最大的是美、欧、日等，而一些新兴国家及最不发达国家反而受危机影响较小，我国采取与这些国家互利共赢的策略，尤其是通过与东南亚、南亚等区域的国家的贸易增加值来弥补危机损失。

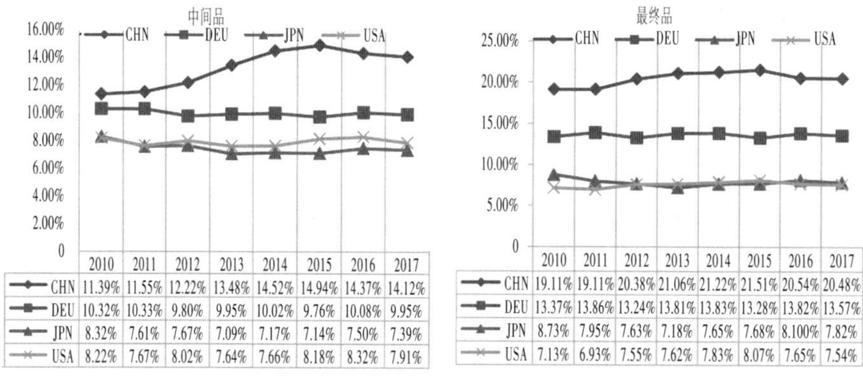

	2010	2011	2012	2013	2014	2015	2016	2017
CHN	11.39%	11.55%	12.22%	13.48%	14.52%	14.94%	14.37%	14.12%
DEU	10.32%	10.33%	9.80%	9.95%	10.02%	9.76%	10.08%	9.95%
JPN	8.32%	7.61%	7.67%	7.09%	7.17%	7.14%	7.50%	7.39%
USA	8.22%	7.67%	8.02%	7.64%	7.66%	8.18%	8.32%	7.91%

	2010	2011	2012	2013	2014	2015	2016	2017
CHN	19.11%	19.11%	20.38%	21.06%	21.22%	21.51%	20.54%	20.48%
DEU	13.37%	13.86%	13.24%	13.81%	13.83%	13.28%	13.82%	13.57%
JPN	8.73%	7.95%	7.63%	7.18%	7.65%	7.68%	8.100%	7.82%
USA	7.13%	6.93%	7.55%	7.62%	7.83%	8.07%	7.65%	7.54%

图3-7　装备制造业中间品（左）、最终品（右）出口占世界贸易份额（2010—2017年）

一方面，我国装备制造业在2017年中间品出口占比仅为46.73%（如图3-8所示），在四个国家中最低，表明我国装备制造业在国际分工中未摆脱“卡脖子”困境、核心零部件缺失的中低端环节命运。另一方面，金融危机后，GVC下中国装备制造业的中间品出口占比呈现上升趋势，总体来说，中国在国际垂直分工一体化中是受益的，但还需坚持全球深度发展战略，通过不断提升核心技术能力提高中间品参与度。

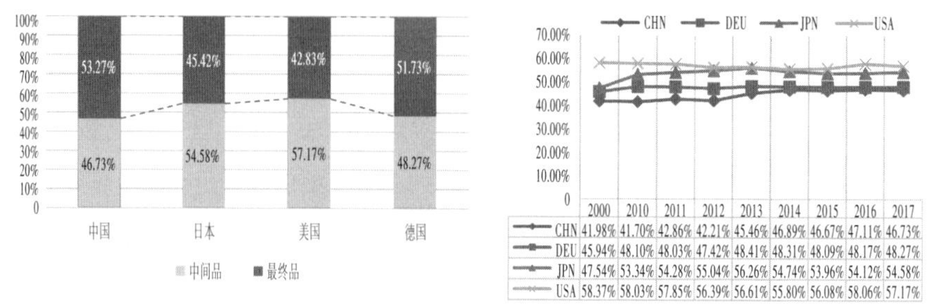

	2000	2010	2011	2012	2013	2014	2015	2016	2017
CHN	41.98%	41.70%	42.86%	42.21%	45.46%	46.89%	46.67%	47.11%	46.73%
DEU	45.94%	48.10%	48.03%	47.42%	48.41%	48.31%	48.09%	48.17%	48.27%
JPN	47.54%	53.34%	54.28%	55.04%	56.26%	54.74%	53.96%	54.12%	54.58%
USA	58.37%	58.03%	57.85%	56.39%	56.61%	55.80%	56.08%	58.06%	57.17%

图3-8　装备制造业出口的中间品和最终品结构

（左：时点图；右：中间品结构趋势图）

如表3-9所示，中国装备制造业最终品占国内产业贸易总额之比呈现下降趋势，中间品呈现上升趋势，可以看出这些年来中国已经在尽力改善产业结构，并取得了一定成效，但与发达国家相比还有一些差距。2017年该比值分别为54.95%、48.57%，最终品占比高于美国，远低于日、德，中间品占比高于德、美，远低于日本。

表3-9 **装备制造业最终品占本国产业贸易总额之比**

年度	最终品（%）				中间品（%）			
	中	德	日	美	中	德	日	美
2010	57.40	60.70	70.84	36.41	46.86	42.79	54.26	26.29
2011	56.32	61.75	71.76	35.97	45.78	43.59	53.77	25.51
2012	56.50	61.72	71.16	36.95	44.98	42.38	53.86	25.48
2013	55.15	60.88	73.66	36.22	47.51	42.47	56.45	24.78
2014	54.77	60.59	73.31	36.94	48.92	42.18	58.43	24.67
2015	54.44	61.44	73.23	37.53	48.05	42.48	57.35	25.49
2016	54.29	60.77	73.06	36.22	48.77	42.40	57.20	26.03
2017	54.95	60.51	72.26	36.42	48.57	42.18	56.83	25.78

（2）GVC下RCA指数分析

如表3-10所示，中国装备制造业整体RCA指数为1.543，竞争力很强，但低于日本。对于各产业的分析将在下一部分介绍，此处不再赘述。

表3-10 **装备制造业RCA（2017）**

行业	中国RCA		美国RCA		日本RCA		德国RCA	
金属制品业	较强	1.116	无优势	0.567	很强	2.021	较强	1.090
机械设备业	很强	1.440	无优势	0.957	很强	1.513	很强	2.330
电气电子设备业	极强	2.534	无优势	0.623	很强	1.568	较强	0.804
交通运输设备业	无优势	0.529	很强	1.404	很强	2.415	很强	2.229
装备制造业整体	很强	1.543	无优势	0.878	很强	1.876	很强	1.491

（3）GVC下前向、后向关联度指数分析

中国装备制造业的GVC参与深度在金融危机后受损，贸易保护主义抬头加重了负面影响。如表3-11所示，中国GVC前后向关联度最低，美国较低，日、德优势明显。中国前向关联度在金融危机后直降5.77%，2017年为14.13%，在四个国家中最低，德国是中国的2.80倍，日本是中国的2.16倍，美国是中国的1.25倍；中国后向参与度在金融危机后直降4.98%，2017年为14.13%，在四个国家中最低，德国是中国的1.94倍，日本是中国的1.26倍，美国是中国的1.16倍。从趋势来看，中国无论是前向关联度还是后向关联度都是下降的。中国前向关联度从2008年的19.49%下降到2009年的13.72%，虽然在2010年有所反弹，但在2016年又下降至14.63%，始终未达到金融危机前的水平，也未达到20%的较高水平；后向关联度同样在2010年反弹后持续下降。金融危机后美、日、德的后向关联度有所下降，但在2011年回升并保持平稳。这说明，相对而言，中国装备制造业缺乏核心竞争力，受宏观环境影响大。四个国家中只有中国生产端关联度弱于市场端，说明在关键上游材料、核心零部件生产方面任务还很艰巨。我们还可以看到，美国之前的占领GVC高端的工业空心化策略并未起到提升产业竞争力的作用。

表3-11　　**装备制造业GVC前向、后向关联度**

年度	前向关联度					后向关联度				
	中国	德国	日本	美国	平均	中国	德国	日本	美国	平均
2008	19.49%	36.66%	24.30%	18.86%	23.57%	25.77%	30.71%	18.02%	17.94%	23.11%
2009	13.72%	35.56%	22.54%	18.73%	20.58%	20.79%	29.06%	14.22%	14.66%	19.56%
2010	16.38%	36.46%	24.78%	19.73%	22.26%	22.82%	30.85%	15.82%	16.62%	21.39%
2011	16.28%	36.31%	25.51%	19.98%	22.32%	22.72%	31.84%	17.54%	18.59%	22.50%
2012	15.35%	36.75%	25.31%	19.47%	21.50%	21.38%	31.53%	17.84%	18.54%	21.70%
2013	15.72%	37.86%	28.93%	18.65%	21.91%	20.97%	31.55%	20.12%	18.77%	21.92%
2014	16.15%	38.15%	30.38%	18.11%	22.01%	18.79%	31.15%	22.71%	19.37%	21.23%
2015	15.15%	38.00%	29.54%	17.57%	20.78%	16.37%	31.86%	21.21%	18.45%	19.55%
2016	14.36%	38.34%	27.89%	17.72%	20.51%	16.07%	29.71%	18.14%	17.81%	18.62%
2017	14.13%	39.51%	30.50%	17.67%	20.60%	15.86%	30.88%	19.99%	18.33%	18.98%
平均	15.50%	37.39%	26.80%	18.60%	21.57%	19.54%	30.96%	18.44%	18.06%	20.79%

（4）GVC下国内增加值指数分析

GVC下各国装备制造业增加值呈现自力更生的“国内化”特点。除美国国内增加值占比约为58%外，其余三国都超过60%，尤其是多个国家后向联系下国内增加值占比超过80%，足以看出各国对该产业的重视（如图3-9和表3-12所示）。中国逆势而上，国内增加值比重总体呈现上升趋势，说明金融危机后中国在加快外贸新业态发展、推动加工贸易转型升级方面取得了一定成效，但远低于日本与德国，自力更生之路依然任重道远。

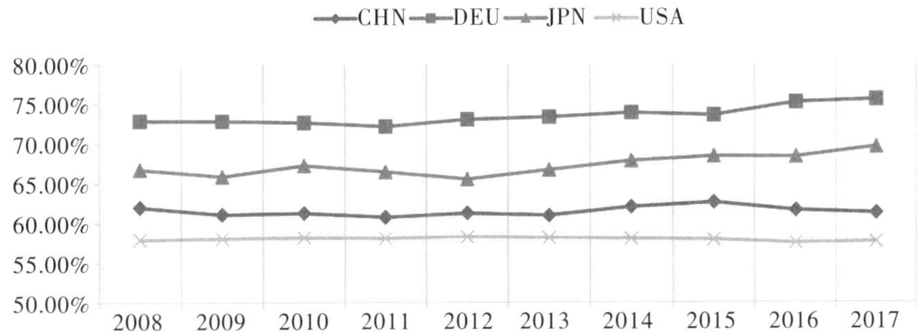

图3-9 装备制造业国内增加值占比趋势图

表3-12 装备制造业国内增加值占比

年度	前向联系下国内增加值占比（%）				后向联系下国内增加值占比（%）				国内增加值占比（%）			
	中国	德国	日本	美国	中国	德国	日本	美国	中国	德国	日本	美国
2000	29.69	64.33	37.77	28.85	80.48	75.70	90.64	86.14	62.01	72.90	66.77	57.91
2007	47.78	75.22	50.87	31.71	72.54	71.64	83.97	83.59	61.11	72.87	65.90	58.06
2008	44.25	75.22	48.67	33.45	75.23	71.07	82.45	83.20	61.28	72.67	67.29	58.16
2009	35.01	73.30	43.57	32.74	79.89	72.54	86.13	86.32	60.78	72.17	66.46	58.08
2010	38.30	74.88	48.16	33.59	78.18	70.86	84.59	84.52	61.24	73.05	65.54	58.29
2011	36.98	74.99	48.52	34.31	78.32	69.92	82.86	82.58	60.99	73.33	66.73	58.16
2012	35.43	76.59	47.14	34.07	79.66	70.17	82.54	82.64	62.06	73.89	67.85	58.04
2013	34.10	76.96	52.69	32.53	80.10	70.30	80.25	82.40	62.62	73.59	68.43	57.91
2014	34.13	77.61	57.18	31.86	82.22	70.73	77.69	81.87	61.63	75.18	68.37	57.48
2015	32.13	77.97	56.12	30.74	84.53	70.03	79.16	82.77	61.29	75.55	69.61	57.64
2016	30.20	78.84	52.81	29.99	84.76	72.13	82.21	83.47	62.01	72.90	66.77	57.91
2017	29.90	80.99	57.19	30.35	84.99	71.04	80.39	82.92	61.11	72.87	65.90	58.06

（5）GVC下位置度指数

中国装备制造业在2017年位置度指数仅为0.43（如图3-10所示），在四个国家中最低，金融危机后出现明显下降态势，表明中国装备制造业处于GVC低端环节，同时也提示我国产业在参与国际分工的过程中尚有很大的潜力，今后应继续坚持全球发展战略，鼓励产业提升自主创新力，掌握核心技术，在国际分工中获得高端发展优势。

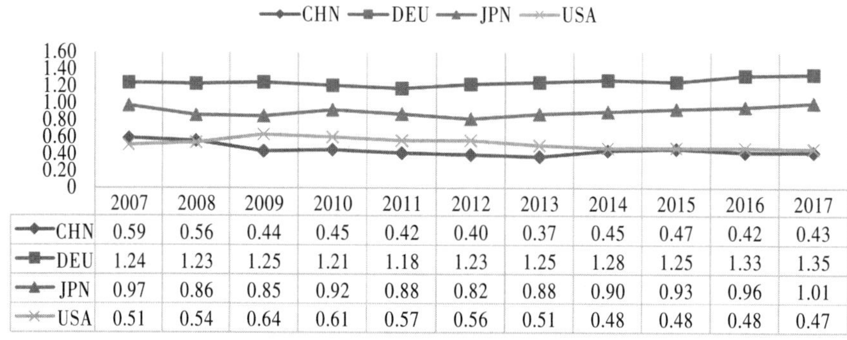

	2007	2008	2009	2010	2011	2012	2013	2014	2015	2016	2017
CHN	0.59	0.56	0.44	0.45	0.42	0.40	0.37	0.45	0.47	0.42	0.43
DEU	1.24	1.23	1.25	1.21	1.18	1.23	1.25	1.28	1.25	1.33	1.35
JPN	0.97	0.86	0.85	0.92	0.88	0.82	0.88	0.90	0.93	0.96	1.01
USA	0.51	0.54	0.64	0.61	0.57	0.56	0.51	0.48	0.48	0.48	0.47

图3-10　装备制造业位置度指数

（6）GVC下最终品、中间品受益来源区域及区域流向趋势

无论从最终品还是中间品来看，东南亚都是各国GVC下受益来源的重要区域。美国优势区为北美，德国优势区为欧盟，日本优势区为东亚与北美。中国相对于其他三个国家而言增长来源更为分散，其分布在世界其他国家的比例高达32%，中国在北美的贸易增加值比例低于美国与日本，在欧盟的贸易增加值比例低于德国与美国，在东亚的贸易增加值比例不如日本。东南亚与中国相邻，近年来大力发展工业，是最具活力和潜力的地区。从贸易增长率及贸易前景上看，四个国家都搭乘新兴国家经济快速增长的列车获得了外贸增长，但中国凭借“近水楼台先得月”的地缘优势和良好的外交关系，从2010年的3.80%增长到2017年的5.03%，在东南亚区域比其他国家更有贸易优势。随着海南自由贸易试验区和自由贸易港的设立，它作为全球开放水平最高的特殊经济功能区，同时辐射整个东南亚，无疑对推动中国与东南亚国家贸易、形成全面开放新格局起到关键作用。值得关注的是，中国新疆尽管建立了霍尔果斯、喀什等经济特区，但并没有获得来自中亚的贸易优势，并且最终品占比从0.46%下降到0.05%，中间品占

比从0.25%下降到0.18%。美国虽然不具备地缘优势，但其对中亚的影响较大，2017年美国在中亚的最终品占比为1.93%，高于其他各国。

3.2.3 基于GVC视角下中美日德装备制造子行业竞争力比较

（1）GVC下各产业出口额占世界及国内出口总额的比例

中国金属制品业最终品出口额仅占国内出口总额的3.25%，但占世界出口总额的比例高达25.11%（见表3-13），说明市场潜力有限，且产能过剩，该产业未摆脱“低端锁定”；在中间品上并不存在过剩现象，说明自主创新能力并没有跟上重复建设的速度。中国机械设备业也存在产能过剩、重复建设问题，但并没有金属制品业严重。电气电子设备业是中国优势产业，最终品占世界出口总额与国内出口总额比例都在36%以上，中间品均在20%之上，属于国际市场占有与国内产业结构相匹配的“黄金”产业。中国交通运输设备业属于在世界出口占比与国内出口占比上“双弱”的产业，与德、日相差很大。另外，中国中间品进口仅占世界进口总额的5.06%，而美国这一比例为17.38%，说明各国都重视技术保护以防止技术外溢，而中国面临的外商技术壁垒封锁的问题比其他国家更为严峻。

表3-13 装备制造业出口额占比（2017年）

行业	各产业最终品占世界出口总额比例（%）				各产业最终品占国内出口总额比例（%）				各产业中间品占世界出口总额比例（%）				各产业中间品占国内出口总额比例（%）			
	中	德	日	美	中	德	日	美	中	德	日	美	中	德	日	美
金属制品业	25.11	7.67	6.88	6.55	3.25	1.65	3.07	1.53	10.62	8.54	8.33	4.80	11.00	10.91	19.30	4.72
机械设备业	17.42	18.73	6.37	7.79	9.41	16.81	11.84	7.57	13.76	17.18	5.80	9.24	6.06	9.33	5.71	3.86
电气电子设备业	36.81	5.65	5.14	4.97	36.63	9.34	17.61	8.90	20.90	6.66	7.24	5.89	27.50	10.81	21.31	7.35
交通运输设备业	5.56	19.33	11.33	10.05	5.66	32.72	39.74	18.43	6.18	13.96	7.26	16.07	4.00	11.14	10.51	9.86

（2）GVC下RCA指数分析

根据上一部分整体分析中的表3-10显示的数据，中国除交通运输设备业无优势以外，其余产业均有不同程度的优势。美国与中国恰恰相反，美国除交通运输设备业有很强优势外，其他产业均无优势。中国金属制品业不如日本，机械设备业不如日本与德国，但电气电子设备业RCA指数为2.534，在四个国家中最高，而且是四个国家所有装备制造业中唯一突破2.5的产业。

（3）GVC下前后向关联度指数分析

中国装备制造所有子行业除电气电子设备业外，前后向关联度均较低，金属制品业为14.74%、16.35%，机械设备业为11.84%、14.06%，交通运输设备业为6.86%、13.07%（见表3-14）。中国电气电子设备业的前后向关联程度都比较高，约为20%，其余行业均落后于其他三个国家。德国与日本无论哪个行业在其GVC参与度上均表现出优势，尤其是德国的前向关联度极高，金属制品业和电气电子设备业甚至超过50%。

表3-14　　装备制造子行业前后向关联度（2017年）

行业	美国（%）		中国（%）		日本（%）		德国（%）	
	前向	后向	前向	后向	前向	后向	前向	后向
金属制品业	19.86	17.17	14.74	16.35	38.72	30.59	56.18	34.89
机械设备业	14.47	16.07	11.84	14.06	19.48	16.96	33.63	28.80
电气电子设备业	20.18	10.67	20.21	19.96	38.66	19.90	52.96	27.19
交通运输设备业	14.98	22.39	6.86	13.07	19.81	19.03	26.68	32.58

（4）GVC下前后向关联度的国内、国外增加值指数分析

如表3-15所示，中国金属制品业后向国内增加值比例为84.23%，高于其他国家，表明增加值主要来源于国内；前向国内、国外增加值与美国接近，均远低于日本与德国，德国最高。中国后向国内增加值比率较高，还体现在其他三个行业中，说明中国各产业以后向关联为主，在国内的市场端受益、在生产端优势偏弱的实质普遍存在。日、德机械设备业前向国内、国外增加值均高于水平接近的中、美。中国电气电子设备业在前向关联度的国内、国外增加值上超过美国，低于日、德，中国电气电子设备业

在生产端受益程度高于其他行业，在国际参与度上也优于其他行业。中国交通运输设备业在前后向关联度国内外增加值指数上都是四个国家中最低的，也是四个行业中最低的，尤其在前向国内增加值上低于美国11.42个百分点、低于日本52.8个百分点、低于德国67.42个百分点，这与我国交通运输设备业虽然产量高居世界前列但一些关键材料、重要辅机、阀门、泵等大批高端零部件仍然需要依靠进口的事实相符。

表3-15 装备制造子行业前后向国内、国外增加值比率（2017年）

行业	美国增加值比率（%）				中国增加值比率（%）				日本增加值比率（%）				德国增加值比率（%）			
	前向国内	前向国外	后向国内	后向国外	前向国内	前向国外	后向国内	后向国外	前向国内	前向国外	后向国内	后向国外	前向国内	前向国外	后向国内	后向国外
金属制品	24.34	28.19	83.78	16.22	25.01	25.95	84.23	15.77	50.41	51.29	69.79	30.21	71.29	74.78	66.72	33.28
机械设备	26.11	28.58	84.92	15.08	26.40	27.12	86.61	13.39	44.38	44.76	83.35	16.65	75.01	76.75	72.72	27.28
电气电子	28.79	33.22	89.96	10.04	44.23	45.95	81.33	18.67	60.42	61.39	80.60	19.40	85.03	87.98	74.05	25.95
交通运输	26.23	29.46	79.24	20.76	14.81	15.12	87.51	12.49	66.61	66.81	81.31	18.69	82.23	83.87	69.81	30.19

（5）GVC下简单、复杂指数分析

如表3-16所示，中国在装备制造各子行业的GVC复杂指数上略微低于美国，中、美远低于日、德。对于金属制品业，中国除了后向复杂指数高于美国，前向简单指数、前向复杂指数、后向简单指数均是最低的，德国与日本在这四项指数上都表现出优势，德国前向简单、前向复杂、后向复杂指数均最高，只有后向简单指数低于日本，且德国前向复杂、后向复杂指数在金融危机后呈逐步上升趋势[①]，最终在2017年该行业的复杂指数均大于简单指数，而中、美、日无论是前向还是后向，简单指数均高于复杂指数，说明德国是注重技术更新式地高水平参与国际分工，产品附加值也最高。在机械设备业方面，中国前后向简单、复杂指数均最低，与日、

① 受篇幅所限，这里不再列示各年的趋势数据，若有需要可联系本书作者。

德差距较大，且前向复杂指数在金融危机后持续下降。德国该行业的后向复杂指数高达22.85%，遥遥领先于其他三国。在电气电子设备业中，中国在后向复杂指数上表现出高于美、日的优势，仅低于德国，这是其他行业所不具备的特征，该行业主要是生产通信计算机及其他电子设备，能在维护经济稳定、数字经济发展中起到关键性作用，它使得一些行业通过"互联网+"就可以在线上完成整个经济活动，不再受地域限制。同时，中国电气电子设备业后向复杂指数高于后向简单指数，尤其在金融危机后的四年里领先于美、日，复杂度可与德国媲美，说明中国在电气电子设备领域GVC参与方面的产品附加值较高，且在金融危机后提升了位置。中国交通运输设备业简单指数远高于参与度复杂指数，四项指数均较低，且在金融危机后持续下降，说明中国交通运输设备业参与GVC深度偏弱。美国在2010年实施"再工业化"战略后，各行业复杂指数均呈略微上升趋势。

表3-16　**装备制造子行业前后向简单、复杂指数（2017年）**

行业	美国（%）				中国（%）				日本（%）				德国（%）			
	前向简单	前向复杂	后向简单	后向复杂	前向简单	前向复杂	后向简单	后向复杂	前向简单	前向复杂	后向简单	后向复杂	前向简单	前向复杂	后向简单	后向复杂
金属制品	10.62	9.25	9.80	7.37	8.63	6.11	8.27	8.08	23.14	15.58	19.32	11.27	25.97	30.21	16.54	18.35
机械设备	7.47	7.00	9.01	7.07	6.88	4.96	7.63	6.44	11.59	7.89	8.46	8.50	17.26	16.37	5.95	22.85
电气电子	9.10	11.08	5.40	5.27	10.52	9.68	5.61	14.35	20.49	18.17	8.12	11.78	26.22	26.74	3.24	23.95
交通运输	7.29	7.69	12.07	10.32	4.18	2.67	8.40	4.68	13.25	6.56	4.96	14.07	13.13	13.55	4.04	28.54

3.2.4　关于我国装备制造业全球价值链地位的几点结论

第一，中国装备制造业总体受益于国际分工，但"份优位低"。我国总体上受益于国际垂直分工，但外向型经济靠"量"取胜，且发达国家设置的贸易壁垒加大了我国以“价”取胜的难度。从趋势上看，中国GVC位置呈明显上升趋势。“份优”体现在：一是在市场占有率、国内占比方面，中国无论是中间品还是最终品占世界份额上均有优势，总体呈现上升趋势，是四个国家之中金融危机后唯一逆势而上的国家；二是中国RCA表现出很强的竞争优势；三是中国国内增加值比重较高，且一直呈现上升趋势。“位低”体现在：一是中国嵌入GVC的深度不够，且在金融危机后受损，表现在GVC前后向关联度都远低于日、德，始终未达到20%的较高水平，且在危机后下降，加之贸易保护主义抬头以及美国对中国实施的关税壁垒政策提高了我国装备制造业参与国际分工的成本，使其深嵌GVC分工体系的难度加大；二是中国装备制造业在2017年位置度指数最低，仅为0.43，且金融危机后明显下降；三是中国中间品结构占比最低，体现为最终品居多，更多的是从事中低端的跨国活动。

第二，中国装备制造业自主创新能力依然不强，且技术上“引进难，走出难”。GVC下中国装备制造业自主创新能力依然不强，体现在三个方面：一是中国在国际生产端参与程度弱于市场端，中国还未从“代工链”演变成“创新链”，在关键上游材料、核心零部件生产上任务还很艰巨；二是在各国装备制造业增加值“国内化”背景下，中国国内增加值比重低于日本与德国，自力更生之路依然任重道远；三是中国复杂指数远低于日本与德国，全球零部件的供应商主要来源于日本与德国，它们更多地从事产品设计和出口零部件生产，在GVC中处于上游，而中国的价值链技术复杂度较低，更多地从事加工组装生产，即利用进口零部件从事最终产品组装的生产活动。从中间品进出口贸易增加值上可以看出，中国面临技术“引不进，走不出”的困难，我国交通运输设备业中间品进口占比只有5%，这与外商对我国实施技术封锁的事实相符。装备制造业作为各国“特殊”的关键产业之一，在全球范围内存在技术转移和扩散的“高门槛”。我国自主创新能力不强，加上“引进难”，造成了“走出难”。

第三，受益来源区域转移，东南亚与巴基斯坦成为中国受益增长区域。尽管中国在北美的优势不如美国与日本，在欧盟的优势弱于德国与美国，在东亚的优势不如日本，但中国呈现出受益来源区域“多元化”现象，即在全球不知名的地方“遍地开花”。中国的受益来源区域相对于其他三个国家而言较为分散，且趋势有所增长。尽管四个国家都抓住了东南亚发展机会，搭乘“快车”，享受到了东南亚国家经济增长的“红利”，但因为中国在东南亚区域比其他国家更有地缘优势，所以相对于其他国家来说增幅更大，海南自由贸易区的设立也对推动东南亚贸易促成全面开放新格局起到关键作用。同时，巴基斯坦也成为中国有别于其他三个国家的独特优势区域。

第四，中国装备制造各子行业发展不平衡，“强恒强、弱恒弱”。相对而言，电气电子设备业的竞争力比较明显，但交通运输设备业的国际竞争力各项指标都还很落后，各行业发展不平衡，且从趋势上看这些年它们的变化并不明显，表现出“强恒强，弱恒弱”的特点。电气电子设备业作为集贸易增加值份额、RCA、前后向关联度、国内外增加值、复杂度多项优势于一体的“黄金”产业，持续保持强者地位，同时该产业合理利用数字化技术、“互联网+”等能起到压缩传统提升路径的催化作用；金属制品业存在产能过剩、重复建设及自主创新能力不足等问题；机械设备业技术水平弱，产能略有过剩。

3.3 国际视角下我国装备制造业全要素生产率的现状与趋势

3.3.1 数据来源、处理及描述性统计

本部分对中、美、德、日四个国家装备制造上市公司TFP的估算数据来源于2009—2019年BVD-OSIRIS全球上市公司数据库，该数据库经由研究者们在世界各国上市公司证券投资分析、战略经营分析、转让定价、财务分析等领域作实证分析的数据库整理而来。截至2019年底，该数据库共收录了上市公司7万多家。本研究按北美产业分类体系（NAICS 2017）的分类标准，从装备制造业1.3万多家企业中提取了这四个国家的企业6 660家，占全球装备制造上市公司的50%以上。这些企业共分为7类：331初级金属制品；332复杂金属制品；333机械制造；334电脑与电子产品制造；

335电子设备及零部件制造；336交通设备制造；3391医疗设备与医用物资制造。为了使各变量的描述更加清晰，本研究制作了表3-17，简要说明了本研究模型中用到的变量及其定义和计算方法。本研究采用鲁晓东和连玉君（2012）的方法计算它们的TFP。为了保证结果的有效性，我们消除了奇异值对实证检验的影响，删除了营业收入、员工数、中间投入、固定资产缺失的样本，并进行了winsor2双边缩尾处理。本研究对数据进行了对数化处理以避免可能存在的异方差性，经过处理后，主要变量的统计特征见表3-18。在三项投入要素中，中间投入波动最大，标准差为1.673；资本投入波动其次，标准差为1.649；劳动投入波动最小，标准差为1.543。结合数据的极差来看，本研究选取的样本满足统计分析的要求。

表3-17　**变量及其定义和计算方法**

变量名称	符号	变量定义和计算方法
产出	y	企业营业收入
劳动投入	l	企业员工人数
中间投入	m	营业成本+销售与管理费用+财务费用-折旧摊销
资本投入	k	固定资产

表3-18　**主要变量描述性统计**

变量对数处理	观测值	平均值	标准差	最小值	最大值
y	38 813	5.742	1.773	1.789	10.904
l	38 813	7.472	1.543	4.263	11.965
m	38 813	3.324	1.673	0.340	8.405
k	38 813	2.985	1.649	0.710	8.276

3.3.2　模型、方法及数据合理性说明

先假定生产函数如下：

$$\ln y_t = \ln\beta_0 + \ln\beta_l l_t + \ln\beta_k k_t + \ln\beta_m m_t + \ln\varpi_t + \ln\eta_t \tag{3-1}$$

式中，y_t是总产出；l_t、m_t、k_t分别代表劳动投入、中间投入和资本投入；ϖ_t代表TFP；η_t代表与三种要素投入无相关关系的独立同分布的随机误差

项。该模型建立在三个假设之上：第一，m_t只受k_t和ϖ_t的影响，m_t的需求函数表示为$m_t = m_t(k_t, \varpi_t)$；第二，在k_t不变的情况下，m_t是一个关于ϖ_t的单调函数，对m_t函数关于ϖ_t取逆后得到$\varpi_t = \varpi_t(k_t, m_t)$；第三，$\varpi_t$服从一阶马尔科夫过程，即$\varpi_t=E(\varpi_t|\varpi_{t-1})+\xi_t$，其中$E(\varpi_t|\varpi_{t-1})$为期望值。由此，（3-1）式可改写成（3-2）式：

$$\ln y_t = \ln\beta_l l_t + \ln\psi_t(k_t, m_t) + \ln\eta_t \tag{3-2}$$

式中，$\psi_t(k_t, m_t)=\beta_0+\beta_k k_t+\varpi_t(k_t, m_t)$。

使用LP方法测算企业的TFP分为两个阶段。

第一阶段，估算出β_l。构造一个包含k_t和m_t在内的三阶多项式，以非参数的方法代替（3-2）式中的$\psi_t(k_t, m_t)$，那么（3-2）式可改写成（3-3）式：

$$\ln y_t = \ln\delta_0 + \ln\beta_l l_t + \Sigma_{i=0}^{3}\Sigma_{i,j=0}^{3-i}\delta_{ij}\ln k_t^i m_t^i + \ln\eta_t \tag{3-3}$$

对（3-3）式使用OLS估计得到l_t前的系数，也就是β_l的一致估计$\hat{\beta}_l$。

第二阶段，估计出β_k和β_l，之后就可以计算出ϖ_t。首先使用第一阶段估计所得到的$\hat{\beta}_l$，再根据（3-2）式计算出$\psi_t=y_t-\hat{\beta}_l l_t$，将$\beta_k$、$\beta_m$任何一个可能的备选值记为$\beta_k^*$、$\beta_m^*$，则可以预测$\varpi_t$每一期的值为$\hat{\varpi}_t=\hat{\psi}_t-\beta_k^* k_t-\beta_m^* m_t$，然后利用这些预测值，再来预测下面的式子。

$$\hat{\varpi}_t = \gamma_0 + \gamma_1\varpi_{t-1} + \gamma_2\varpi_{t-1}^2 + \gamma_3\varpi_{t-1}^3 + \varepsilon_t \tag{3-4}$$

通过（3-4）式可以得到$E(\varpi_t|\varpi_{t-1})$的非参数一致估计$\hat{E}(\varpi_t|\varpi_{t-1})$，紧接着计算出（3-1）式中的残差$\hat{\eta}_t+\hat{\xi}_t=y_t-\hat{\beta}_l l_t-\beta_k^* k_t-\beta_m^* m_t-\hat{E}(\varpi_t|\varpi_{t-1})$，其中$\eta_t+\xi_t$关于$k_t$、$m_{t-1}$、$l_{t-1}$、$k_{t-1}$、$m_{t-2}$的条件矩为0，则$\beta_k$和$\beta_m$的一致有效估计可以通过计算$\min\Sigma\{\Sigma(\hat{\eta}_t+\hat{\xi}_t)Z_{ht}\}$获得，$Z_t\equiv(k_t, m_{t-1}, l_{t-1}, k_{t-1}, m_{t-1})$，其中h是$Z_t$中的元素。这样，我们通过LP方法的两个阶段完成了对β_l、β_k、β_m的一致有效估计，再计算出ϖ_t的一致有效估计即可。

为进一步验证所使用数据的合理性，这里将经对数处理及测算后的TFP统一口径，按照收入规模进行国别比较，估计出中、美、德、日上市公司TFP，描述性统计见表3-19。可以看出，四个国家整体收入规模在100万美元以上的样本量约占全样本的98%，整体收入规模在1亿美元以上的样本量约占全样本的52%，标准差为0.80～2.16，验证了这些微观数据的可比性。初步来看，中国TFP的平均水平落后于美、德、日；中国上市公司数量居四个国家之首，最大值在中国，说明中国并不缺乏生产率高的企业；美国企业TFP标准差最大，说明美国企业异质性或年度波动最大。

表3-19　对TFP进行测算后按收入规模及国别分类后的描述性统计

规模分类	国家	观测值	平均值	标准差	最小值	最大值
全样本	中国	23 503	6.82	1.20	−3.03	11.42
	美国	5 598	7.57	2.16	−4.20	10.59
	德国	1 612	7.84	1.26	1.91	10.77
	日本	8 100	8.05	0.98	2.64	11.03
	整体	38 813	7.22	1.44	−4.20	11.42
收入规模大于100万美元	中国	23 153	6.86	1.15	2.92	11.42
	美国	5 145	8.06	1.26	2.72	10.59
	德国	1 590	7.89	1.17	3.65	10.77
	日本	8 098	8.05	0.98	3.79	11.03
	整体	37 986	7.32	1.27	2.72	11.42
收入规模大于1亿美元	中国	8 972	7.94	0.79	5.98	11.42
	美国	3 740	8.66	0.79	6.32	10.59
	德国	1 070	8.46	0.87	5.65	10.77
	日本	6 303	8.39	0.80	6.70	11.03
	整体	20 085	8.24	0.85	5.65	11.42

3.3.3　我国装备制造业全要素生产率的国际比较

（1）我国装备制造上市公司全要素生产率总体的国际比较

图3-11从总体上比较四个国家上市公司的TFP及增长率变化趋势。结果显示，中国上市公司TFP由2009年的7.207小幅下降至2019年的

7.065，整体上低于其他三个国家；德国上市公司TFP由2009年的7.833小幅上升至2019年的8.176；日本上市公司TFP由2009年的7.993小幅下降至2019年的7.744；美国上市公司TFP由2009年的6.689上升至2019年的8.086，上升幅度明显。中国在2012年出现明显下降，恰逢改革进入深水区，中国经济增长原先依赖于要素投入增长的方式不能有效提高技术进步率，生产能力没有得到充分利用，技术效率低下，资源配置不尽合理，导致全要素生产率增长率较低。2014年，TFP增长率开始触底反弹，2019年以6.2%的增长率在四个国家中遥遥领先。在高技术产业全要素生产率的影响因素中，市场化程度、政府支持度与对外开放程度等均能对全要素生产率产生显著的正向影响，由此推断，TFP增长率快速提升的重要原因之一是中国产业政策、供给侧结构性改革有效减少了要素错配，优化了资源配置，推动了产业经济的高质量增长。

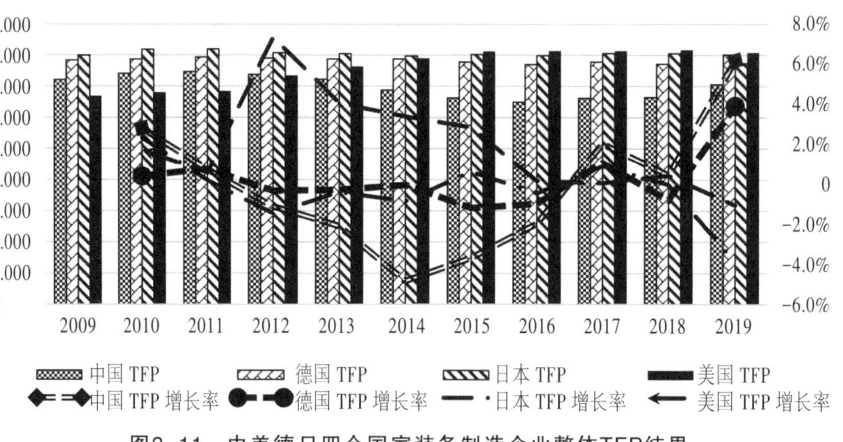

图3-11　中美德日四个国家装备制造企业整体TFP结果

（2）装备制造业全要素生产率按行业细分的国际比较

虽然中国各子产业TFP在2019年度低于其他国家，但从表3-20可以看出，电子及通信设备制造业在考察期内呈波动上升趋势，同处于东亚区域的日本却呈下降趋势，中国与发达国家间技术差距不断缩小。根据要素禀赋理论，中国电子及通信设备业存在潜在比较优势，且在亚洲地区有超越日本的潜力。与此同时，美国装备制造各子行业优势均较为明显，这与宏观视角下美国劳动生产率达到中国劳动生产率6倍以上的现实基本符合。究其原因，这与制造业服务化水平密切相关。陈洁雄（2010）参照

Neely的研究方法，以OSIRIS数据库2008年中国和美国上市制造企业为样本进行了对比分析，结果表明，中国制造企业服务化与经营绩效之间存在显著的倒U形二次曲线关系，而美国制造企业服务化与经营绩效之间主要存在显著的线性正相关关系而非倒U形关系。徐振鑫等（2016）提出，我国制造业服务化程度与制造企业盈利能力之间具有“正U形”关系。肖利平（2018）认为，信息服务业提高了装备制造业全要素生产率中的规模效率。可见，中国装备制造业服务化深度不够，限制了全要素生产率的提升，而美国恰恰利用“工业互联网”保持了其国际优势地位，因此，中国可通过产业融合发展和加强国内先进企业的技术外溢来提升装备制造企业TFP。

表3-20　**各国装备制造企业按行业细分的TFP结果**

子行业	国家	2009	2010	2011	2012	2013	2014	2015	2016	2017	2018	2019
电气机械及器材制造业	中国	7.361	7.536	7.597	7.485	7.237	6.820	6.556	6.459	6.580	6.593	7.044
	美国	6.714	6.503	6.907	7.155	7.401	7.707	7.846	8.263	7.954	8.206	8.195
	德国	7.978	8.166	7.996	8.138	8.108	8.071	8.028	7.872	8.006	8.018	8.106
	日本	7.933	8.104	8.134	7.997	7.955	7.948	7.978	7.948	8.016	8.016	7.482
电子及通信设备制造业	中国	6.812	7.018	7.113	7.071	6.998	6.769	6.568	6.468	6.587	6.593	6.980
	美国	6.769	6.922	6.774	7.289	7.624	7.832	7.978	8.016	8.048	7.995	7.894
	德国	7.407	7.401	7.462	7.402	7.441	7.447	7.353	7.269	7.388	7.243	7.592
	日本	7.955	8.112	8.089	7.962	7.936	7.848	7.919	7.875	7.934	7.912	7.552
交通运输设备制造业	中国	7.534	7.761	7.739	7.677	7.623	7.211	6.903	6.776	6.898	6.909	7.322
	美国	7.568	7.980	7.783	8.208	8.519	8.701	8.860	8.827	8.814	8.928	8.961
	德国	8.681	8.743	8.843	8.793	8.854	8.830	8.745	8.684	8.640	8.742	8.952
	日本	8.480	8.685	8.687	8.601	8.573	8.483	8.584	8.511	8.613	8.611	8.715
金属制品业	中国	7.845	7.966	8.140	7.991	7.849	7.309	7.005	6.766	6.916	7.013	7.460
	美国	7.707	7.608	7.958	8.269	8.348	8.431	8.494	8.329	8.412	8.675	8.614
	德国	8.417	8.451	8.527	8.545	8.543	8.189	8.162	8.133	8.257	8.201	8.389
	日本	8.167	8.343	8.375	8.213	8.181	8.109	8.130	8.089	8.196	8.190	7.770

续表

子行业	国家	2009	2010	2011	2012	2013	2014	2015	2016	2017	2018	2019
普通机械制造业	中国	7.146	7.320	7.341	7.202	6.984	6.677	6.427	6.250	6.440	6.474	6.882
	美国	6.850	7.079	6.967	7.144	7.408	7.803	8.281	8.243	8.367	8.300	8.068
	德国	8.158	8.189	8.335	8.358	8.223	8.087	8.089	7.974	8.003	8.012	8.044
	日本	7.823	8.009	8.039	7.953	7.909	7.836	7.907	7.879	7.927	7.958	7.796
仪器仪表及办公用机械制造业	中国	6.763	7.131	7.016	7.047	6.869	6.580	6.341	6.236	6.348	6.421	6.766
	美国	5.825	5.881	6.162	6.644	6.999	7.234	7.526	7.456	7.413	7.634	7.547
	德国	7.385	7.414	7.465	7.514	7.075	7.674	7.188	7.240	7.118	6.928	8.420
	日本	7.802	7.973	8.003	7.874	7.858	7.818	7.806	7.825	7.894	7.893	7.530
专用机械制造业	中国	7.439	7.730	7.714	7.630	7.484	6.936	6.619	6.506	6.606	6.700	7.038
	美国	6.439	6.161	6.435	7.192	7.438	8.185	8.484	8.496	8.592	8.405	8.319
	德国	8.167	8.148	8.276	8.320	8.245	8.199	8.115	8.104	8.204	8.250	8.231
	日本	7.730	8.025	8.118	8.003	7.965	7.913	7.899	7.873	7.988	8.001	8.045

（3）装备制造上市公司全要素生产率按企业排名的国际比较

考察期内，中国装备制造企业排名仅次于美国，德国与日本的TFP排名呈下降趋势，日本下降尤其明显。具体来看，2009年中国排名前50位、前20位和前10位的上市公司数量分别为2家、1家、1家，2019年分别增至15家、12家、6家；2009年美国排名前50位、前20位和前10位的上市公司数量分别为13家、7家、1家，2019年分别变为23家、6家、4家。尽管美国排名与中国一样呈上升趋势，但2019年排名前20位和前10位的上市公司数量明显低于中国。德国在2009年排名前20位、前10位的上市公司数量分别为7家、1家，日本在2009年排名前20位、前10位的上市公司数量分别为16家、7家，而2019年德国和日本均只有1家企业排名前20位，没有排名前10位的企业，日本排名前50位的企业由27家下滑至3家（见表3-21）。

表3-21　**2009年与2019年各国排名前50位的装备制造企业数量**

装备制造七大子行业	2009年				2019年					
	中	美	德	日	中	美	德	日	各行业TFP最高的公司（所属国家）	TFP
电气机械及器材制造业				3	2				海尔智家（中国）	10.33
电子及通信设备制造业		5		10	4	8	1	1	厦门象屿（中国）	11.42
交通运输设备制造业	1	6	6	9	4	11	6	2	帕卡公司（美国）	10.56
金属制品业	1		1	3	3	1	1		纽柯钢铁（美国）	10.37
通用设备制造业			1	2	1				格力电器（中国）	10.41
仪器仪表及办公用机械制造业						1	1		费森尤斯医疗（德国）	10.15
专用机械制造业		2			1	2			苏美达（中国）	10.32
总计	2	13	8	27	15	23	9	3		

注：装备制造业是为国民经济进行简单再生产和扩大再生产提供生产技术装备的工业的总称。实际上很少有企业单纯地从事装备产品的生产经营，很多企业既生产终端产品，也生产用于简单再生产和扩大再生产的中间装备。比如，格力电器既生产空调等终端产品，也研发、生产和销售泵、阀门、压缩机及类似机械，风机、包装设备等通用设备，电机、输配电及控制设备，电线、电缆、光缆及电工器材等中间装备；海尔智家既生产智能家电，也从事数字科技、智能科技、软件科技、机器人与自动化装备产品、电子产品、通信器材、电子计算机及配件、普通机械，以及工业用机器人的制造、研发与销售。

2019年，装备制造七大子行业TFP排名最高的企业中，有4家来自中国，2家来自美国，1家来自德国。考察期内，中国装备制造业的先进企业数量持续稳定增加，拥有较强的国际竞争优势。根据TFP的测算方法与影响因素相关理论，这与中、美、日、德企业的研发投入有很大关系，加大研发投入可以提升TFP。中国给予企业在研发资金和政策上的大力支持：2018年，中国研发支出中政府直接资助占企业研发经费的比率为3.44%，高于德国（3.17%）、日本（0.92%）；中国研发支出中政府直接资助为469.72亿元，高于德国（167.25亿元）、日本（84.31亿元）；中国研发支出中隐含的税收补贴率为0.55%，高于德国（0.08%）、日本（0.39%）、美国（0.19%）[①]。

（4）装备制造上市公司全要素生产率按产品制造分类的国际比较

装备制造各子行业TFP大多表现出中国弱于其他国家的结果，为进一步透彻了解各行业，先将装备制造七大子行业进一步细分成118个产品制造类型，再根据其差异特点寻求产业升级切实可行的路径。在细分产业中，选出19个中国具备潜在比较优势的产品制造，它们符合以下条件：第一，中国在2019年该类产品制造TFP至少高于另一个国家；第二，2019年中国该产品制造TFP在2009年的基础上是上涨的。部分产品还满足第三个条件：中国该产品制造TFP在上涨的同时，其他国家该产品制造TFP则呈现下降或者业务量萎缩的趋势。

不同产业的升级路径是不一样的。新结构经济学指出，将具有潜在比较优势的产业变成竞争优势产业，对于失掉比较优势的产业则帮助其转型、转产。根据“是否符合比较优势，产业、技术和世界前沿的差距及产业本身的技术周期”等指标，将产业细分为五大类（见表3-22）。第一类是追赶型产业。此类产业TFP呈上升趋势，但目前还落后于先进国家，其产业升级路径明确，需向更高附加值环节攀升。第二类是短周期换道超车型产业。尽管这些产业TFP不稳定，在波动中是下降的，但也并非四个国家中最低，说明有一定技术基础，需要不断开发新技术，实现短期内换道超车。第三类是转进型产业。此类产业TFP表现为四个国家之中较低，缺乏一定比较优势，但因其对国家高质量经济发展很关键，需要提高生产率以实现转型升级。第四类是领先型产业。此类产业TFP至少明显高于另一个国家，需通过原始创新或者跨界创新以实现产业升级。第五类是长周期战略性产业。此类产业虽然不符合比较优势，但生产的是核心零部件或核心技术之类的产品，出于军工国防、技术安全等必要考虑，需抓住国家项目的技术溢出，进行长期培养。

① 根据OECD数据库整理而来，该数据库信息更新至2018年。

表3-22　　中国装备制造产品类型与各国TFP对比表（2009与2019年）

五大产业类型	产品	2019年TFP				2009年TFP			
		中国	美国	德国	日本	中国	美国	德国	日本
追赶型产业	汽车车身、拖车和半拖车制造	8.820	9.540	8.877	8.908	8.263	8.723	9.833	9.369
	铝生产	8.131	9.360	–	–	8.009	8.345	–	9.454
	轻金属包装制造	7.915	9.683	–	–	7.816	9.626	–	9.429
	电脑和外围设备制造	7.422	8.659	7.522	7.977	7.194	8.286	7.550	8.529
	通信设备制造	7.443	8.178	7.869	7.741	7.045	6.943	7.309	8.127
	电子零件制造	7.476	8.179	8.059	7.724	6.873	7.319	7.668	7.980
短周期换道超车型产业	线材、链条和弹簧制造	8.359	8.499	–	8.021	7.855	8.192	–	7.180
	电线冷拔	7.852	8.866	8.523	–	7.783	7.459	8.279	8.018
	仪表盘、钟表制造	8.191	8.895	–	–	7.580	8.693	–	8.499
	其他有色金属生产	8.091	8.953	–	–	7.405	6.809	–	7.640
	电池和蓄电池制造	7.664	8.438	7.707	–	7.341	6.307	7.851	8.614
	汽车电气和电子设备制造	8.563	–	–	8.783	7.310	–	–	9.139
	配线装置制造	7.861	8.231	–	7.319	7.232	7.653	–	7.847
	汽车制造	7.751	9.526	9.084	–	7.168	9.272	7.471	–
	装载电子板制造	7.807	8.669	–	–	6.823	8.607	–	–
	轻金属铸造	7.209	–	–	8.928	6.789	–	–	8.525
	其他水龙头和阀门制造	6.956	8.795	–	7.098	6.731	9.003	–	7.619
	办公机械设备制造（电脑除外）	6.772	9.479	–	8.693	6.640	9.246	–	8.316
	电动手动工具制造	6.648	8.471	8.911	–	6.544	8.036	8.778	9.251
	磁性和光学介质制造	7.066	–	–	–	6.450	–	–	–
	娱乐船和运动船建造	7.259	8.747	–	9.440	6.202	9.196	7.012	9.697

续表

五大产业类型	产品	2019年TFP				2009年TFP			
		中国	美国	德国	日本	中国	美国	德国	日本
短周期换道超车型产业	工具制造	6.511	9.286	–	7.052	6.108	–	–	6.860
	未另分类的其他运输设备制造	6.593	8.950	8.549	–	–	8.623	9.035	9.211
	窄带冷轧	8.724	9.353	–	9.065	–	9.159	–	8.285
	辐射、电子医学和电疗设备制造	6.509	6.789	7.408	5.764	–	5.978	7.230	8.164
	金属结构及结构零件制造	7.313	8.498	–	8.030	–	8.473	–	7.887
	食品、饮料和烟草加工机械制造	6.363	8.652	–	7.827	–	4.511	–	7.534
	金属处理和涂层	6.604	8.755	–	6.797	–	–	–	7.402
	造纸和纸板生产机械制造	6.782	8.240	–	–	–	7.581	–	–
	烤箱、熔炉和熔炉燃烧器制造	7.910	6.822	–	–	–	–	–	6.707
	批发电脑、电脑外围设备和软件	7.784	–	–	–	–	4.971	–	–
	其他金属罐、储存器和容器制造	7.051	–	–	–	–	–	–	–
转进型产业	基础钢铁和铁合金生产	7.803	9.349	10.278	8.496	9.093	8.681	10.352	9.016
	紧固件和螺丝机产品制造	8.250	6.338	–	7.468	9.009	6.762	–	7.846
	生产钢管、管子、空心型材及配件	7.891	8.301	–	–	7.970	7.742	–	8.346
	其他未另分类的通用机械制造	6.534	10.066	8.109	8.543	7.689	6.145	8.142	8.105
	其他泵和压缩机制造	7.394	8.729	8.860	9.649	7.636	7.944	8.768	8.124
	金属门窗制造	7.361	8.673	7.318	8.399	7.610	8.139	7.239	8.445

续表

五大产业类型	产品	2019年TFP				2009年TFP			
		中国	美国	德国	日本	中国	美国	德国	日本
转进型产业	其他有色金属铸造	7.478	4.711	–	6.913	7.605	5.936	–	8.390
	金属锻造压制、冲压和辊压成型	7.280	8.501	–	7.193	7.564	7.851	–	8.037
	钢筋冷拔	7.265	–	–	–	7.553	–	–	8.206
	汽车其他零部件制造	7.167	9.202	9.340	8.511	7.402	8.375	8.876	8.344
	其他电气设备制造	6.822	7.926	8.610	7.938	7.354	7.155	8.027	8.087
	非住宅冷却和通风设备制造	7.162	7.720	–	8.797	7.304	6.831	–	8.525
	中央供暖散热器和锅炉制造	6.623	6.744	–	–	7.285	5.399	–	–
	其他软件发行	6.471	8.178	7.362	7.153	7.258	6.249	7.501	7.775
	其他未加工金属制品制造	6.808	8.102	7.412	7.934	7.235	7.162	7.808	7.896
	纺织、服装和皮革生产机械制造	6.423	–	–	7.898	7.111	–	–	7.551
	其他未另分类的专用机械制造	6.964	7.948	8.101	7.905	7.104	7.252	8.271	7.958
	其他机床制造	6.848	–	–	7.853	7.103	–	–	7.097
	电子照明设备制造	6.873	7.509	9.569	–	7.091	6.012	7.696	7.765
	光学仪器和摄影器材制造	6.664	7.869	7.670	8.394	6.912	7.161	7.511	8.889
	医疗和牙科器械及用品制造	6.887	7.502	8.880	7.445	6.898	5.939	7.293	7.729
领先型产业	铸铁	9.705	–	–	–	9.362	–	–	8.022
	钢桶和类似容器制造	9.424	–	–	–	9.165	–	–	7.332
	其他电线电缆制造	9.533	9.359	–	7.494	8.737	8.996	–	8.379
	铸钢	8.894	–	–	6.689	8.609	–	–	8.646
	铜生产	8.950	9.392	–	9.212	8.468	9.182	–	9.270
	铁路机车和车辆制造	8.720	8.718	8.462	–	8.418	8.813	8.308	–

续表

五大产业类型	产品	2019年TFP				2009年TFP			
		中国	美国	德国	日本	中国	美国	德国	日本
长周期战略性产业	武器弹药制造	7.379	8.588	7.931	7.510	–	7.932	–	6.727
	船舶和浮动结构制造	7.233	9.779	–	–	9.096	7.772	8.001	9.276
	农业和林业机械制造	7.104	8.920	8.042	8.592	8.498	7.155	–	8.895
	冶金机械生产	7.042	–	7.869	7.256	8.282	–	7.688	8.058
	发动机和涡轮机制造	7.905	9.973	9.784	–	8.266	7.566	8.488	8.569
	采矿、采石和建筑机械制造	7.531	9.187	8.717	8.585	7.579	8.432	8.662	8.170
	起重和装卸设备制造	7.425	–	–	7.982	7.517	6.996	–	7.884
	电动机、发电机和变压器制造	7.190	8.138	7.847	7.527	7.485	7.750	7.795	7.837
	航空航天器及相关机械制造	7.566	8.795	9.447	–	7.359	8.512	9.353	8.197
	金属成型机械制造	6.972	8.992	8.314	8.152	7.264	7.789	8.114	7.424
	配电和控制设备制造	6.793	8.522	7.904	7.308	7.027	8.439	8.018	7.635
	轴承、齿轮、传动装置和驱动元件制造	6.735	8.583	8.337	8.700	6.897	8.326	8.681	8.542
	用于测量、测试和导航的仪器、设备制造	6.690	8.052	8.587	7.913	6.789	6.806	7.217	7.705

3.3.4 关于我国装备制造业全要素生产率国际比较的几点结论

本部分从产业总体、产业细分、企业排名、产品分类四个维度对中、德、日、美装备制造上市公司TFP的差异进行分析，主要结论如下：

第一，我国装备制造上市公司TFP整体上低于其他三个国家的上市公司。样本考察期内，就上市公司TFP均值而言，中国略有下降，德国略有上升，日本略有下降，美国明显上升。中国在2012年出现明显下降，究其原因，中国政府为提高生产率与技术效率，鼓励产业创新，在研发上给予政府补贴、税收优惠等多项优惠政策，增加了企业的研发投入，但仍存在企业寻租、生产要素错配的问题，在一定程度上“挤出”了企业创新。随着中国改革进入深水区，单纯依靠研发投入对提升创新效率的边际效应已经开始递减，中国应该加强供给侧结构性改革，研发资本投入应当从要素驱动转换到效率驱动。

第二，我国与发达国家的技术差距呈不断缩小态势。尽管中国上市公司TFP较低，但中国上市公司TFP增长率在2014年触底反弹，最终在2019年以6.2%的增长率遥遥领先，增速显著高于其他三个国家，差距呈缩小趋势，这与供给侧结构性改革、优化生产要素配置有关。从装备制造子行业来看，尽管各行业TFP大多表现出中国弱于其他三个国家的结果，但中国的电子及通信设备制造业在波动中呈现明显上升态势。从产品制造类型或细分业务来看，中国有19个装备制造产品具备潜在比较优势。与同处于东亚区域且TFP呈下降趋势的日本相比，中国电子及通信设备业存在一定比较优势，在亚太地区有超越日本的潜力。中国电子及通信设备制造业有较为明显的比较优势，与发达国家之间的技术差距呈现缩小态势。装备制造业信息化可以促进TFP的提高，这为中国装备制造业TFP的提高奠定了一定的基础。学术界不少学者实证研究表明，信息化可以提升中国装备制造业TFP。鉴于中国电子及通信设备制造业拥有较强的比较优势，建议加强装备制造业信息化以促进整体生产率的提升。

第三，我国装备制造业的先进企业在数量上拥有较强的国际竞争优势。样本考察期内，中国装备制造业先进企业数量稳步上升。具体来看，2019年进入排名前20位和前10位的企业数量均高于美国，装备制造七大子行业TFP排名最高的企业中有4个来自中国。德国与日本的排名呈下降趋势，日本下降尤其明显。通过总体、分行业、分产品制造类型及先进企业数量比较，发现中国上市公司总体情况较差，但通信设备业具有明显的比较优势，分产品制造类型的优势差异较大，可分为5个层次。这意味着，中国并不缺乏先进企业，但同时存在一大批落后企业，拉低了整体装备制造业的实力，且先进企业在国内的技术溢出有限。

第四，根据企业产品异质性特点确定适宜的升级路径。对于铁路机车和车辆制造，或者跨界创新，如智能电线电缆制造，拥有国际领先地位的企业需要注重原始创新。对于生产汽车车身、拖车和半拖车制造、电脑和外围设备制造、通信设备制造、电子零件制造等具备潜在比较优势的产品制造，需要采用追赶型产业升级路径，向更高附加值环节攀升。对于电池和蓄电池制造，汽车电气和电子设备制造，配线装置制造，装载电子板制造，轻金属铸造，办公机械设备制造，电动手动工具制造，磁性和光学介质制造，窄带冷轧，辐射、电子医学和电疗设备制造，金属结构及结构零件制造，食品、饮料和烟草加工机械制造，有一定技术基础的企业需要不断开发新技术，以实现短周期换道超车。对于汽车零部件制造，未加工金属制品制造，纺织、服装和皮革生产机械制造，光学仪器和摄影器材制造，医疗和牙科器械及用品制造，缺乏比较优势，企业需要提高生产效率，实现转型升级。对于武器弹药制造，船舶和浮动结构建造，航空航天器及相关机械制造，用于测量、测试和导航的仪器、设备制造，出于军工国防、技术安全等必要考虑，需要进行长周期战略性培育。

3.4 我国装备制造业全要素生产率的区域差异

3.4.1 数据、模型与方法

该部分对2009—2019年全球70个国家和地区的装备制造上市公司TFP进行估算，选取了中国1 254家A股上市装备制造企业样本，数据来源于CSMAR，采用证监会2012年行业分类标准：C37铁路、船舶、航空航天和其他运输设备制造业，以及C36汽车制造业，均为交通运输设备制造业；C39计算机、通信和其他电子设备制造业；C33金属制品业；C38电气机械和器材制造业；C35专用设备制造业；C34通用设备制造业；C40仪器仪表制造业。

该部分还选取了中国香港以及除中国以外的68个国家的8 672家装备制造企业样本，数据来源于BVD-OSIRIS，采用北美产业分类体系（NAICS 2017）的分类标准：331初级金属制品；332复杂金属制品；333

机械制造；334电脑与电子产品制造；335电子设备及零部件制造；336交通设备制造；3391医疗设备与医用物资制造。

这里采用与上一部分3.3中一样的数据处理方法，变量及其定义和计算方法亦见表3-17。数据处理、模型与方法均与3.3相同，此处不再赘述。

3.4.2 城市群视角下的动态变迁

图3-12中，除辽中南哈长、太原城市群外，各大城市群全要素生产率呈现波动中增长趋势。考察期内绝大多数城市群均有不同幅度的正增长：粤港澳大湾区增长20.32%，长三角增长7.05%，京津冀增长11.03%、山东半岛增长8.08%，长江中游增长19.32%，川渝增长5.22%，海峡西岸增长14.70%，中原增长17.75%，关中增长17.70%，天山北坡、兰西增长10.40%，黔中增长15.54%，呼包鄂增长35.13%，滇中增长13.30%。相反地，一些城市群则呈现熵增[①]趋势，辽中南哈长增长-1.08%、北部湾增长-20.72%、太原城市群增长-10.88%。

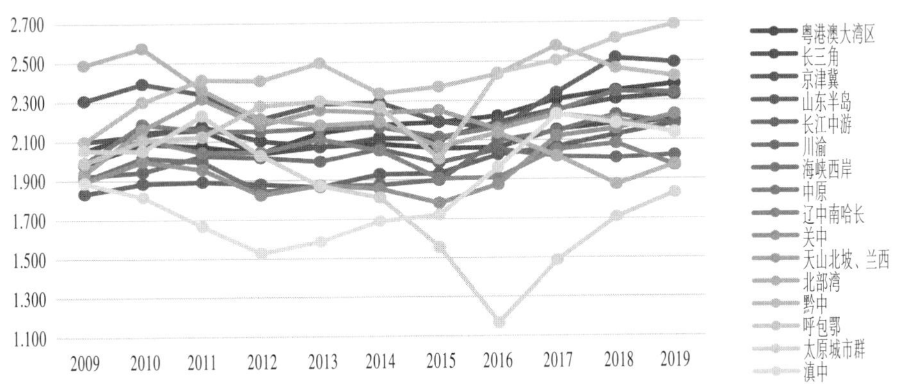

图3-12 中国城市群装备制造上市公司全要素生产率2009—2019年趋势图

从表3-23可以看出，中国各城市群装备制造上市公司在考察期内以平均-2.18%至3.36%的速度增长。2010年出现了高速增长，粤港澳大湾区增长率高达5.37%，辽中南哈长增长率高达6.17%，天山北坡、兰西增

① 熵增是一个自发的由有序向无序发展的过程（Bortz，1986；Roth，1993），指孤立热力学系统的熵不减少，总是增加或者不变。一个孤立系统不可能朝着低熵的状态发展，即不会变得有序。

长率高达11.76%；2011年各城市群增长率明显下降，说明中国改革进入深水区以后，2010年作为我国经济转型的一个分水岭，自此以后无法再单纯依靠要素投入推动经济增长，需要优化资源配置、解决资源错配问题以提高生产效率，将原先的要素投入转移到效率进步。根据微观经济学要素投入理论，在生产投入各个要素达到一定水平后，会出现资源投入边际收益递减效应，此后要进行精细化管理。

表3-23　　**中国城市群装备制造上市公司全要素生产率增长率（%）**

城市群	2010	2011	2012	2013	2014	2015	2016	2017	2018	2019	平均增长率
粤港澳大湾区	5.37	-0.71	-1.60	4.93	1.86	0.56	1.38	3.82	1.97	1.33	1.89
长三角	4.55	0.41	-5.50	1.60	0.67	-1.18	0.17	4.43	1.55	0.51	0.72
京津冀	1.57	2.06	-3.39	-1.56	2.17	-0.37	4.03	2.96	2.38	0.92	1.07
山东半岛	3.74	-2.23	-5.49	3.41	0.30	-4.30	-1.73	8.53	7.51	-0.92	0.88
长江中游	2.87	0.40	-0.70	-0.74	3.35	0.16	4.93	2.06	2.89	2.77	1.80
川渝	1.12	4.21	-0.51	-0.98	3.16	-3.47	3.41	-1.83	-0.37	0.63	0.54
海峡西岸	5.84	-1.04	-7.69	1.55	0.18	1.23	10.67	2.30	3.88	-2.06	1.49
中原	10.05	-1.57	-0.14	0.68	0.13	-2.39	2.29	3.84	4.42	-0.26	1.71
辽中南哈长	6.17	-3.30	0.00	3.21	-2.85	-7.05	0.21	7.52	1.52	-5.49	-0.01
关中	5.34	-2.07	-6.69	2.71	-1.05	-3.98	5.21	13.24	1.77	3.35	1.78
天山北坡、兰西	11.76	7.12	-5.83	3.41	-0.56	0.42	-4.30	3.45	-1.30	-2.95	1.12
北部湾	3.45	-8.19	-6.36	-1.50	0.66	-5.84	3.40	-5.55	-7.29	5.45	-2.18
黔中	9.72	4.86	-0.25	3.72	-6.24	1.31	2.74	5.86	-4.47	-1.63	1.56
呼包鄂	5.93	0.74	7.39	1.06	-1.30	-11.80	21.84	2.56	4.52	2.62	3.36
太原城市群	-0.06	8.81	-9.26	-7.75	-3.29	-13.99	-25.04	27.60	14.73	7.24	-0.10
滇中	-3.88	-8.22	-8.21	3.80	6.41	1.82	14.08	13.86	-2.12	-2.15	1.54

3.4.3 城市群视角下的现状

（1）阶梯式现状

中国装备制造企业按照核心城市数量分类的城市群见表3-24。2019年，粤港澳大湾区、长三角、京津冀、山东半岛、长江中游、川渝这6个城市群装备制造上市公司产值占全国16个城市群的90%以上，分别为33.76%、30.69%、11.74%、7.77%、4.22%、3.15%。根据中国各城市群产值及TFP的排名情况，可分为多个梯队：第一梯队为粤港澳大湾区、京津冀、长三角、山东半岛；第二梯队为长江中游、川渝、海峡西岸、中原；第三梯队为呼包鄂、关中、辽中南哈长、天山北坡、兰西；第四梯队为北部湾、黔中、滇中、太原城市群。呼包鄂、黔中虽然TFP较高，但是产值小，劳动投入占比分别仅为0.13%、0.39%，资金投入占比分别仅为0.08%、0.23%，这些城市群承载力非常有限，而且全生产要素率显然还未达到收敛点，未进入生产要素投入瓶颈期，发展还未成熟，需要借鉴第一梯队装备制造业成熟的发展经验。

表3-24 **中国装备制造企业按照核心城市数量分类的城市群**

梯队	类型	城市群	数量	具体核心城市
第一梯队	多核城市群	长三角	20	蚌埠、巢湖、滁州、丹阳、东阳、海门、合肥、湖州、江阴、连云港、马鞍山、上海、太仓、芜湖、徐州、宣城、扬州、宜兴、余姚、镇江
		粤港澳大湾区	9	东莞、佛山、惠州、江门、开平、深圳、香港、中山、珠海
		京津冀	6	保定、北京、秦皇岛、唐山、张家口、涿州
		山东半岛	9	滨州、高密、济南、莱阳、聊城、青岛、曲阜、潍坊、淄博
第二梯队		长江中游	7	大冶、黄石、京山、景德镇、南昌、湘潭、襄阳

续表

梯队	类型	城市群	数量	具体核心城市
第二梯队	多核城市群	海峡西岸	7	赣州、龙岩、南平、宁德、莆田、泉州、阳春
		中原	6	巩义、洛阳、平顶山、武安、许昌、偃师
		川渝	4	乐山、绵阳、遂宁、重庆
第三梯队		辽中南哈长	4	阜新、佳木斯、齐齐哈尔、长春
		天山北坡	2	昌吉、乌鲁木齐
	单核城市群	兰西	1	西宁
		关中	1	天水
		呼包鄂	1	包头
第四梯队		北部湾	1	柳州
		黔中	1	贵阳
	无核城市群	滇中	0	
		太原城市群	0	

（2）扩容提质现状

为了让更多城市受益于改革开放的成果，中国城市群在发展过程中进行了不同阶段的逐步扩容，产业集聚、经济扩散、技术溢出使不少新城崛起。图3-13初步展示了随时间递延和城市群扩容后的经济效应，表3-25进一步展示了考察期内的城市群按时间动态、空间扩容两个方面的变化以及新加入城市的变化。从图中可以看出，除北部湾、辽中南哈长、太原城市群外，其余各城市群装备制造上市公司均呈现出全要素生产率增长态势。

我们将2019年扩容后城市群装备制造上市公司全要素生产率进行时间动态与城市群扩容提质的静态分解。结合分解结果以及新加入城市的变化，依据冈纳·缪尔达尔1974年提出的区域经济学理论，粤港澳大湾区、长三角、京津冀、北部湾、长江中游、川渝、海峡西岸、中原、关中扩容后普遍表现出“扩散效应”[①]。其中，京津冀、北部湾表现出极好的区域

① “扩散效应”是指所有位于经济扩张中心的周边地区，都会根据扩张中心地区的基础设施改善等情况，从中心地区获得资本、人才等，并随之发展，逐步赶上中心地区。

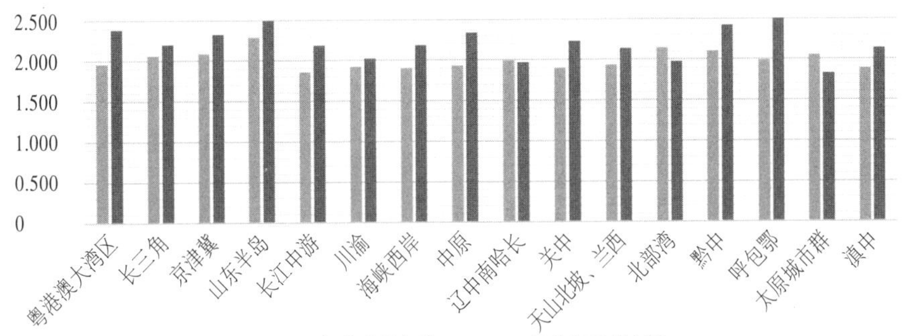

图3-13 中国装备制造企业所在城市群扩容提质情况

表3-25 中国装备制造企业所在城市群动静态指标分解及新加入城市TFP变化

城市群	狭义		广义	增长率指标分解		扩容新加入城市	
	2009年	2019年	2019年	动态	静态	2009年	2019年
粤港澳大湾区	1.960*	2.386	2.385	21.73%	−0.06%	–	2.200
长三角	2.063	2.223	2.198	7.74%	−1.10%	2.015	2.113
京津冀	2.081	2.309	2.330	10.98%	0.90%	2.518	3.542
山东半岛	2.288	2.652	2.494	15.92%	−5.97%	2.420	2.184
长江中游	1.854	2.221	2.185	19.78%	−1.60%	1.020	1.944
川渝	1.921	2.027	2.021	5.55%	−0.31%	–	1.865
海峡西岸	1.904	2.193	2.183	15.19%	−0.43%	–	1.660
中原	1.929	2.454	2.341	27.19%	−4.60%	2.091	2.115
辽中南哈长	1.990	1.968	1.968	−1.08%	0.00%	–	–
关中	1.895	2.233	2.230	17.87%	−0.14%	–	2.166
天山北坡、兰西	1.935	2.136	2.136	10.40%	0.00%	–	–
北部湾	2.143	1.604	1.973	−25.13%	22.99%	3.527	3.817
黔中	2.098	2.424	2.424	15.54%	0.00%	–	–
呼包鄂	1.989	2.687	2.687	35.13%	0.00%	–	–
太原城市群	2.053	1.829	1.829	−10.88%	0.00%	–	–
滇中	1.887	2.138	2.138	13.30%	0.00%	–	–

注：*这里为珠三角数据。由于粤港澳大湾区在2017年被提出，由此粤港澳大湾区在2009年扩容前用珠三角数据表示。

带动能力。它们不仅带动了新加入城市的发展，还促进了扩容后整个城市群全要素生产率的提升。仅有山东半岛表现出“回波效应”[①]。

（3）各城市群细分行业特点

图3-14展示了各城市群的装备制造子行业的优劣势，电气机械及器材制造业为山东半岛、中原、关中、粤港澳大湾区的优势产业，交通运输设备制造业为呼包鄂、辽中南哈长、山东半岛、京津冀的优势产业，金属制品业为中原、天山北坡、京津冀、川渝的优势产业，通信设备、计算机及其他电子设备制造业为山东半岛、黔中、粤港澳大湾区、京津冀的优势产业，通用设备制造业为滇中、黔中、粤港澳大湾区、中原的优势产业，仪器仪表制造业为川渝、粤港澳大湾区、长江中游、长三角的优势产业，专用设备制造业为北部湾、中原、长江中游、呼包鄂的优势产业。

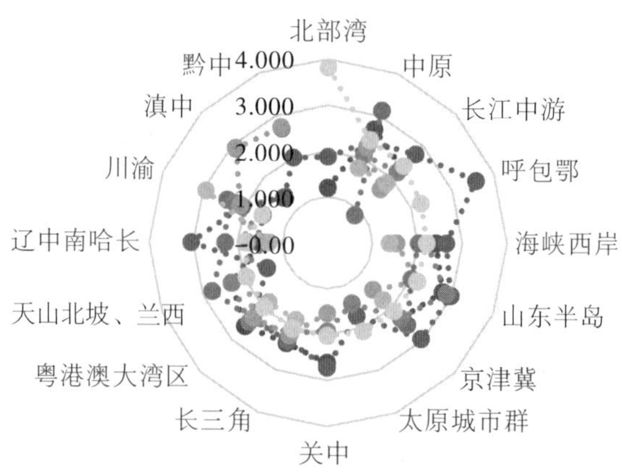

图3-14　2019年中国城市群装备制造企业分行业TFP情况

① “回波效应”是指经济活动正在扩张的地区会从其他地区吸引净人口流入、资本流入和贸易活动，从而加快自身发展，并使其周边地区发展速度放缓。

（4）各城市群企业的国际优势

为确保数据具有可比性，这里将全球上市公司样本经过处理与TFP测算后，取9.818万美元（中亚区域）至29 953.078万美元（北美区域）的最高产出范围，进行全要素生产率的比较。由于存在同一区域内国家间差异较大的情况，如东南亚整体水平为1.494，其中泰国2.385，菲律宾1.831，马来西亚1.394，越南1.273，因此这里将部分国家和区域也列入图3-15进行比较。开曼群岛、百慕大群岛是众所周知的全球避税天堂，宽松的普惠财税政策能提升创新效率，这使得其装备制造上市公司全要素生产率排名在世界样本范围内居于第16名与第19名的先进位置，高于欧盟、南亚、东南亚、西亚、东欧等区域。表面上看，我国呼包鄂、黔中城市群在全球装备制造上市公司全要素生产率排名中位居前列，实际上，黔中、呼包鄂只占到样本总产值的0.18%、0.16%，从本质上讲，这些地区生产要素投入并未饱和，工业基础薄弱，属于TFP未达到收敛点之前的阶段，这类城市群还需要引进第一梯队城市群的成熟经验，在加大投入的同时注意资源优化配置。相比之下，粤港澳大湾区、长三角、京津冀虽然TFP值低于呼包鄂、山东半岛、黔中，分别为2.385、2.198、2.330，但是这三个城市群的产值占我国总产值的绝大部分，分别为33.76%、30.69%、11.74%，这些为第一梯队。这一梯队装备制造业基础雄厚，生产技术相对成熟，需要加大研发以保持世界先进水平，并引领中国其他城市群装备制造业的发展。

3.4.4　关于我国装备制造业全要素生产率区域差异的几点结论

第一，我国城市群装备制造业存在要素禀赋异质性。从产业价值链位置视角来看，粤港澳大湾区、长三角、京津冀、长江中游、川渝在科技创新研发与服务环节有优势。粤港澳大湾区、长三角在科技创新上有资金优势，京津冀、长三角、长江中游、川渝在科技创新人力资源上有优势，有全国数量最多的优质高等学府，集聚了大量受过高等教育的科研人才。长三角、粤港澳大湾区、京津冀、山东半岛这些城市群已成为中国重要的云计算产业基地，具备装备制造业服务功能优势，可占据装备制造业价值链高端的服务环节。长三角、长江中游、川渝在装配加工、产业配套、产品封测的能力上具备劳动力成本优势，可占据价值链中高端的生产经营环节。

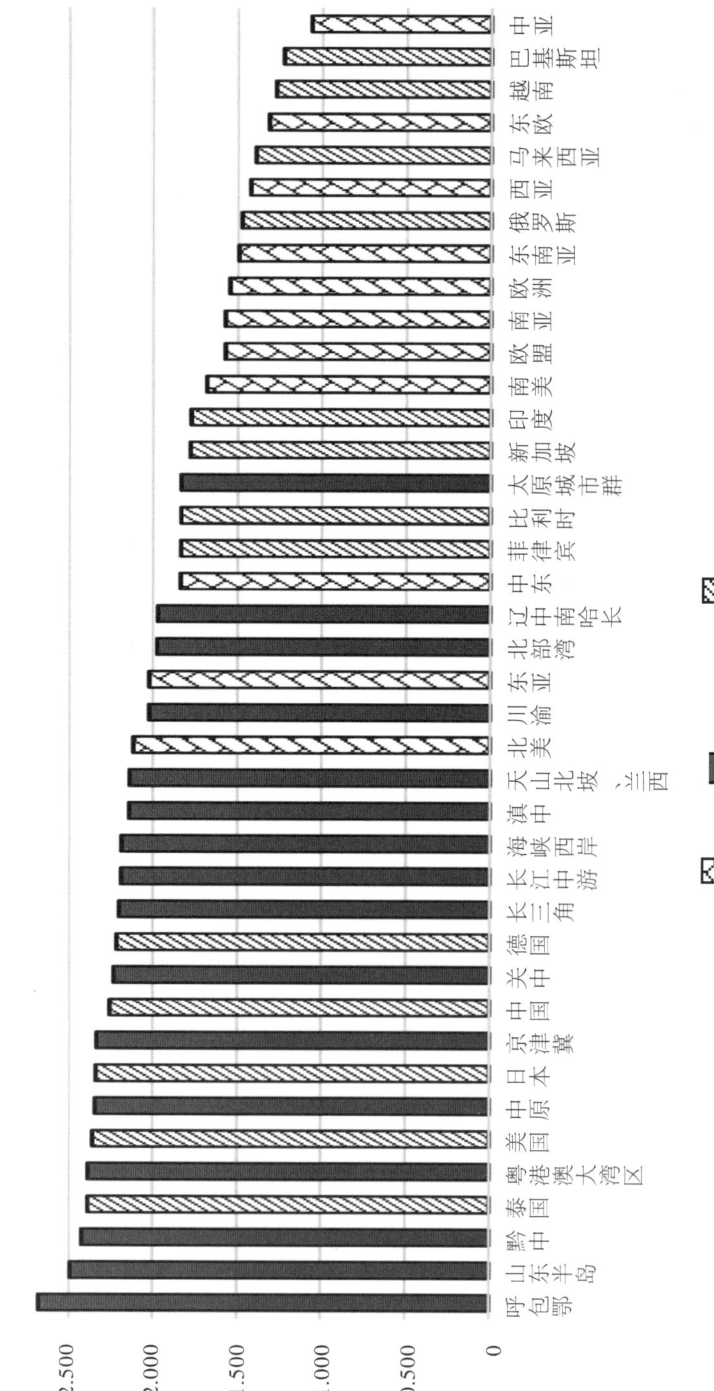

图3-15　2019年中国城市群装备制造上市公司全要素生产率在国际上的排名情况

从装备制造业各子行业分类视角来看，粤港澳大湾区、长三角在电气机械及器材制造业与通信设备、计算机及其他电子设备制造业方面具有全国最强的产能与效率优势。长江中游、川渝、中原在交通运输设备与通用、专用设备制造业及通信设备、计算机及其他电子设备制造业方面均有优势。长江中游保持了通用、专用设备制造业的突出优势与电气机械及器材制造业、仪器仪表机械制造业的比较优势。川渝在通信设备、计算机及其他电子设备制造业方面拥有智能产业集群优势。中原在电气机械及器材制造业、交通运输设备制造业、金属制品业、专用设备制造业方面全要素生产率较高。呼包鄂、关中、辽中南哈长在金属制品业、电气机械及器材制造业方面具有比较优势。呼包鄂在交通运输设备制造业方面具有比较优势。关中在电气机械及器材制造业方面具有比较优势。辽中南哈长在交通运输设备制造业、金属制品业方面具有比较优势。天山北坡、兰西在金属制品业、电气机械及器材制造业尤其是能源开采、矿石采掘机械设备制造业方面具有比较优势。海峡西岸在电气机械及器材制造业、交通运输设备制造业、通信设备、计算机及其他电子设备制造业方面具有比较优势。山东半岛在电气机械及器材制造业、交通运输设备制造业，以及通信设备、计算机及其他电子设备制造业方面可以发挥产业优势，并利用比较优势加强企业分工协作。北部湾在专用设备制造业尤其是发展农机装备制造方面存在比较优势。滇中在通用设备制造业方面拥有龙头企业。黔中在通用设备制造业方面拥有龙头企业。从生产要素分类视角来看，粤港澳大湾区、长三角有资本、技术优势，京津冀、长江中游、川渝、中原有高等人力资源及劳动力人口优势，呼包鄂、天山北坡、兰西、辽中南哈长、关中、太原城市群、滇中、黔中拥有矿产、太阳能、风能等自然资源优势。

第二，我国城市群装备制造业利用产业梯度可实现全局进步。粤港澳大湾区、长三角装备制造企业积累了较为扎实的制造业技术实力，可以突破国际顶尖研发技术，因市场体制发展健全、“工业互联网+”等电子通信服务业发达，可以定位在价值链的研发设计与售后服务两端。长江中游、中原、川渝在劳动力成本上更有优势，可减少生产制造、产品检测、封装等人工环节的生产成本。呼包鄂、天山北坡、兰西、辽中南哈长有丰富的矿产、太阳能、风能等自然资源优势，矿山机械和工矿配件有着很高的市场需求，“矿区资源开采—现代化工—金属制品”产业链会给这些地区带来很大的发展空间。天山北坡城市群中的新疆拥有独特的太阳能、风能优势，可以顺势加快发展可再生能源装备制造业，促成能源装备产业的转型升级。关中、太原城市群、滇中、黔中需要有效承接国内产业的梯度分工。北部湾、长江中游可以先发展农机装备制造，再利用工业反哺农业，实现全产业链的联动发展，这样国内各个区块的比较优势就会发挥到最大。根据产业结构与经济增长理论，不同的技术水平使各产业的生产率存在差异，一些产业的生产率高，一些产业的生产率低。当某个区域某个产业某个环节的全要素生产率提升时，投入要素会从低生产率的环节向高生产率的环节流动，促进经济结构优化升级，从而提高经济效率，与此同时，规模扩大也会提高劳动生产率，这些最终都会促进我国装备制造业整体水平的提升。

4 我国装备制造业全要素生产率的贡献分析

关于我国装备制造业全要素生产率的贡献，该部分从其对产业经济增长的贡献和对全球价值链地位提升的贡献两个方面进行分析。在其对产业经济增长的贡献分析中，采用的是现代西方经济学理论。现代西方经济学中的经济增长理论基本是沿着两种思路发展的：一种是做经济稳定增长必要因素的公式推演；另一种则是从经济主体的历史数据入手，运用实证分析方法，结合历史经验从中寻找经济增长的影响因素以及它们的弹性系数，以此作为经济增长因素的参考。在其对全球价值链地位提升的贡献分析中是以地位提升的形成过程为对象的，先对全要素生产率影响全球价值链地位的过程进行公式推演，再对全球价值链地位提升的贡献做统计测定，以此来分析和评价全要素生产率的贡献，这为制定装备制造业宏观经济政策及进行宏观经济管理提供理论支撑。

4.1 全要素生产率促进产业经济增长的理论推演

在新古典经济增长理论中。索洛增长模型为新古典增长模型的代名词，Solow（1956）对技术进步贡献的补充完善了哈罗德-多玛模型（Harrod-Domar model，1948）中关于资本和劳动的不可替代性，在哈罗德-多玛模型基础上深化的新古典增长模型引入了外生性的技术进步，基本假定包括：①经济中生产单一产品；②社会储蓄函数为S=sY，其中，s是作为参数的储蓄率；③劳动力按一个不变的比率增长；④技术进步率是外生且不变的；⑤生产函数的规模收益不变。

基于索洛增长模型的生产函数可写为如下形式：

$$Y_t = F(K_t,\ A_tL_t) \tag{4-1}$$

式中，Y表示产出；K表示资本；L表示劳动；A表示技术；AL为劳动与技术的乘积，称为有效劳动。

对于生产函数（4-1）式，由规模报酬不变的假定可得：

$$Y_t = A_tL_tF(K_t/A_tL_t,\ 1)$$

$$Y_t/A_tL_t = F(K_t/A_tL_t,\ 1)$$

$$y = f(k)$$

式中，y=Y/AL，被称为有效人均产出；k=K/AL，被称为有效人均资本。

现在假设折旧率为ψ，则有：

$$\Delta K_t = sY_t - \psi K_t$$

将上式两边同时除以K，可得：

$$\Delta K_t/K_t = sY_t/K_t - \psi \tag{4-2}$$

由于k=K/AL，对等式两边取对数，并对t求导，可得：

$$\begin{aligned}\Delta k/k &= \Delta K/K - \Delta L/L - \Delta A/A \\ &= \Delta K/K - n - g\end{aligned} \tag{4-3}$$

式中，n=ΔL/L；g=ΔA/A。

将（4-2）式代入（4-3）式，可得：

$$\Delta k_t = sy_t - (\psi + n + g)k_t \tag{4-4}$$

该模型的结论是无论起初经济处于什么位置，它最终都将回到一种稳态，即平衡增长的路径，从长期来看稳定的经济增长来源于技术进步率。缺点在于：①技术外生的假定大大降低了该理论的解释力；②完全要素市场的假定在现实中难以满足；③忽略了一些重要生产要素，如人力资本和知识资本。

索洛的另一个贡献是经济增长因素分析模型，在论文《技术变化与总量生产函数》中以“希克斯中性技术进步”的假定为前提，推导出了经济增长来源因素的分析模型。设总量生产可能性函数为：

$$Y_t = F(K_t, L_t, A_t) \tag{4-5}$$

分别在（4-5）式两边对时间t求导数（全微分）得到：

$$dY_t = (\partial Y/\partial K_t)dK_t + (\partial Y_t/\partial L_t)dL_t + (\partial Y_t/\partial A_t)dA_t \tag{4-6}$$

在（4-6）式两边同时除以Y_t得：

$$\begin{aligned} dY_t/Y_t &= (K_t/Y_t)\cdot(\partial Y_t/\partial K_t)\cdot(dK_t/K_t) + (L_t/Y_t)\cdot(\partial Y_t/\partial L_t)\cdot(dL_t/L_t) + \\ &\quad (A_t/Y_t)\cdot(\partial Y_t/\partial A_t)\cdot(dA_t/A_t) \\ &= w_{Kt}(dK_t/K_t) + w_{lt}(dL_t/L_t) + R_t \end{aligned} \tag{4-7}$$

式中，w_{kt}为t时的资本产出弹性；w_{lt}为t时的劳动产出弹性；R_t=（A_t/Y_t）·($\partial Y_t/\partial A_t$)·（$dA_t/A_t$）。假定市场是完全竞争的，则$w_{kt}$、$w_{lt}$分别表示资本收入和劳动收入在总收入中的份额。再假定规模报酬不变，则$w_{kt}+w_{lt}=1$。因而，（4-7）式可以变形为：

$$dY_t/Y_t - dL_t/L_t = w_{kt}(dK_t/K_t - dL_t/L_t) + R_t \tag{4-8}$$

（4-7）式和（4-8）式中的R_t被称为索洛剩余，索洛将其解释为技术进步对经济增长贡献的大小。由此，（4-7）式表明，总产出率的直接来源由资本增加的贡献、劳动力增长的贡献和技术进步的贡献三部分组成。而（4-8）式表明，每名工人平均产量增长率的直接来源由每名工人平均资本增长的贡献和技术进步的贡献构成。

尽管我国的确出现了全要素生产率并未提高的现象，如蔡昉（2013）通过估计改革开放时期生产函数，把我国经济增长分解为资本、劳动、人力资本、“人口红利”和全要素生产率五个方面的贡献率后发现，全要素生产率的贡献率有降低趋势，但不能就此否认全要素生产率对产业经济增长的贡献。在中国面临劳动力过剩、“人口红利”逐渐消失、资本报酬递减、“刘易斯转折点”到来之际，中国经济增长的必然出路需要转移到全要素生产率上，分解来说就是资源配置效率、微观生产效率与技术进步，以实现向全要素生产率支撑型模式的转变，减缓“中等收入陷阱”效应。我国装备制造业存在较大的区域差异，在推动各区域产业的经济发展上，区域发展战略要根据各地区的比较优势而定。我们用图4-1来说明这个原理。符合区域比较优势的产业布局，在理论上应该如LK这条线段所表示。欠发达地区劳动力廉价、资本密集程度低，如l_1-k_1；发达地区劳动力成本较高、资本相对充裕，如l_0-k_3。

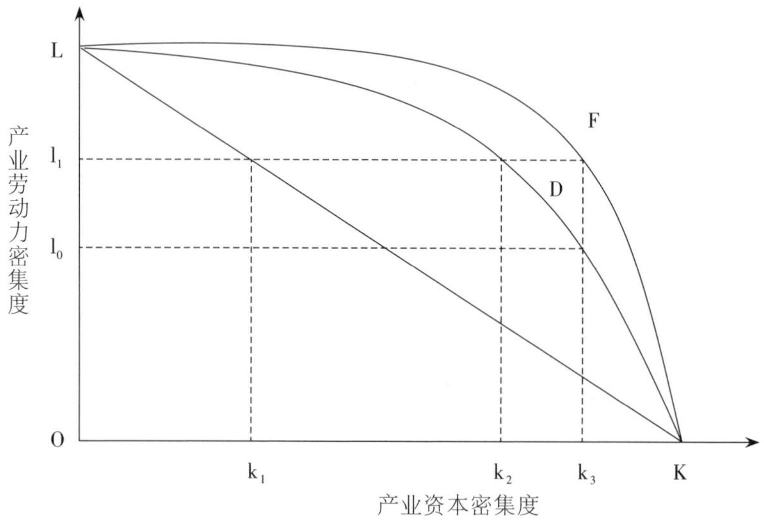

图4-1 区域要素禀赋与产业选择

在实施区域发展的过程中，由于地域产业的比较优势存在动态变化，加之对次发达地区在资本上的补贴，不可避免地会出现资源禀赋与产业结构的关系呈现出曲线LDK的形状，这种在一定范围内的偏差也是合理的。但政府在实施这个政策时掌握分寸的难度比较大，一旦超过合理的幅度，产业配置到了曲线LFK的位置，就需要质疑其合理性。对l_1-k_3地区而言，所配置的产业类型与其资源禀赋相比，资本密集程度过高会导致资源重新配置效率降低，即区域产业全要素生产率降低。我国东中西部城市群之间存在的资源禀赋结构差异，无疑可以成为中西部地区产业发展的机遇。然而，目前来看，比较优势未被充分利用，在我国装备制造业次发达地区并未出现“刘易斯转折点”的工业化赶超趋势，埋没了全要素生产率对地域产业发展的贡献。

4.2 全要素生产率与GVC升级耦合的公式推演

本研究借鉴Sim等（2004）、Feenstra等（2001）的模型，将全要素生产率、外商直接投资、对外直接投资和进出口等因素引入GVC升级的理论模型，研究全要素生产率对GVC升级作用的微观机理。

首先，假设某发展中国家（UD）和某发达国家（DC）因生产要素禀赋不同具备专业化分工的条件，将整个产业链的各个阶段按全要素生产率、非技术性劳动投入的多少进行排序，$X \in [0, 1]$，X越大，所在的GVC位置越高，$X=1$表示处于GVC的顶端。任一阶段X对应的1单位$G(z)$需投入非技术劳动力$a_L(x)$、全要素生产率$a_H(x)$及资本$K(x)$。其中，$a_H(x)/a_L(x) = x$，随着价值链的提升单调递增。发达国家和发展中国家的价值链分工如图4-2所示。

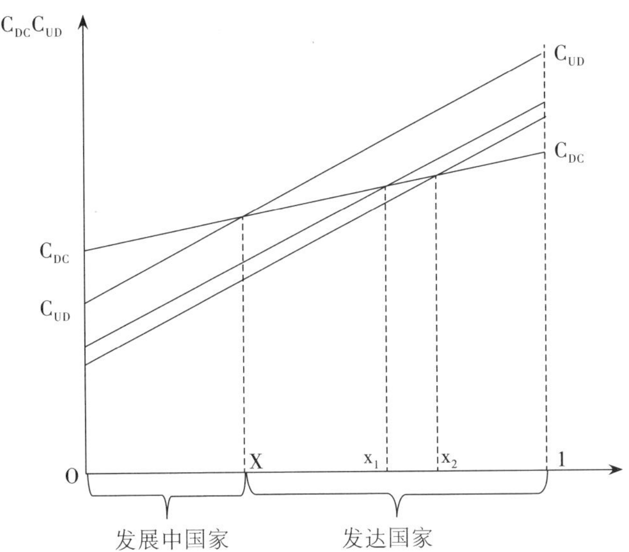

图4-2 发达国家和发展中国家的价值链分工

其次，设定最终产品G各阶段产品采用扩展的C-D生产函数，对于非技术劳动和全要素生产率投入采用列昂惕夫技术，生产函数如下所示：

$$G_i(x) = A(*)\left[\min\left(\frac{L_L^i(x)}{a_L^i(x)}, \frac{L_H^i(x)}{a_L^i(x)}\right)\right]^{\theta}[K(x)]^{1-\theta}$$

则有：

$$A(*) = A_{i,j_0}\exp(\beta_{i,0}t_{i,j,k} + \beta_{i,1}R\&D_{i,j,k} + \beta_{i,2}FDI_{i,j,k} + \beta_{i,3}IM_{i,j,k} + \beta_{i,4}OFDI_{i,j,k} + \beta_{i,5}EX_{i,j,k} \tag{4-9}$$

式中，i、j、k分别表示国家、行业和时间；A_{i,j_0}、$\beta_{i,0}$分别表示初始的技术水平和外生的技术进步率；$\beta_{i,1}$、$\beta_{i,2}$、$\beta_{i,3}$、$\beta_{i,4}$、$\beta_{i,5}$分别表示各个

产业全要素生产率、外商直接投资强度、进口规模强度、对外直接投资强度、出口规模强度对技术进步的影响参数。

两个国家根据各自的资源禀赋进行分工，若：

$$\min\left(\frac{L_L^{DC}(x)}{a_L(x)},\ \frac{L_H^{DC}(x)}{a_H(x)}\right)=\frac{L_H^{DC}(x)}{a_H(x)}=L_H^{DC}$$

$$\min\left(\frac{L_L^{UD}(x)}{a_L(x)},\ \frac{L_H^{UD}(x)}{a_H(x)}\right)=\frac{L_L^{UD}(x)}{a_L(x)}=L_L^{UD}$$

则生产函数可以简化为：

$$G_{DC}(x)=A_{DC}(*)\left[L_H^{DC}\right]^{\theta}\left[K(x)\right]^{1-\theta}$$

$$G_{UD}(x)=A_{UD}(*)\left[L_L^{UD}\right]^{\theta}\left[K(x)\right]^{1-\theta} \qquad (4\text{-}10)$$

最后，设置两类国家的成本函数：

$$C_{DC}=xw_{DC}L_H^{DC}(X)+q_{DC}L_H^{DC}(X)+r_{DC}K(X)$$

$$C_{UD}=xw_{UD}L_L^{UD}(X)+q_{UD}L_L^{UD}(X)+r_{UD}K(X)$$

式中，w为技术劳动工人的工资；q为非技术劳动工人的工资；r为资本品价格。因为要素禀赋不同，因此一般来说，$q_{DC}>q_{UD}$、$w_{DC}<w_{UD}$、$r_{DC}>r_{UD}$。

以发展中国家为例，利润函数为：

$$\psi=PA_{UD}(*)\left[L_L^{UD}\right]^{\theta}\left[K(x)\right]^{1-\theta}-\left[xw_{UD}L_L^{UD}(X)+q_{UD}L_L^{UD}(X)+r_{UD}K(X)\right] \qquad (4\text{-}11)$$

式中，P为最终产品G的价格。

利润最大化的一阶条件为：

$$\frac{\partial\psi}{\partial K}=(1-\theta)PA_{UD}(*)L^{\theta}K^{-\theta}-r_{UD}=0$$

$$\frac{\partial\psi}{\partial L}=\theta PA_{UD}(*)L^{\theta-1}K^{1-\theta}-(xw_{UD}+q_{UD})=0$$

由一阶条件可得：

$$\frac{K}{L}=\frac{xw_{UD}+q_{UD}}{r_{UD}}\cdot\frac{1-\theta}{\theta}$$

将上式代入生产函数可得：

$$L=G_{UD}(x)A_{UD}(*)^{-1}\left[\frac{xw_{UD}+q_{UD}}{r_{UD}}\cdot\frac{1-\theta}{\theta}\right]^{\theta-1}$$

$$K=G_{UD}(x)A_{UD}(*)^{-1}\left[\frac{xw_{UD}+q_{UD}}{r_{UD}}\cdot\frac{1-\theta}{\theta}\right]^{\theta}$$

从而可得两类国家的成本函数为：

$$C_{DC}=\frac{C}{G_{DC}}=A_{DC}(*)^{-1}(xw_{DC}+q_{DC})^{\theta}r_{DC}{}^{1-\theta}(\frac{1-\theta}{\theta})^{\theta-1}\frac{1}{\theta} \tag{4-12}$$

$$C_{UD}=\frac{C}{G_{UD}}=A_{UD}(*)^{-1}(xw_{UD}+q_{UD})^{\theta}r_{UD}{}^{1-\theta}(\frac{1-\theta}{\theta})^{\theta-1}\frac{1}{\theta} \tag{4-13}$$

由于两国都根据自己具有成本优势的工序选择其在价值链上所处的位置，因此，价值链上两国的工序分割点是两国各工序成本函数的交点，即（4-12）式和（4-13）式相等时的x值，所得到的均衡时的x值为两国所处的价值链工序位置。设f为发展中国家UD与发达国家DC的价值链分割点。

达到静态均衡时：

$$A_{DC}(*)^{-1}(x^{\wedge}w_{DC}+q_{DC})^{\theta}r_{DC}{}^{1-\theta}(\frac{1-\theta}{\theta})^{\theta-1}\frac{1}{\theta}$$

$$=A_{UD}(*)^{-1}(x^{\wedge}w_{UD}+q_{UD})^{\theta}r_{UD}{}^{1-\theta}(\frac{1-\theta}{\theta})^{\theta-1}\frac{1}{\theta}$$

可以得到：

$$A_{DC}(*)^{-1}(x^{\wedge}w_{DC}+q_{DC})^{\theta}r_{DC}{}^{1-\theta}=A_{UD}(*)^{-1}(x\hat{}w_{UD}+q_{UD})^{\theta}r_{UD}{}^{1-\theta} \tag{4-14}$$

为了方便求解影响因素，将（4-14）式转化为如下隐函数：

$F(x^{\wedge},\ R\&D,\ FDI,\ IM,\ OFDI,\ EX)$:

$$\begin{aligned}&\{(x^{\wedge}w_{DC}+q_{DC})^{\theta}[A_{DC,0}\exp(\beta_{DC,0}t_{D,j,k}+\beta_{DC,1}R\&D_{D,j,k}+\beta_{DC,2}FDI_{D,j,k}+\\&\beta_{DC,3}IM_{D,j,k}+\beta_{DC,4}OFDI_{D,j,k}+\beta_{DC,5}EX_{D,j,k})]^{-1}r_{DC}^{1-\theta}\}-\\&\{(x^{\wedge}w_{UD}+q_{UD})^{\theta}[A_{UD,0}\exp(\beta_{UD,0}t_{U,j,k}+\beta_{UD,1}R\&D_{U,j,k}+\beta_{UD,2}FDI_{U,j,k}+\\&\beta_{UD,3}IM_{U,j,k}+\beta_{UD,4}OFDI_{U,j,k}+\beta_{UD,5}EX_{U,j,k})]^{-1}r_{UD}^{1-\theta}\}=0\end{aligned} \tag{4-15}$$

对隐函数（4-15）式求导：

$$\frac{\partial F}{\partial x^{\wedge}}=A_{DC}(*)^{-1}w_{DC}(x^{\wedge}w_{DC}+q_{DC})^{\theta-1}r_{DC}{}^{1-\theta}-A_{UD}(*)^{-1}w_{UD}(x^{\wedge}w_{UD}+q_{UD})^{\theta-1}r_{UD}{}^{1-\theta}$$

因为：

$$\frac{A_{DC}(*)^{-1}w_{DC}(x^{\wedge}w_{DC}+q_{DC})^{\theta-1}r_{DC}{}^{1-\theta}}{A_{UD}(*)^{-1}w_{UD}(x^{\wedge}w_{UD}+q_{UD})^{\theta-1}r_{UD}{}^{1-\theta}}<\frac{w_{DC}}{w_{UD}}<1$$

所以：

$$\frac{\partial F}{\partial x\hat{}}<0$$

$$\begin{aligned}\frac{\partial F}{\partial TFP_{U,j,k}}=\beta_{UD,1}\Big\{&(x^{\wedge}w_{UD}+q_{UD})^{\theta}[A_{UD,0}\exp(\beta_{UD,0}t_{U,j,k}+\beta_{UD,1}R\&D_{U,j,k}+\\&\beta_{UD,2}FDI_{U,j,k}+\beta_{UD,3}IM_{U,j,k}+\beta_{UD,4}OFDI_{U,j,k}+\beta_{UD,5}EX_{U,j,k})]^{-1}r_{UD}{}^{1-\theta}\}\end{aligned} \tag{4-16}$$

$$\frac{\partial x^{\wedge}}{\partial TFP_{U,j,k}} = -\left(\frac{\partial F}{\partial TFP_{U,j,k}}\right)\bigg/\left(\frac{\partial F}{\partial x}\right)$$

TFP具有促进GVC升级的效应。$\beta_{U,1}>0$，在图中表现为发展中国家单位成本曲线C_{UD}发生下移，均衡点f向右移动。全要素生产率的提高能够有力推动产品升级和工艺流程升级。随着价值链升级的持续，其边际贡献递减。

4.3 我国装备制造业全要素生产率的贡献实证分析

现有的年鉴数据可以用于我国装备制造业全要素生产率的贡献实证分析。虽然因我国区域装备制造业基于产业层面的数据缺失，无法做区域角度的贡献研究，但如果说关于全要素生产率对我国整体装备制造业发展有贡献的假设成立，那么全要素生产率对区域装备制造业的价值则是不可否认的。

4.3.1 数据来源

用于测算我国装备制造业全球价值链地位的数据，截取自2000—2017年全球价值链ADB-MRIO数据库。关于装备制造业不同维度的贸易增加值，上部分在计算各项指数时已有详细说明，此处不再赘述。用于测算全要素生产率的数据有劳动力人口数量、产值、固定资产投资，均来源于2000—2017年《中国工业统计年鉴》中装备制造业各项数值，包括金属制品业，通用设备制造业，专用设备制造业，交通运输设备制造业，电气机械及器材制造业，通信设备、计算机及其他电子设备制造业，仪器仪表及文化办公用机械制造业七大子行业。全要素生产率（TFP）的测算以1999年为基年，假设当年TFP为1，根据每年TFP的变化计算出历年各行业的TFP值。

4.3.2 变量定义、模型、数据处理与计量方法

基于本研究的研究设计，为检验装备制造业全要素生产率对产业经济增长的影响，基准模型设计见（4-17）式；为检验装备制造业全要素生产率对国际地位提升的贡献，基准模型设计见（4-18）式。

$$\ln GDP_{it} = \alpha_0 + \alpha_1 \ln TFP_{it} + \alpha_2 \ln K_{it} + \alpha_3 \ln L_{it} + \sum Indfe + \sum Yearfe + \varepsilon_{it} \tag{4-17}$$

$$\ln Y_{jt} = \gamma_0 + \gamma_1 \ln X_1 + \gamma_2 \ln X_2 + \gamma_3 \ln X_3 + \beta CVs_{ijt} + \zeta_j + \varepsilon_{jt} \tag{4-18}$$

在模型（4-17）中，α_0表示常数项；ln表示对该变量取对数；GDP_{it}表示装备制造业i行业在第t年的销售产值；TFP_{it}表示装备制造业i行业在第t年的全要素生产率；K_{it}表示装备制造业i行业在第t年的固定资产投资净额；L_{it}表示装备制造业i行业在第t年的劳动力人口数量。同时，该模型还控制了行业固定效应（Indfe）和年份固定效应（Yearfe）。为了保证结果的有效性，我们消除了奇异值对实证检验的影响，比如删除了销售产值、劳动力、固定资产投资缺失的样本，并进行了winsor2双边缩尾处理。我们对数据进行了对数化处理，以避免可能存在的异方差性。经随机效应和固定效应检验后，再经豪斯曼检验，Prob>chi2，选择了固定效应，进一步降低了内生性。

在模型（4-18）中，γ_0表示常数项；ln表示对该变量取对数；j表示子行业；t表示时间（年份）；被解释变量Y_{jt}表示装备制造业j行业第t年的国际地位指数，分别以前向比例（ROF）、中间品（INT）、后向简单（LSIM）、后向比例（ROL）、后向复杂（LCOM）作为国际地位的代理变量；核心解释变量X_1为全要素生产率；CVs为控制变量，具体包括出口价值、进口价值、中间品出口价值、前向联系下的总增加值、前向增加值、后向联系下的总增加值、后向增加值、国内出口增加值占部门国内生产总值的比重、后向国内、后向国外；ζ_j为行业固定效应；ε_{jt}为随机扰动项。

4.3.3 全要素生产率的测度与分析

以全要素生产率作为核心解释变量，在本小节中专门说明其测度方法及结果解读。它的测度方法有索洛余值法、扩展索洛余值法、数据包络分析、随机前沿分析以及三阶段DEA方法。数据包络分析和随机前沿分析是用来测算TFP的传统方法，由于它们不能很好地去除外部环境以及随机干扰因素对决策单元生产经营效率的影响，因此，Fried等（2002）提出三阶段DEA方法，该方法将数据包络分析和随机前沿分析两大方法融合起来，并且能够很好地解决外部环境和随机干扰对TFP影响的问题，同时得出更加真实的纯技术效率、规模效率以及规模报酬的发展现状，这为装备制造业的持续稳定发展提供了理论指导。但是，三阶段DEA方法属于静态模型，只能就同一期间的资料作水平式分析，并不能探讨决策单元不同期间经营效率的变动。而Malmquist生产率指数是运用面板数据求出一个可以作为垂直比较分析的生产率变动情况指数，能够很好地反映技术进步的情况，刚好弥补了静态模型的缺陷。本部分由于数据来源于产业，对产业TFP的测算采用了对生产函数取对数的测度方法，利用柯布-道格拉斯生产函数，并且放宽规模报酬不变的假设（张中元和赵国庆，2012），这里将装备制造业的生产函数设定如下：

$$\ln(Q/L) = c_i + \alpha_i \ln(K/L)_{it} + (\delta - 1)_i \ln L_{it} + \varepsilon_{it} \tag{4-19}$$

式中，（δ-1）用来控制生产函数的规模经济；Q表示产出，用产业的当年价总产值估算；L表示劳动投入，用产业的从业人员年平均数估算；K表示资本投入，包括各种直接、间接投入生产活动构成生产力的资本合计，但由于数据缺失，用产业的年末固定资产原价估算；c、α为系数；i表示第i行业，取值1~7，分别表示7个子行业；t表示t时期，从2000年到2017年。

令β_i=（δ-1）$_i$，在Q_{it}、L_{it}、K_{it}已知的情况下，由（4-19）式可估算α_i、β_i，进一步可由（4-18）式估算A_{it}，即TFP。

$$A_{it} = Q_{it}/(K_{it}^{\alpha_i} L_{it}^{1-\alpha_i+\beta_i}) \tag{4-20}$$

我们选取2000—2017年的数据，借助Eviews，采用普通最小二乘法对（4-19）式进行回归分析。根据（4-19）式，$\ln(K/L)_t$的系数即为α的估计值，$\ln L_t$的系数即为β的估计值。劳动投入指标是指生产过程中实际投入的劳动量，用标准劳动强度的劳动时间来衡量，我国目前尚缺乏该方面的统计资料。因此，本研究用《中国工业统计年鉴》中装备制造业从业人员年平均人数来衡量劳动投入。

根据上述经过改造后的柯布-道格拉斯生产函数模型，用Eviews测算的结果见表4-1。由于面板数据异质性的存在，为了避免伪回归问题的出现，将按行业逐个做时间序列的线性回归。从装备制造各子行业与制造业整体的检验结果看，拟合度均在90%以上，F检验的P值接近0，$\ln X_1$、$\ln X_2$的系数值Prob也在可接受的10%范围内，那么可以得出各个TFP所依赖的α与β值均是显著的，因此根据（4-20）式对TFP的计算模型可以得出装备制造各子行业及制造业整体的全要素生产率。其中，Y代表人均产值Q/L；变量X_1代表人均资产；变量X_2代表劳动人员数量。

表4-1　　用于计算装备制造业TFP值的α与β的回归结果

变量	(1) 制造业整体	(2) 电气机械及器材制造业	(3) 通信设备、计算机及其他电子设备制造业	(4) 交通运输设备制造业
C	-10.89072*** (2.847541)	-3.331326*** (0.423868)	0.433234** (0.242672)	-1.676121 (1.020474)
lnX_1	0.976148*** (0.19056)	0.529211*** (0.092138)	0.796285*** (0.175294)	1.37782*** (0.12398)
lnX_2	1.339375*** (0.374257)	1.006724*** (0.096366)	0.290708*** (0.061048)	0.351339*** (0.154551)
R-squared	0.975705	0.982609	0.943096	0.891754
Adjusted R-squared	0.972466	0.980291	0.935508	0.877322
S.E. of regression	0.124398	0.08752	0.084233	0.228615
Sum squared resid	0.232125	0.114897	0.106428	0.783969
Log likelihood	13.61678	19.94593	20.63501	2.662924
F-statistic	301.2082	423.7671	124.3001	61.78694
Prob (F-statistic)	0.00000000	0.00000000	0.00000000	0.00000000
变量	(5) 通用设备制造业	(6) 金属制品业	(7) 仪器仪表及文化办公用机械制造业	(8) 专用设备制造业
C	-5.487876*** (1.812115)	-4.065163*** (0.860081)	-2.225529*** (0.394351)	-1.785309 (2.283346)
lnX_1	1.022987*** (0.162452)	0.60284*** (0.116711)	0.912376*** (0.070086)	1.201587*** (0.204046)
lnX_2	1.144502*** (0.354132)	1.160179*** (0.194887)	0.888045*** (0.106622)	0.474402* (0.487138)
R-squared	0.954481	0.976864	0.98092	0.962755
Adjusted R-squared	0.948412	0.973779	0.978376	0.957789
S.E. of regression	0.187248	0.114054	0.090949	0.172528
Sum squared resid	0.52593	0.195126	0.124076	0.44649
Log likelihood	6.25574	15.17945	19.25422	7.729495
F-statistic	157.2672	316.6688	385.5753	193.8695
Prob (F-statistic)	0.00000000	0.00000000	0.00000000	0.00000000

装备制造各子行业的全要素生产率均高于制造业整体，其中通信设备、计算机及其他电子设备制造业远高于其他装备制造业。从各子行业的全要素生产率波动状况的发展趋势来看，装备制造各子行业每年都有一定的波动，忽上忽下，但是从长期来看均保持了上升的趋势（见表4-2）。就2017年全要素生产率定基增长率而言，金属制品业32.38%，通用设备制造业52.74%，专用设备制造业19.04%，交通运输设备制造业51.91%，电气机械及器材制造业32.25%，通信设备、计算机及其他电子设备制造业16.64%，仪器仪表及文化办公用机械制造业28.89%，均高于制造业整体（10.68%）。

表4-2　**装备制造各子行业全要素生产率2000—2017年环比与定基增长率（%）**

年度	金属制品业TFP增长率		通用设备制造业TFP增长率		专用设备制造业TFP增长率		交通运输设备制造业TFP增长率		电气机械及器材制造业TFP增长率		通信设备、计算机及其他电子设备制造业TFP增长率		仪器仪表及文化办公用机械制造业TFP增长率		制造业整体TFP增长率	
	环比	定基	环比	定基	环比	定基	环比	定基	环比	定基	环比	定基	环比	定基	环比	定基
2001	15.60	15.60	19.26	19.26	12.85	12.85	8.68	8.68	17.93	17.93	10.90	10.90	27.62	27.62	14.35	14.35
2002	3.78	19.97	17.82	40.51	11.08	25.35	13.17	22.99	9.26	28.85	0.87	11.87	4.39	33.23	7.35	22.75
2003	5.32	26.36	18.89	67.05	16.34	45.83	16.92	43.79	3.73	33.65	7.30	20.03	4.44	39.15	6.23	30.40
2004	18.66	49.94	11.19	85.73	-5.00	38.54	103.71	192.93	5.62	41.17	11.77	34.17	-2.23	36.06	9.70	43.05
2005	-16.80	24.75	-2.68	80.75	11.33	54.23	-43.86	64.44	-14.87	20.18	-7.56	24.03	-3.89	30.77	-2.70	39.19
2006	9.55	36.66	5.78	91.20	5.55	62.80	-9.03	49.60	6.38	27.85	0.05	24.09	6.18	38.85	5.51	46.85
2007	-0.46	36.03	1.81	94.66	4.72	70.48	4.60	56.47	5.19	34.48	2.06	26.64	0.44	39.46	-5.83	38.28
2008	2.00	38.75	-3.19	88.45	4.93	78.87	3.47	61.90	3.44	39.11	-4.67	20.73	0.31	39.89	-0.27	37.91
2009	-18.29	13.37	-21.67	47.60	-13.21	55.25	-14.02	39.20	-14.44	19.03	-7.98	11.09	-10.75	24.85	-12.30	20.95
2010	2.08	15.73	-0.95	46.20	-0.85	53.93	3.60	44.21	-0.53	18.40	-1.54	9.38	-3.32	20.70	-4.33	15.71
2011	-0.04	15.68	-12.92	27.31	-0.50	53.17	6.17	53.11	-4.86	12.65	-11.10	-2.76	-7.89	11.19	-2.20	13.17
2012	29.60	49.92	28.82	64.00	7.54	64.71	-3.86	47.19	12.27	26.47	24.72	21.28	15.88	28.84	21.41	37.40
2013	-11.66	32.44	-6.71	52.99	-12.49	44.14	6.18	56.30	-6.62	18.11	-6.64	13.24	-4.65	22.85	-7.72	26.79
2014	-8.05	21.77	1.18	54.79	-8.10	32.46	-5.37	47.90	3.69	22.47	0.22	13.48	8.92	33.81	-7.15	17.72
2015	-9.21	10.56	-6.52	44.70	-9.17	20.31	0.58	48.75	0.56	23.16	2.18	15.95	-1.11	32.33	3.58	21.94
2016	8.72	20.20	-2.10	41.65	-3.47	16.13	4.59	55.58	2.59	26.35	3.50	20.01	-3.71	27.42	29.50	57.91
2017	10.13	32.38	7.83	52.74	2.50	19.04	-2.36	51.91	4.67	32.25	-2.81	16.64	1.15	28.89	-29.91	10.68

4.3.4 全要素生产率对我国装备制造业发展贡献的实证分析

表4-3报告了模型（4-17）的实验结果。被解释变量为装备制造各子行业销售产值（lnGDP），解释变量为装备制造各子行业全要素生产率（lnTFP）。

表4-3 **装备制造业全要素生产率贡献实证结果及稳健性检验**

	（1）OLS回归	（2）固定效应	（3）2SLS	（4）2SLS滞后期
	lnGDP	lnGDP	lnGDP	lnGDP
lnTFP	0.5904***	1.0003***	0.5904***	
	（-7.153）	（-12.8912）	（-8.0697）	
L.lnTFP				0.1625*
				（-1.8468）
lnK	1.1572***	1.1976***	1.1572***	1.0742***
	（-24.3171）	（-42.9839）	（-27.4334）	（-21.1376）
lnL	-0.0945*	0.1422**	-0.0945**	-0.0396
	（-1.9410）	-2.5219	（-2.1898）	（-0.7060）
_cons	2.9280***	1.7314***	2.9280***	1.8636***
	（-8.119）	（-6.5364）	（-9.1594）	（-4.1715）
N	126	126	126	119
adj.R^2	0.996	0.984	0.996	0.994
F	1155.4419	2640.6622		

结果显示，列（1）lnTFP的估计系数为0.5904，在1%的水平上显著为正（t=-7.153），说明装备制造业全要素生产率与产业销售产值呈正相关关系，全要素生产率每增加1%，产业销售产值增加59.04%，支持了假设a1。

我们控制了行业固定效应（Indfe）和年份固定效应（Yearfe），对照组列（2）显示，全要素生产率的估计系数为1.0003，依然在1%的水平上显著为正（t=-12.8912），说明装备制造业全要素生产率与产业经济增长之间的显著正相关关系通过了稳健性检验。

列（3）与列（4）运用2SLS工具变量法对全要素生产率进行当期和滞后一期检验，列（3）得出了与OLS回归系数相同的结论，列（4）得出了全要素生产率在滞后一期对产业经济增长的影响为16.25%，在10%的水平上显著为正的结论，这一方面是对全要素生产率正向贡献的进一步稳健性检验，另一方面说明了全要素生产率无论从短期还是长期来看都能在一定程度上促进产业经济增长。此外，装备制造业资本投入对产业经济增长的贡献是最大的，正向影响系数为1.1572~1.1976，高于全要素生产率的贡献。此外，我们还可以看到，装备制造业劳动人口对产值的贡献系数在固定效应中为14.22%，在OLS回归中为-9.45%，虽然符号发生了变化，以至于不清楚劳动力对产业经济增长的影响是正还是负，但其贡献小于全要素生产率及资本投入的结论是稳健的，原因在于，我国装备制造业产值的提高并不能单纯依靠劳动人口数量的增加，而是要靠接受过高等教育的人才数量或高级技术人才数量的增加，随着装备制造智能化时代的到来，单纯的劳动人口增加更加不可能是装备制造业产值提升的动力来源。

表4-4报告了模型（4-18）的实验结果，被解释变量为前向比例（ROF）、中间品（INT）、后向简单（LSIM）、后向比例（ROL）、后向复杂（LCOM），均为装备制造业国际地位的代理变量。GMM检验结果显示，就lnTFP当期估计系数而言，列（1）系数-0.0103在1%的水平上显著为负（t=-1.3734e+07），列（2）系数-0.2202在1%的水平上显著为负（t=-4.2587e+08），列（3）系数-0.2910在1%的水平上显著为负（t=-4.3087e+07）；滞后二期的系数全部“扭亏为盈”，分别为0.0530、0.3463、0.2500，均在1%的水平上显著为正，且数值部分大于当期。这说明，尽管我国装备制造业全要素生产率在当期来看并未对全球价值链地位提升产生积极效果，但从长期来看产生了正向影响，且正向影响是大于当期负向影响的，证实了假设a2。GMM检验结果中的列（4）显示，lnTFP当期估计系数为0.2221，在1%的水平上显著为正（t=-7.96E+08），列（5）系数0.2553在1%的水平上显著为正（t=-2.43E+09），尽管在滞后一期与滞后二期中均显示出负向效应，但是其数值部分都远小于当期，这说明我国装备制造业全要素生产率与后向比例、后向复杂之间的关系更多

的是正相关的，同时，从全球价值链地位的衡量指标重要性来说，后向比例、后向复杂指数并不如前向比例和中间品重要，因为前向比例和中间品更能代表产品技术含量，也就不难理解全要素生产率在滞后期表现出来的负面效应。值得一提的是，我们对4.3节中所有代表全球价值链地位的指标作了检验，且效果均是显著的，但我们只列示了部分指标做以说明，2SLS工具变量法的稳健性检验结果再次支持了假设a2。

表4-4　　我国装备制造业全要素生产率对产业国际地位影响的GMM结果及稳健性检验

	变量	(1) 前向比例	(2) 中间品	(3) 后向简单	(4) 后向比例	(5) 后向复杂
GMM检验	lnTFP	-0.0103***	-0.2202***	-0.2910***	0.2221***	0.2553***
		(-1.3734e+07)	(-4.2587e+08)	(-4.3087e+07)	(-7.96E+08)	(-2.43E+09)
	L.lnTFP	-0.0776***	-0.0158***	0.1503***	-0.0759***	-0.1080***
		(-2.5525e+08)	(-8.0459e+07)	(-64308458.8)	(-4.7972e+08)	(-7.8490e+08)
	L2.lnTFP	0.0530***	0.3463***	0.2500***	-0.1538***	-0.1581***
		(-1.07E+08)	(-6.80E+08)	(-57706888.86)	(-7.0539e+08)	(-6.4250e+08)
	_cons	-7.5051***	2.0910***	7.7522***	-2.5284***	-3.9567***
		(-4.3798e+08)	(-1.30E+08)	(-1.45E+09)	(-5.1892e+08)	(-1.3541e+09)
	CVs	Yes	Yes	Yes	Yes	Yes
	Industry	Yes	Yes	Yes	Yes	Yes
	Year	Yes	Yes	Yes	Yes	Yes
2SLS稳健性检验	lnTFP	-0.0683**	0.4168***	0.1283	-0.0004	-0.0508
		(-2.4785)	(-2.851)	(-1.3407)	(-0.1400)	(-1.5315)
	lnTFP1	0.0416***	0.0930*	0.2426*	0.0048	-0.0839*
		(-2.6135)	(-1.8634)	(-1.9)	(-1.6354)	(-1.8626)
	lnTFP2	0.0778***	0.0943*	0.7105***	-0.0124***	-0.1179***
		(-7.3527)	(-1.8669)	(-11.8302)	(-3.9671)	(-4.2814)
	CVs	Yes	Yes	Yes	Yes	Yes
	Industry	Yes	Yes	Yes	Yes	Yes
	Year	Yes	Yes	Yes	Yes	Yes
	N	32	32	32	32	32
	adj.R^2	0.998	0.999	0.984	0.999	0.994

4.4 小结

装备制造业推动了我国工业经济增长与发展，我国装备制造业的国际竞争力及在全球价值链中所处的地位还有较大提升空间，而全要素生产率正是实现我国装备制造业国际地位提升的重要路径。全要素生产率首先对产业经济增长做出了较大贡献，其次对产业国际地位的提升也起到了积极作用。

4.4.1 全要素生产率对产业经济增长的贡献

我国装备制造业全要素生产率无论从短期还是长期来看都能在一定程度上促进产业经济增长。全要素生产率每增加1%，产业销售产值增加59.04%，滞后一期增加16.25%；全要素生产率对产业竞争增长的贡献远大于劳动人口对产值的贡献，主要因为我国装备制造业产值的提高并不能单纯依靠劳动人口数量增加，而是要靠接受过高等教育的人才数量或高级技术人才数量的增加；资本投入对产业经济增长的贡献是最大的，资本投入每增加1%，产业销售产值增加115.72%，高于全要素生产率的贡献。我国装备制造业经济增长长期处于“以投资驱动为主，以全要素生产率驱动为辅”的状态。

4.4.2 全要素生产率对产业国际地位提升的贡献

全要素生产率是实现我国装备制造业国际地位提升的重要路径。我国装备制造业全要素生产率从短期看并未对全球价值链地位提升产生积极效果，但从长期来看产生了正向影响，全要素生产率每增加1%，我国装备制造业在全球价值链中的前向联系下增加值比例增加5.30%，中间品比例增加34.63%、后向联系下简单品增加值比例增加25.00%，且这些正向影响大于短期的负向影响。后向联系下增加值比例、后向联系下复杂品增加值比例作为全球价值链中的次要级评价指标，全要素生产率对它们的影响表现出短期为正、长期为负的效果，但正效应大于负效应，全要素生产率每增加1%，后向联系下增加值比例上浮22.21%、后向联系下复杂品增加值比例上浮25.53%。前向联系下增加值比例和中间品比例指标相比于后向联系下的指标，更能代表产品技术含量和全球价值链地位，与此同时，全要素生产率对前向比例和中间品比例的促进效应明显高于后向联系下的指标，从这个角度也进一步验证了全要素生产率是提升我国装备制造业国际地位的重要路径。

5 我国区域装备制造业全要素生产率的影响因素

5.1 研究设计

5.1.1 样本选取、数据来源及处理

本研究选取2008—2018年中国A股装备制造业上市公司为样本，采用鲁晓东和连玉君（2012）的方法估算它们的TFP，最终选取了中国1 266家A股上市装备制造企业样本，样本经营数据来自国泰安数据库CSMAR[①]和笔者手工整理，上市公司所处城市的数据来源于《2002—2019年中国城市统计年鉴》，该年鉴涵盖了2001—2018年291个地级市的面板数据。本研究按照一定的原则进行筛选：①装备制造业包括金属制品业、通用设备制造业，专用设备制造业，交通运输设备制造业，电气机械及器材制造业，通信设备、计算机及其他电子设备制造业，仪器仪表及文化办公用机械制造业；②剔除已经退市的上市公司，剔除了研究年度内连续两年被ST和PT的公司；③剔除数据缺失的上市公司。为减轻奇异值对实证检

① 这里采用CSMAR数据库中证监会2012年行业分类标准：C37铁路、船舶、航空航天和其他运输设备制造业，以及C36汽车制造业，均为交通运输设备制造业；C39计算机、通信和其他电子设备制造业；C33金属制品业；C38电气机械和器材制造业；C35专用设备制造业；C34通用设备制造业；C40仪器仪表制造业。

验的影响，本研究对分析中需要的连续变量进行了缩尾处理，并对数据作对数化处理以避免可能存在的异方差性。

5.1.2 研究模型

全要素生产率的提升基础在于各种投入因素和环境因素，本研究分别从产业和区域视角搭建我国区域装备制造业全要素生产率影响因素的研究框架，在产业方面包括国际市场开放度、研发投入与产出、多元化经营、盈余管理、企业金融化等因素，它们来源于各要素投入与资源配置效率视角。本研究认为各因素与区域装备制造业全要素生产率的关系必然与区域之间本身的差异有关。中国地域宽广，资源禀赋、经济发展水平和科技实力在地域分布上的极度不平衡造成了地区间装备制造业全要素生产率的不同。根据全要素生产率、产业经济与区域经济相关理论，这些因素从投入产出角度涵盖了资本、劳动力、研发、知识、市场环境、政府、体制因素，提供了区域装备制造业全要素生产率影响因素较为完整的框架。

基于本研究的研究设计，产业视角下基准模型设计见（5-1），从企业生产直接要素投入与企业要素管理两类因素解析企业个体差异性对全要素生产率的影响；区域视角下基准模型设计见（5-2），从市场、政府、体制、地区经济差异四类因素分析我国装备制造业全要素生产率地区差异的影响因素。

$$Y_{it}=\alpha_0+\alpha_1 Pcy_{it}+\alpha_2 OSEA+\alpha_3 RD_{it}+\alpha_4 DA_{it}+\alpha_5 Dyh_{it}+\alpha_6 FIN+\beta CVs_{it}+\varepsilon_{it} \quad (5-1)$$

$$Z_{jt}=\gamma_0+\gamma_1 K_{jt}+\gamma_2 Mar_{jt}+\gamma_3 Gov_{jt}+\gamma_4 Open_{jt}+\gamma_5 Ind_{jt}+\gamma_6 Are_{jt}+\beta CVs_{jt}+\zeta_j+\pounds_{jt} \quad (5-2)$$

在模型（5-1）中，Y_{it}代表企业i在t年的全要素生产率，以装备制造企业为统计口径进行衡量；核心解释变量Pcy为影响全要素生产率的区域产业政策因素；核心解释变量OSEA、RD、FIN为影响全要素生产率的企业生产要素投入因素；核心解释变量DA、Dyh为影响全要素生产率的企业要素管理因素；α_1、α_2、α_3、α_4、α_5、α_6为各影响因素的回归系数；α_0表示截距项；ε_{it}表示整个回归方程的误差项；下标i和t分别表示所选企业和年份。在模型（5-2）中，Z_{jt}代表区域j在t年的装备制造业全要素生产率，以装备制造企业在该地区的产值权重为统计口径计量区域全要素生产率；γ_0表示常数项；核心解释变量K表示区域资本投入；Mar、Gov为地区市场体制；Open为地区对外开放度；Ind为地域产业发展质量；Are为地域经济发展因素。CVs为控制变量，包括区域固定效应中的核心解释变量，还包括产权性质（STATE）、高管持股比例（SR）、成长性（GROWTH）、资产负债率（LEV）、盈利能力（GP）、资产结构（AS）、董事会规模（BOARD）、企业规模（SIZE）、CEO政治关联（CEOPC）等。ζ_j为区域固定效应，$\pounds_{jt}$为随机扰动项。其中，我们将非比率的绝对性指标取对数值纳入计算。

5.1.3 变量定义与计量方法

为了使各变量的描述更加清晰，表5-1简要说明了本研究模型中用到的变量及其定义和计算方法。

表5-1　**变量及其定义和计算方法**

类型	影响因素	变量名称	符号	变量定义
产业、区域差异	区域产业政策	是否为地方重点支持的产业	Pcy_1	国家重点支持产业记为1，否则为0
		五年规划中提及的次数	Pcy_2	各省（自治区、直辖市）在不同规划期提及装备制造业某产业的次数
装备制造企业个体差异	市场开放度	海外市场份额	OSEA	海外业务收入占营业总收入的比例
	研发投入与研发产出	研发支出比例	RD_ratio	研发支出占营业收入的比例
		ln申请专利数量	RD_1	申请专利数量对数值
		ln获得专利数量	RD_2	获得专利数量对数值
	多元化经营	多元虚拟变量	Dyh_dum	多元化经营哑变量。行业数目>1时取值为1，否则取值为0

续表

类型	影响因素	变量名称	符号	变量定义
装备制造企业个体差异	多元化经营	行业数目	Dyh_n	占主营业务收入10%以上的行业数目
		收入熵指数	Dyh_entro	计算式$\Sigma p_i \ln(1/p_i)$。p_i代表行业i在总收入中所占的比重。该指数越大，多元化程度越高
	盈余管理	盈余管理程度	DA	操控应计利润的原值
		盈余管理行为	AbsDA	操控应计利润的绝对值
	金融化程度	企业金融化	FIN	(交易性金融资产+衍生金融资产+发放贷款及垫款净额+债权投资净额+其他债权投资净额+其他权益工具投资净额+投资性房地产净额)/资产总计
装备制造企业所在地区的区域差异	资本因素	固定资产投资增长率	K_1	所在城市固定资产每年投资增长率
		ln固定资产投资总额	K_2	所在城市固定资产投资额对数值
		ln资本存量	K_3	所在城市资本存量对数值
	对外开放度	外资使用比重	OPEN_1	所在城市当年实际使用外资金额/所在城市生产总值×100%
		ln外商实际投资额	OPEN_2	所在城市外商直接投资额对数值
	地域市场体制	市场化指数	Mar	所在省（自治区、直辖市）的樊纲指数

续表

类型	影响因素	变量名称	符号	变量定义
装备制造企业所在地区的区域差异	地域市场体制	市场化指数	Mar	所在省（自治区、直辖市）的樊纲指数
		政府规模	Gov	政府公共财政支出/地区生产总值×100%
	地域制造业的发展	第二产业的发展质量	Ind_1	所在城市第二产业占生产总值的比重×所在城市第二产业增加值/所在城市第二产业从业人员数
		ln第二产业生产总值	Ind_2	所在城市第二产业生产总值对数值
		第二产业占生产总值的比重	Ind_3	所在城市第二产业生产总值比重
	地域服务业的发展	第三产业的发展质量	Ind_f1	所在城市第三产业占生产总值的比重×所在城市第三产业增加值/所在城市第三产业从业人员数
		ln第三产业生产总值	Ind_f2	所在城市第三产业生产总值对数值
		第三产业占生产总值的比重	Ind_f3	所在城市第三产业生产总值比重
地域经济发展因素	控制变量	ln实际生产总值	Are_1	所在城市实际生产总值对数值
		ln人均生产总值	Are_2	所在城市人均生产总值对数值
		区域全要素生产率	Are_3	所在城市的全要素生产率
		ln高等学校数	Are_4	所在城市高等学校数量对数值
		ln国际互联网用户数量	Are_5	所在城市国际互联网用户对数值

续表

类型	影响因素	变量名称	符号	变量定义
企业个体差异	控制变量	产权性质	STATE	国有企业记为1，否则记为0
		资产负债率	LEV	负债总额/资产总额
		高管持股比例	SR	高管持股数占总股数的比例
		董事会规模	BOARD	ln董事会人数
		成长性	GROWTH	以托宾Q值作为衡量指标
		盈利能力	GP	以营业毛利率作为衡量指标
		资产结构	AS	以流动资产比率作为衡量标准
		企业规模	SIZE	ln资产总额
		性别	SEX	CEO性别为男记为1，否则为0
		年龄	AGE	以CEO的实际年龄衡量
		CEO海外经历	OVERSEA	CEO具有海外经历记为1，否则为0
		CEO政治关联	CEOPC	CEO具有政治关联记为1，否则为0
		CEO财务背景	CEOCW	CEO具有财务背景记为1，否则为0

在所有核心变量中，全要素生产率、区域产业政策、多元化经营、盈余管理、金融化程度、市场化指数均是通过一系列复杂的公式推导与建模计算完成的，下文将对这些变量的具体运算过程进行阐述。

（1）全要素生产率

在企业全要素生产率的计算方法上，基于下述原因，本研究选择了

LP法。学者们反对克鲁格曼运用全要素生产率来衡量技术进步，普遍采用的说法是：技术进步有自主创新和学习模仿两种实现方式，中国如果采用引进设备和购买专利技术的方法来实现技术进步，又将其融入资本投入因素，那么，用全要素生产率代表中国技术进步显然不合理，林毅夫等（2007）在东亚经济增长模式相关争论的再探讨中也支持了该观点。在微观层面，研发资本化的部分计入了固定资产，研发费用化的部分计入了中间品消耗。为了研究我国技术进步的真实水平，我们在采用LP法测算企业的全要素生产率时，将固定资产部分剔除资本化的研发支出，将中间品部分剔除研发费用，以此方法计算的全要素生产率作为被解释变量，同时将研发支出与研发费用作为核心解释变量研究其与全要素生产率的关系。学界对于索洛模型（Solow，1956）的否定来源于它的"拜资本主义"思想。索洛模型的基本前提是，在生产函数中，规模报酬不变，边际产出随着要素投入的增加而下降，同时，劳动力增长率、技术进步率和储蓄率均为外生给定常数。当经济达到均衡时，人均产出和人均资本存量的增长率均等于技术进步率。倘若技术进步率为零，则表示新增产量被新增人口所消耗，人均产量在稳态下不变，唯有资本可以起到推动经济增长的作用，当资本面对的是一个规模报酬递减的生产函数时，经济增长则不可持续。索洛模型按照劳动力人口数量来计算人均产出的方法是造成其"拜资本主义"的重要原因，实际上在对微观层面的研究上，这个缺陷是可以通过替换变量来弥补的，在运用LP法计算全要素生产率时，将职工工资作为劳动力的代理变量，我们不再从量上衡量劳动力投入的大小，而是注重劳动力价值。一方面，发达国家人均收入远高于发展中国家，对于发展中国家来说，用劳动力数量来计算全要素生产率从而衡量经济的可持续性显然是不合理的；另一方面，劳动力增长率和技术进步率之间不可能是外生的，而替换后的变量大大减少了劳动力与技术进步之间关系的内生性，这是因为，一般情况下，劳动者越拥有知识或其技术能力越先进，工资就会越高，代表劳动力价值越高，此替换将知识与技能融入劳动力价值，在一定程度上减少了索洛模型反对者的疑虑。

（2）区域产业政策

学者们往往采用自然实验探索产业政策与企业全要素生产率之间的关系，选取“五年规划”等特定政策作为产业政策冲击，实证考察产业政策对企业全要素生产率的影响。这里借助宋凌云和王贤彬（2013）的方法，根据各省（自治区、直辖市）出台的“五年规划”设置产业政策虚拟变量，取用CNRDS数据库和CSMAR数据库考察各省产业政策对全要素生产率的影响。

地方产业政策的制定往往是通过各种规划予以统筹指导的，本研究首先收集了国内30个省（自治区、直辖市）的“十一五”“十二五”“十三五”3个“五年规划”，并整理出涉及装备制造的产业政策。在CNRDS数据库行业分类中采用中国证监会2001年公布的《上市公司行业分类指引》，匹配2012年按国民经济行业分类名称修订后的《上市公司行业分类指引》，说明如下：2001年版的行业代码中，C69为金属制品业，C71为通用设备制造业，C73为专用设备制造业，C75为交通运输设备制造业，C76为电气机械及器材制造业，C5*和G8*为通信设备、计算机及其他电子设备制造业，C76为仪器仪表及文化办公用机械制造业。

为了对我国区域装备制造业所涉及的产业政策全貌有基本的了解，我们分别统计了在不同规划期提及的重点产业。表5-2以北京市为例，展示了“五年规划”中重点发展产业所涉及的装备制造业。表5-3列示了国内30个省（自治区、直辖市）分别在“十一五”“十二五”“十三五”规划中涉及的装备制造业重点产业数量。可以看出，同一省（自治区、直辖市）不同规划期重点产业有变化，同一规划期在不同省（自治区、直辖市）重点产业也存在较大差异。在搜集整理各省（自治区、直辖市）重点产业的基础上，我们以两种方式构造重点产业指标：①我们将整理好的产业政策，按照“省（自治区、直辖市）+‘五年规划’期间+某装备制造产业”匹配到所有变量的样本集中，将“五年规划”中提及的装备制造产业视为重点产业，构造相应的重点产业政策的虚拟变量；②将某产业在规划期间被某省（自治区、直辖市）鼓励次数作为重点产业政策的代理变量。

表5-2 **以北京市为例“五年规划”重点发展产业所涉及的装备制造业**

“五年规划”	北京市“五年规划”的内容	所涉及的装备制造业
“十二五”规划（2011—2015年）	形成半导体材料、金属磁性材料、生物医药材料、化工新材料、太阳能电池材料、新型绿色建材、非晶材料以及高温超导材料等特色产业集群，构建集新材料生产、加工、集散和技术研发于一体的新兴产业基地	金属制品业
	重点在轨道交通运行控制系统、数控机床、工业自动化控制系统等一批重大关键技术上实现突破，并积极发展一批成套设备，大幅提升高端装备的系统集成能力	通用设备制造业，交通运输设备制造业，专用设备制造业，电气机械及器材制造业，仪器仪表及文化办公用机械制造业
	发展面向工业、交通、建筑等重点领域的节能产业，壮大污水处理、大气污染防治和垃圾处理等环保产业，加快资源循环利用产业发展，加速发展节能环保服务业	专用设备制造业
	搭建新能源汽车研发平台，推进整车控制系统、车载能源系统、驱动系统等三大关键系统及一些关键配件的研发和产业化，积极推进纯电动汽车和混合动力汽车的研制，加大纯电动汽车的示范应用力度	交通运输设备制造业
	全面推进三网融合。率先在新一代移动通信、下一代互联网、下一代广播电视网等领域突破核心技术和关键设备产业化，促进物联网、云计算的研发和示范应用，突破核心元器件高端通用芯片及基础软件等领域的关键技术，增强基于新一代信息网络的信息增值服务能力	通信设备、计算机及其他电子设备制造业，仪器仪表及文化办公用机械制造业

续表

“五年规划”	北京市“五年规划”的内容	所涉及的装备制造业
“十三五”规划（2016—2020年）	以释放服务资源效能、提升综合服务功能为导向，大力培育研发设计、节能环保、融资租赁、电子商务等新兴优势产业	专用设备制造业
	大力发展战略性新兴产业。大力发展电子信息、生物医药、新能源、新材料、智能制造、航空航天、新能源汽车、轨道交通等战略性新兴产业。积极推进第五代移动通信（5G）、未来网络、可穿戴医疗设备、基因检测、3D打印、第三代半导体材料、智能机器人等领域发展。到2020年，战略性新兴产业创新能力大幅提升，掌握一批达到世界先进水平的关键核心技术，培育一批国际知名品牌和具有较强国际竞争力的跨国企业，形成一批拥有技术主导权的产业集群	交通运输设备制造业，通信设备、计算机及其他电子设备制造业，仪器仪表及文化办公用机械制造业

表5-3 **中国各省（自治区、直辖市）“五年规划”提及的装备制造业按规划期间及产业分类的个数统计**

省（自治区、直辖市）	“五年规划”	电气机械及器材制造业	交通运输设备制造业	金属制品业	通用设备制造业	通信设备、计算机及其他电子设备制造业	仪器仪表及文化办公用机械制造业	专用设备制造业	总计
安徽	“十一五”规划（2006-2010年）					1			1
	“十二五”规划（2011-2015年）	2	3	1	2		2	3	13
	“十三五”规划（2016-2020年）		2			1	1	2	6

续表

省（自治区、直辖市）	"五年规划"	电气机械及器材制造业	交通运输设备制造业	金属制品业	通用设备制造业	通信设备、计算机及其他电子设备制造业	仪器仪表及文化办公用机械制造业	专用设备制造业	总计
北京	"十二五"规划（2011-2015年）	1	2	1	1	1	2	2	10
	"十三五"规划（2016-2020年）		1			1	1	1	4
福建	"十一五"规划（2006-2010年）					1			1
	"十二五"规划（2011-2015年）	2	2		2	1	3	3	13
	"十三五"规划（2016-2020年）		1			2	2	2	7
甘肃	"十一五"规划（2006-2010年）	1	1		1			1	4
	"十二五"规划（2011-2015年）	3	1	1	2	1		2	10
	"十三五"规划（2016-2020年）	1		1	1	1		1	5
广东	"十一五"规划（2006-2010年）	1	2		1	2	2	1	9
	"十二五"规划（2011-2015年）	1	2		2		1	2	8
	"十三五"规划（2016-2020年）		2			2	2	1	7
广西	"十一五"规划（2006-2010年）		1			2	1		4
	"十二五"规划（2011-2015年）	1	2		1	1	2	2	9
	"十三五"规划（2016-2020年）		2			1	1	1	5

续表

省（自治区、直辖市）	“五年规划”	电气机械及器材制造业	交通运输设备制造业	金属制品业	通用设备制造业	通信设备、计算机及其他电子设备制造业	仪器仪表及文化办公用机械制造业	专用设备制造业	总计
贵州	“十二五”规划（2011-2015年）							1	1
	“十三五”规划（2016-2020年）			1				1	2
海南	“十一五”规划（2006-2010年）		1			1	1		3
河北	“十一五”规划（2006-2010年）	1	1		1		1	1	5
	“十二五”规划（2011-2015年）	1	1	1	1	1	2	2	9
	“十三五”规划（2016-2020年）		1			1	1	1	4
河南	“十一五”规划（2006-2010年）	1	2		1		1	1	6
	“十二五”规划（2011-2015年）	1	2	1	1		1	2	8
	“十三五”规划（2016-2020年）	1				1	1	1	4
黑龙江	“十一五”规划（2006-2010年）	1	1		1	1	2	1	7
	“十二五”规划（2011-2015年）		1	1				3	5
	“十三五”规划（2016-2020年）			1		2	1		4

续表

省（自治区、直辖市）	“五年规划”	电气机械及器材制造业	交通运输设备制造业	金属制品业	通用设备制造业	通信设备、计算机及其他电子设备制造业	仪器仪表及文化办公用机械制造业	专用设备制造业	总计
湖北	“十一五”规划（2006-2010年）		1			1	1		3
	“十二五”规划（2011-2015年）	2	3	1	2	2	3	3	16
	“十三五”规划（2016-2020年）		1			2	2		5
湖南	“十一五”规划（2006-2010年）		1			1	1		3
	“十二五”规划（2011-2015年）	2	2		2	1	2	3	12
	“十三五”规划（2016-2020年）		2			1		2	5
吉林	“十一五”规划（2006-2010年）	1	2		1	1	1	1	7
	“十二五”规划（2011-2015年）	1	2	1	1		1	2	8
	“十三五”规划（2016-2020年）		1	1		1	1	1	5
江苏	“十一五”规划（2006-2010年）	1	1		1	1	2	1	7
	“十二五”规划（2011-2015年）	2	2	1	2		2	3	12
	“十三五”规划（2016-2020年）		2			1	1	2	6

续表

省（自治区、直辖市）	“五年规划”	电气机械及器材制造业	交通运输设备制造业	金属制品业	通用设备制造业	通信设备、计算机及其他电子设备制造业	仪器仪表及文化办公用机械制造业	专用设备制造业	总计
江西	“十一五”规划（2006-2010年）	1	1			1	1		4
	“十二五”规划（2011-2015年）	1	1	1	1		1	1	6
	“十三五”规划（2016-2020年）		1			1	1	1	4
辽宁	“十一五”规划（2006-2010年）	1	1		1	1	2	1	7
	“十二五”规划（2011-2015年）	1	1	1	1	1	2	2	9
	“十三五”规划（2016-2020年）		2	1		1	1	1	6
内蒙古	“十一五”规划（2006-2010年）					1	1		2
	“十二五”规划（2011-2015年）	1	1		1		1	2	6
	“十三五”规划（2016-2020年）			1		1	1	1	4
宁夏	“十一五”规划（2006-2010年）	1	1		1		1	1	5
	“十二五”规划（2011-2015年）	1	1	1	1	1	2	2	9
	“十三五”规划（2016-2020年）			1				1	2

续表

省（自治区、直辖市）	“五年规划”	电气机械及器材制造业	交通运输设备制造业	金属制品业	通用设备制造业	通信设备、计算机及其他电子设备制造业	仪器仪表及文化办公用机械制造业	专用设备制造业	总计
青海	“十三五”规划（2016-2020年）	1				1	1	2	5
山东	“十一五”规划（2006-2010年）	2	1		1	2	2	1	9
	“十二五”规划（2011-2015年）		2			1	1	2	6
	“十三五”规划（2016-2020年）			1		1			2
山西	“十一五”规划（2006-2010年）	1	1		1	1	1	1	6
	“十二五”规划（2011-2015年）	1	2	1	1	2	2	2	11
陕西	“十一五”规划（2006-2010年）	1	1		1	2	1	1	7
	“十二五”规划（2011-2015年）	1	2	1	1	1	2	2	10
	“十三五”规划（2016-2020年）			1		1	1	1	4
上海	“十一五”规划（2006-2010年）		2		1	2	1	1	7
	“十二五”规划（2011-2015年）	1	2		1		1	2	7
	“十三五”规划（2016-2020年）					1	1		2

续表

省（自治区、直辖市）	“五年规划”	电气机械及器材制造业	交通运输设备制造业	金属制品业	通用设备制造业	通信设备、计算机及其他电子设备制造业	仪器仪表及文化办公用机械制造业	专用设备制造业	总计
四川	“十二五”规划（2011-2015年）	1	2	1	2	1	3	3	13
	“十三五”规划（2016-2020年）		1	1		1	1	2	6
天津	“十一五”规划（2006-2010年）	1	1		1	1	2	1	7
	“十二五”规划（2011-2015年）	1	1		1		1	1	5
	“十三五”规划（2016-2020年）		1			1		1	3
新疆	“十一五”规划（2006-2010年）					1			1
	“十二五”规划（2011-2015年）	1	1		1		1	1	5
	“十三五”规划（2016-2020年）					1		1	2
云南	“十一五”规划（2006-2010年）	1	1		1	1	2	1	7
	“十二五”规划（2011-2015年）	1	1	1	1		1	2	7
	“十三五”规划（2016-2020年）			1		1	1	1	4

续表

省（自治区、直辖市）	“五年规划”	电气机械及器材制造业	交通运输设备制造业	金属制品业	通用设备制造业	通信设备、计算机及其他电子设备制造业	仪器仪表及文化办公用机械制造业	专用设备制造业	总计
浙江	“十一五”规划（2006-2010年）					1			1
	“十二五”规划（2011-2015年）	2	3	1	2		2	3	13
	“十三五”规划（2016-2020年）							1	1
重庆	“十一五”规划（2006-2010年）	1	2		1	2	1	1	8
	“十二五”规划（2011-2015年）	2	3	1	1		1	2	10
	“十三五”规划（2016-2020年）		1	1		1	1	1	5

（3）多元化经营

多元化经营的数据具有多种可选择的指标，本研究借用曾春华和杨兴全（2012）的方法选择了四个指标，包括多元虚拟变量（Dyh_dum）、行业数目（Dyh_n）、收入熵指数（Dyh_entro）以及赫尔芬德尔指数（Dyh_hhi）。Dyh_dum为多元虚拟变量，行业数目>1，取值为1，否则取值为0；Dyh_n为占主营业务收入10%以上的行业数目；Dyh_entro为收入熵指数$\Sigma p_i \ln(1/p_i)$，p_i为行业i在总收入中所占的比重，该指数越大，多元化程度越高。本研究结合上市公司财务报告中披露的控股子公司的行业情况，首先按照行业二级次类将公司的各项业务收入归类合并，统计经营业务单元数，然后计算各业务单元的主营业务收入所占比例，最后得到的行业数目（Dyh_n）是指某行业的销售收入占主营业务收入10%以上的行业数目，相关财务数据来自CSMAR与CCER数据库，并将主要财务数据中处于0~1%和99%~100%的极端值进行了Winsorize处理，利用Excel和Stata 14.0统计软件进行计量。

（4）盈余管理

本研究借鉴关于盈余管理的相关研究，采用分年度分行业的修正琼斯模型估算值作为盈余管理的代理变量。在做估计前先做数据处理：匹配行业代码、市场类型，剔除已退市的上市公司，剔除上市以前的数据，匹配当年是否ST，制造业使用二级分类、其他行业使用大类，剔除有缺失值的变量，剔除行业观察值小于10的样本。具体模型如下：

$$DA=TA_{it}/A_{i,t-1}-\beta_0/A_{i,t-1}+\beta_1(\triangle REV_{it}-\triangle REC_{it})/A_{i,t-1}+\beta_2 PPE_{it}/A_{i,t-1}+\varepsilon_{it}$$

式中，i表示公司；t表示时间；TA表示公司营业利润减经营性现金流净值的差额；△REV为公司营业收入变动值；△REC为公司应收账款变动值；PPE为公司固定资产净值；$A_{i,t-1}$为公司第t-1年的总资产；ε为回归模型的残差项。根据修正琼斯模型进行分年度与分行业回归，预测的残差即操控性应计利润，作为企业盈余管理的代理变量，记为DA。DA为正数，代表企业进行向上盈余管理的可能性较大，即企业对财务报表进行了业绩美化；DA为负数，代表企业进行向下盈余管理的可能性较大，即企业隐藏了报表利润。变量AbsDA为DA的绝对值，AbsDA值越大，企业进行盈余管理的可能性就越大。

（5）金融化程度

本研究参考肖忠意和林琳（2019）的测算方法，采用当期金融资产占总资产的比重来代表企业金融化程度。为了更接近企业在经营过程中金融化的真实状况，本研究对当期金融资产的界定包括交易性金融资产、衍生金融资产、发放贷款及垫款净额、债权投资净额、其他债权投资净额、其他权益工具投资净额、投资性房地产净额，不考虑企业会计准则中金融资产的货币资金类。具体计算方法为：企业金融化（Fin）=交易性金融资产+衍生金融资产+发放贷款及垫款净额+债权投资净额+其他债权投资净额+其他权益工具投资净额+投资性房地产净额）/资产。

（6）市场化指数

市场化指数是用来测度制度环境的重要指标，本研究选取樊纲《中国市场化指数》一书中2008—2016年数据及市场化的具体得分值，并基于

2015年马连福等发表在《中国工业经济》上的文章所用的方法，推算出2016—2019年包括31个省（自治区、直辖市）在内的市场化指数以及各细分维度的指数。樊纲指数分为政府与市场的关系排序、非国有经济的发展排序、产品市场的发育程度排序、要素市场的发育程度排序、市场中介组织的发育排序、法治环境排序五个细分维度。本研究在采用樊纲指数的基础上，借鉴了马连福等的做法，以历年市场化指数的平均增长幅度作为预测2017—2019年度市场化指数的依据，市场化指数外推至2019年。以2016年的数据代替2017—2019年度市场化指数，进行稳健性检验。其中，制度环境为虚拟变量，当公司所在地区的市场化指数大于当年所有地区市场化指数的均值时，制度环境指标取1，否则取0。

5.1.4 主要变量描述性统计

为了确保结果的有效性，我们消除了奇异值对实证检验的影响，分别删除了装备制造业全要素生产率（lntfp）、区域产业政策（Pcy_1、Pcy_2）、市场开放度（OSEA）、研发投入与研发产出（RD_ratio、RD_1、RD_2）、多元化经营（Dyh_dum、Dyh_n、Dyh_entro、）、盈余管理（DA、AbsDA）、金融化程度（FIN）、资本因素（K_1、K_2、K_3）、对外开放度（OPEN_1、OPEN_2）、地域市场体制（Mar、Gov）、地域制造业发展（Ind_1、Ind_2、Ind_3）、地域经济发展因素（Are_1、Are_2、Are_3、Are_4、Are_5）中缺失的样本，并进行了winsor2双边缩尾处理，对数据中的绝对数进行了对数化处理以避免可能存在的异方差性。经过处理后，主要变量的统计特征见表5-4，标准差为0.0377~179.7，数据波动并不大，无奇异值。结合数据的极差来看，本研究选取的样本满足统计分析的要求。

表5-4　　**主要变量描述性统计**

变量	N	mean	Sd	min	p50	max
lntfp	9210	2.101	0.859	0.337	1.975	4.777
Pcy_1	10245	0.52	0.5	0	1	1
Pcy_2	10245	0.876	0.96	0	1	3
OSEA	10044	0.198	0.231	0	0.109	0.946

续表

变量	N	mean	Sd	min	p50	max
RD_ratio	9305	0.0536	0.0422	0.0002	0.0422	0.277
RD_1	6798	2.954	1.387	0	2.89	7.356
RD_2	6926	2.675	1.374	0	2.639	7.004
Dyh_dum	9500	0.447	0.497	0	0	1
Dyh_n	9500	1.403	0.731	1	1	4
Dyh_entro	9500	0.27	0.419	0	0	1.707
DA	8698	0.0074	0.069	-0.258	0.009	0.287
AbsDA	8698	0.0522	0.0477	0.0005	0.038	0.287
FIN	8193	0.0164	0.0377	0	0.0016	0.289
K_1	6941	14.57	22.08	-65.79	11.93	254.2
K_2	5598	17.27	0.689	14.7	17.34	18.97
K_3	5984	9.128	0.802	5.91	9.219	10.72
OPEN_1	6907	3.757	2.162	0	3.383	16.2
OPEN_2	7566	12.53	1.362	6.924	12.94	14.94
Mar	9605	8.186	1.542	2.81	8.64	10
Gov	6907	14.49	4.907	5.538	13.21	29.2
Ind_1	6824	122.1	179.7	-502.7	78.75	1274
Ind_2	7549	17.11	0.795	14.28	17.28	18.25
Ind_3	7549	3.7	0.47	1.329	3.824	4.445
Are_1	5984	8.46	0.926	5.593	8.566	9.982
Are_2	7560	11.3	0.464	9.335	11.4	12.03
Are_3	5984	0.988	0.104	0.597	0.995	2.583
Are_4	7609	2.959	1.123	0	2.833	4.511
Are_5	7593	14.6	0.89	11.47	14.71	17.76

5.2 企业层面影响因素的实证分析

5.2.1 各影响因素的固定效应及稳健性检验

表5-5逐一列示了企业层面各影响因素分别作为核心解释变量对装备制造业全要素生产率的影响。我们采用年份固定效应，并引入了装备制造企业所在地区的区域差异及企业个体差异两类变量，包括资本、市场开放度、地域市场体制、地域产业发展、地域经济发展因素，以及产权性质、资产负债率、高管持股比例、董事会规模、成长性等作为控制变量。

表5-5 各影响因素变量固定效应实证结果

影响因素	变量	被解释变量：装备制造业全要素生产率					
		(1)	(2)	(3)	(4)	(5)	(6)
区域产业政策	Pcy_1	0.0357 (1.3468)					
	Pcy_2	-0.0109 (-0.7635)					
市场开放度	OSEA		0.1675*** (-3.9923)				
研发投入与研发产出	RD_ratio			-0.7696*** (-7.4790)			
	RD_1			0.0174*** (-2.8978)			
	RD_2			0.0008 (-0.1226)			

续表

影响因素	变量	被解释变量：装备制造业全要素生产率					
		(1)	(2)	(3)	(4)	(5)	(6)
多元化经营	Dyh_dum				-0.0001 (-0.0035)		
	Dyh_n				-0.0304* (-1.7519)		
	Dyh_entro				-0.0805 (-0.8743)		
盈余管理	DA					-0.1220* (-1.9404)	
	AbsDA					0.2134** (-2.4748)	
金融化程度	FIN						0.3111** (-2.1062)
CVs		Yes	Yes	Yes	Yes	Yes	Yes
Year		Yes	Yes	Yes	Yes	Yes	Yes
N		4220	4220	3100	3909	3661	4220
adj.R^2		0.392	0.395	0.433	0.391	0.411	0.393
F		90.4126	93.5565	77.2722	80.3205	84.2462	92.9417

结果显示，列（1）区域产业政策的估计系数不显著。

列（2）市场开放度（OSEA）的估计系数为0.1675，在1%的水平上显著为正（t=-3.9923），说明装备制造企业市场开放度与企业全要素生产率呈正相关关系，海外收入与总营业收入之比每增加1%，装备制造业全要素生产率增加16.75%，支持了假设b1中关于市场开放度的假设。

列（3）研发支出比例（RD_ratio）的估计系数为-0.7696，在1%的水平上显著为负（t=-7.4790），说明装备制造企业研发投入与企业全要素生产率呈负相关关系，研发投入占比每增加1%，装备制造业全要素生产率降低76.96%；企业申请发明的专利对数值（RD_1）的估计系数为0.0174，在1%的水平上显著为正（t=-2.8978），说明装备制造企业专利申请数与企业全要素生产率呈正相关关系，由于这里的变量RD_1为专利申请数的对数值，因此经济学解释为专利申请数每增加1个单位，装备制造业全要素生产率增加1.74。以上结果支持了假设b1中关于研发的假设。可能原因在于中国作为发展中国家，工业发展滞后于发达国家工业文明进程，发展阶段落后于其他经济大国。改革开放发展至今仅四十多年，不少企业在实践中仍面临技术落后和资本短缺的双重压力。为了推进工业化进程，我国将大量资金投向风险高、资本密集度大的技术研发领域，对实施技术赶超的制造企业进行大量补贴和保护，这样便忽略了当时的要素禀赋特征。林毅夫等（2006）曾指出，发展中国家要实现技术创新，无须像发达国家一样完全通过自主研发实现，通过技术引进或模仿也能够实现。盲目追求先进技术，会造成产业结构与技术结构的扭曲，导致大量研发资源浪费。如果研发产出不足以支持技术效率的提升，就会给政府给予更多的补贴压力，资源错配后的市场会进一步阻碍企业TFP的提升。

列（4）多元化经营中行业数目（Dyh_n）的估计系数为-0.0304，在10%的水平上显著为负（t=-1.7519），说明装备制造企业所经营的行业数目与企业全要素生产率呈负相关关系，占主营业务收入10%以上的行业数目每增加1%，装备制造业全要素生产率降低3.04%，支持了假设b1中关于多元化经营的假设。

列（5）盈余管理（DA）的估计系数为-0.1220，在10%的水平上显著为负（t=-1.9404），说明企业盈余管理行为与企业全要素生产率呈负相关关系，装备制造企业每操纵利润1%，装备制造业全要素生产率降低12.20%；盈余管理绝对值（AbsDA）的估计系数为0.2134，在5%的水平上显著为正，这并不代表盈余管理就促进了企业全要素生产率的进步，因为AbsDA代表的是盈余管理绝对值而非实际值，它将向下盈余管理的企业全部转换为向上盈余管理，盈余管理绝对值（AbsDA）对企业全要素生产率的影响估计系数符号与盈余管理（DA）相比发生了变化，可能是企业美化经营业绩带来了全要素生产率报告上的虚假繁荣所致。以上结果支持了预期假设b1中关于盈余管理的假设。研发产出促进了全要素生产率，说明应该鼓励产业创新，在研发上给予政府补贴、税收优惠等多项优惠政策，但研发投入、盈余管理与全要素生产率呈负相关关系，表明在增加企业研发投入的同时存在企业寻租、生产要素错配等问题，在一定程度上"挤出"了企业创新。中国改革进入深水区后，单纯依靠研发投入对提升创新效率的边际效应已经开始递减，中国应该加强供给侧结构性改革，研发资本投入需要从要素驱动转换到效率驱动。

列（6）企业金融化（FIN）的估计系数为0.3111，在5%的水平上显著为正（t=-2.1062），代表企业金融化程度与全要素生产率呈正相关关系，企业金融化程度每增加1%，装备制造业全要素生产率增加31.11%，说明全样本不分区域普遍来看，装备制造企业金融化行为可以促进企业全要素生产率的提升，支持了假设b1中关于金融化的假设。

表5-6一方面是对企业层面区域产业政策为核心解释变量的进一步实证研究，另一方面是对装备制造企业其他各影响因素的稳健性检验。从表5-5中看到，区域产业政策对全要素生产率的影响并不显著，但在表5-6中列（1）、（2）、（3）、（5）均显示出区域产业政策对全要素生产率的正向影响。列（1）为截面OLS，列（2）、（3）为时间序列OLS，列（4）为城市面板OLS，列（5）为城市群与时间的双重固定效应。区域产业政策中"五年规划"是否将该产业列入重点产业的虚拟变量（Pcy_1）对企业全要素生产率的影响估计系数为0.0438，在5%的水平上显著为正（t=-2.4669）。"五年规划"中该产业被鼓励的次数（Pcy_2）对企业全要素生产率的影响估计系数为0.0197，在5%的水平上显著为正（t=-2.0467）。我们还注意到，表5-6中在把所有核心解释变量都加入模型后，核心解释变量中市场开放度（OSEA）的估计系数变得不显著，这与表5-5中OSEA被单独作为核心解释变量时估计系数0.1675在1%的水平上显著形成对比，可以推断区域产业政策与市场开放度对全要素生产率的影响效应存在替代关系，我们进一步对两者关系做出如表5-7所示的实证检验，综合表5-5、表5-6和表5-7来看，产业政策与市场开放均能促进全要素生产率

的提升，但产业政策会对市场开放起到负面影响，最终干扰了市场开放的作用，这也说明区域产业政策“挤出”了市场开放对全要素生产率的积极效应。表5-6中，所有核心因素在列（1）~（5）中的估计系数基本趋于一致。从列（2）~（5）来看，所有系数符号与表5-5一致，在数值上也相差无几，尤其是列（5）与列（2）的结果几乎完全一致，稳健性更强。企业研发投入每增加1%，全要素生产率下降84.52%；研发产出专利申请数每增加1%，全要素生产率增加1.19%；多元化经营行业数目Dyh_n每增加1%，全要素生产率降低5.59%；企业操纵利润每增加1%，全要素生产率降低22.62%；金融化程度每增加1%，全要素生产率增加119.30%，再次支持了假设b1。

表5-6　**各影响因素实证结果的稳健性检验**

影响因素	变量	被解释变量：装备制造业全要素生产率				
		（1）Pcy_1、Pcy_2为核心解释变量	（2）Pcy_1为虚拟变量	（3）Pcy_2为核心解释变量	（4）Pcy_1为虚拟变量的城市面板OLS回归	（5）Pcy_1为虚拟变量的城市群与时间的双重固定效应
区域产业政策	Pcy_1	0.0392*	0.0438**		-0.0025	0.0438**
		(-1.5732)	(-2.4669)		(-0.1626)	(-2.4669)
	Pcy_2	-0.0077		0.0197**		
		(-0.6087)		(-2.0467)		
市场开放度	OSEA		0.0397	0.0384	0.0095	0.0397
			(-0.7665)	(-0.7402)	(-0.2967)	(-0.7665)
研发投入与研发产出	RD_ratio		-0.8452***	-0.8503***	-0.9261***	-0.8452***
			(-7.8374)	(-7.8849)	(-7.0145)	(-7.8374)
	RD_1		0.0119*	0.0120*	0.0166*	0.0119*
			(-1.8085)	(-1.8126)	(-1.8572)	(-1.8085)
	RD_2		-0.0014	-0.0012	0.0095	-0.0014
			(-0.1962)	(-0.1786)	(-1.0482)	(-0.1962)

续表

影响因素	变量	被解释变量：装备制造业全要素生产率				
		（1）Pcy_1、Pcy_2为核心解释变量	（2）Pcy_1为虚拟变量	（3）Pcy_2为核心解释变量	（4）Pcy_1为虚拟变量的城市面板OLS回归	（5）Pcy_1为虚拟变量的城市群与时间的双重固定效应
多元化经营	Dyh_dum		-0.0135	-0.0146	-0.0534***	-0.0135
			(-0.6850)	(-0.7422)	(-2.6100)	(-0.6850)
	Dyh_n		-0.0559***	-0.0565***	-0.026	-0.0559***
			(-2.9956)	(-3.0303)	(-1.0666)	(-2.9956)
	Dyh_entro		-0.3013***	-0.2912***	-0.1427	-0.3013***
			(-2.8550)	(-2.7583)	(-1.3458)	(-2.8550)
盈余管理	DA		-0.2262***	-0.2231***	-0.7736***	-0.2262***
			(-3.1138)	(-3.0711)	(-7.6747)	(-3.1138)
	AbsDA		0.3650***	0.3613***	0.6903***	0.3650***
			(-3.7579)	(-3.7190)	(-4.9924)	(-3.7579)
金融化程度	FIN		0.1356	0.1251	1.1930***	0.1356
			(-0.7300)	(-0.6734)	(-6.1629)	(-0.7300)
CVs		Yes	Yes	Yes	Yes	Yes
Year		No	Yes	Yes	Yes	Yes
城市		No	No	No	Yes	No
城市群		No	No	No	No	Yes
N		4220	4220	3100	3909	3661
adj.R^2		0.4995	0.3950	0.4330	0.3910	0.4110
F			93.5565	77.2722	80.3205	84.2462

表5-7 市场开放度与区域产业政策关系的实证检验

解释变量	被解释变量：海外业务收入占营业总收入的比例
是否为重点规划产业	-0.0439*** (-8.7956)
_Icity_2	-0.0725*** (-11.2455)
_Icity_3	-0.1574*** (-18.0690)
_Icity_4	-0.0904*** (-8.3884)
_Icity_5	-0.1539*** (-16.0180)
_Icity_6	-0.1263*** (-10.3814)
_Icity_7	-0.0709*** (-5.9418)
_Icity_8	-0.1635*** (-11.0591)
_Icity_9	-0.2118*** (-16.9416)
_Icity_10	-0.1339*** (-8.2577)
_Icity_11	-0.2135*** (-12.5220)
_Icity_12	-0.2441*** (-8.7803)

续表

解释变量	被解释变量：海外业务收入占营业总收入的比例
_Icity_13	-0.2239*** (-7.6967)
_Icity_14	-0.1004*** (-2.7210)
_Icity_15	-0.1651*** (-4.9660)
_Icity_16	-0.2642*** (-5.9405)
_cons	0.2731*** (19.1388)
Year	Yes
N	10044
adj.R^2	0.082
F	32.0391

5.2.2　对产业政策的进一步实证分析

在前文的各影响因素与全要素生产率效应检验的基础上，分析区域产业政策的影响机制。为检验各影响因素通过产业政策作用于企业的微观影响渠道，我们根据企业是否享受了区域产业政策，将样本分为“五年规划”中的重点产业与非重点产业两组，继而分别估计不同产业政策工具对全要素生产率的影响，双重差分的平行趋势检验结果见表5-8。研发投入抑制了企业全要素生产率的提升，对于“五年规划”中的重点产业而言，研发投入的抑制作用更强。我国装备制造企业相当大一部分研发投入并没有带来实际生产效率的改变。政府出台了各种政策鼓励企业研发，既有直接的政府补贴，也有税收优惠的减免，企业难免有为享受税收减免将研发支出扩大化计入费用或为争取到政府补贴而盲目研发的问题。对于“五年规划”中的非重点产业而言，市场开放更能发挥促进全要素生产率提升的作用，估计系数为0.1862，在5%的水平上显著，可能原因在于海外市场与产业政策存在替代关系，未进入“五年规划”的非重点企业，对海外市场越开放，全要素生产率越高。多元化经营对企业全要素生产率产生了抑制作用，在非重点产业中Dyh_n估计系数为-0.1157，在重点产业中Dyh_entro估计系数为-0.4038。盈余管理对不在“五年规划”中提及的产业全要素生产率产生了负面影响，DA估计系数为-0.4752，在1%的水平上显著，可能原因在于没有享受区域重点产业政策的企业有可能通过操纵利润获得表外业绩的增长。金融化程度普遍促进了装备制造业全要素生产率的提升。

表5-8　　**区域产业政策的双重差分检验**

影响因素	变量	(1) 全样本	(2)“五年规划”中的重点产业	(3)“五年规划”中的非重点产业
市场开放度	OSEA	0.0413 (-0.7956)	0.0084 (-0.1063)	0.1862** (-2.4683)
研发投入与研发产出	RD_ratio	-0.8570*** (-7.9438)	-2.4999*** (-8.7280)	-0.6641*** (-5.3477)
	RD_1	0.0120* (-1.8155)	0.0109 (-1.2292)	0.0141 (-1.3109)
	RD_2	-0.0012 (-0.1693)	0.0036 -0.3916	-0.0009 (-0.0756)
多元化经营	Dyh_dum	-0.0154 (-0.7830)	0.003 (-0.1192)	0.0085 (-0.2403)
	Dyh_n	-0.0575*** (-3.0833)	-0.0049 (-0.1968)	-0.1157*** (-3.5389)
	Dyh_entro	-0.2946*** (-2.7882)	-0.4038*** (-2.8832)	-0.3063 (-1.6215)

续表

影响因素	变量	(1) 全样本	(2)“五年规划”中 的重点产业	(3)“五年规划”中 的非重点产业
盈余管理	DA	-0.2191***	0.0267	-0.4752***
		(-3.0137)	(-0.2771)	(-4.0433)
	AbsDA	0.3602***	0.3922***	0.1408
		(-3.7045)	(-2.9651)	(-0.9114)
金融化程度	FIN	0.1329*	0.1086*	0.2133*
		(-0.7145)	(-0.4410)	(-0.7047)
CVs		Yes	Yes	Yes
Year		Yes	Yes	Yes
N		2 531	1 332	1 199
adj.R^2		0.432	0.351	0.451
F		53.4936	23.2176	30.6136

为解决样本选择偏误的问题，这里采用倾向得分匹配法（propensity score matching，PSM）进行稳健性测试。检验步骤如下：①以lntfp为被解释变量，以是否为地方重点支持的产业（Pcy_1）、产权性质（STATE）、固定资产投资增长率（K_1）、ln固定资产投资总额（K_2）、ln资本存量（K_3）、外资使用比重（OPEN_1）、ln外商实际投资额（OPEN_2）、市场化指数（Mar）、政府规模（Gov）、第二产业的发展质量（Ind_1）、ln第二产业生产总值（Ind_2）、第二产业占生产总值的比重（Ind_3）、ln实际生产总值（Are_1）、ln人均生产总值（Are_2）、区域全要素生产率（Are_3）、ln高等学校数（Are_4）、ln国际互联网用户数量（Are_5）为解释变量，以年份虚拟变量为特征变量，进行logit回归，并计算倾向得分值（propensity score，PS）。②检验匹配效果。表5-9-A是采用最近邻匹配（1∶1）进行匹配的结果，可以看出，各变量在匹配后处理组和控制组之间均不存在显著的差异。表5-9-B的结果显示，在匹配后各变量已无法对Pcy_1（是否为地方重点支持的产业）做出显著的解释力（LR chi2=

25.07，p=0.294），未报告的核密度函数图显示匹配后处理组和控制组PS值分布基本吻合。综合以上结果，可以认为匹配效果较好。③得到匹配后的样本回归结果。根据倾向得分值，采用最近邻匹配进行匹配的样本回归中，表5-9-C中lntfp的估计系数仍在1%的水平上显著为正，列（1）是否为地方重点支持的产业（Pcy_1）估计系数为0.1573，在1%的水平上显著为正，且在列（3）Pcy_1估计系数上升至0.2105，在1%的水平上显著为正；列（2）产权性质（STATE）估计系数为0.8391，在1%的水平上显著为正，且在列（3）STATE估计系数上升至0.8395，微弱上升，在1%的水平上显著为正。也就是说，地方重点产业政策与国有企业产权性质在对全要素生产率的促进作用方面体现出耦合效应。

表5-9-A　　PSM匹配效果的检验

<table>
<tr><th rowspan="2">Variable</th><th>Unmatched</th><th colspan="2">Mean</th><th colspan="2">%reduct</th><th colspan="2">t-test</th><th rowspan="2">V（T）/V（C）</th></tr>
<tr><th>Matched</th><th>Treated</th><th>Control</th><th>%bias</th><th>|bias|</th><th>t</th><th>p>t</th></tr>
<tr><td rowspan="2">固定资产投资增长率</td><td>U</td><td>15.91</td><td>14.344</td><td>6.9</td><td></td><td>2.33</td><td>0.02</td><td>2.24*</td></tr>
<tr><td>M</td><td>15.675</td><td>15.122</td><td>2.4</td><td>64.7</td><td>0.82</td><td>0.41</td><td>1.32*</td></tr>
<tr><td rowspan="2">ln固定资产投资总额</td><td>U</td><td>17.195</td><td>17.222</td><td>-3.5</td><td></td><td>-1.2</td><td>0.231</td><td>0.92*</td></tr>
<tr><td>M</td><td>17.197</td><td>17.261</td><td>-8.5</td><td>-139.8</td><td>-3.01</td><td>0.003</td><td>1.09*</td></tr>
<tr><td rowspan="2">ln资本存量</td><td>U</td><td>9.0183</td><td>9.0893</td><td>-8.1</td><td></td><td>-2.76</td><td>0.006</td><td>0.90*</td></tr>
<tr><td>M</td><td>9.0215</td><td>9.1027</td><td>-9.3</td><td>-14.3</td><td>-3.32</td><td>0.001</td><td>1.10*</td></tr>
<tr><td rowspan="2">对外开放度</td><td>U</td><td>3.999</td><td>3.5561</td><td>19.1</td><td></td><td>6.45</td><td>0</td><td>1.77*</td></tr>
<tr><td>M</td><td>3.9536</td><td>3.9893</td><td>-1.5</td><td>91.9</td><td>-0.51</td><td>0.609</td><td>1.20*</td></tr>
<tr><td rowspan="2">ln外商实际投资额</td><td>U</td><td>12.391</td><td>12.489</td><td>-6.6</td><td></td><td>-2.25</td><td>0.024</td><td>0.95</td></tr>
<tr><td>M</td><td>12.396</td><td>12.492</td><td>-6.5</td><td>2.9</td><td>-2.27</td><td>0.023</td><td>1.07</td></tr>
<tr><td rowspan="2">市场化指数</td><td>U</td><td>7.9416</td><td>8.0348</td><td>-5.7</td><td></td><td>-1.94</td><td>0.052</td><td>1.02</td></tr>
<tr><td>M</td><td>7.9463</td><td>8.0542</td><td>-6.6</td><td>-15.7</td><td>-2.29</td><td>0.022</td><td>1.10*</td></tr>
<tr><td rowspan="2">政府规模</td><td>U</td><td>14.19</td><td>14.83</td><td>-12.9</td><td></td><td>-4.37</td><td>0</td><td>0.95</td></tr>
<tr><td>M</td><td>14.187</td><td>14.171</td><td>0.3</td><td>97.5</td><td>0.11</td><td>0.91</td><td>1.05</td></tr>
</table>

续表

Variable	Unmatched	Mean		%reduct		t-test		V (T) / V (C)
	Matched	Treated	Control	%bias	|bias|	t	p>t	
第二产业的发展质量	U	146.88	125.23	10.3		3.48	0.001	1.62*
	M	147.44	135.85	5.5	46.4	1.72	0.086	0.98
ln第二产业生产总值	U	17.022	17.087	-7.6		-2.58	0.01	0.79*
	M	17.024	17.086	-7.3	4.2	-2.67	0.008	1.05
第二产业占生产总值的比重	U	45.82	41.868	29.9		10.12	0	1.34*
	M	45.498	45.162	2.5	91.5	0.96	0.335	0.99
ln实际生产总值	U	8.3098	8.4772	-17.2		-5.82	0	0.92*
	M	8.3166	8.4038	-9	47.9	-3.19	0.001	1.09*
ln人均生产总值	U	11.206	11.283	-15.5		-5.26	0	0.79*
	M	11.208	11.235	-5.6	64.2	-2.03	0.042	1.04
区域全要素生产率	U	0.9857	0.98948	-3.2		-1.07	0.284	1.61*
	M	0.98551	0.98726	-1.5	53.7	-0.44	0.657	0.97
ln高等学校数	U	2.9141	3.0294	-10.1		-3.41	0.001	1.06
	M	2.9196	2.9786	-5.2	48.8	-1.73	0.084	1
ln国际互联网用户数量	U	14.443	14.651	-21.6		-7.33	0	0.97
	M	14.451	14.533	-8.6	60.2	-3.04	0.002	1.13*

表5-9-B **PSM匹配效果的检验**

Sample	Ps R2	LR chi2	p>chi2	MeanBias	MedBias	B	R	%Var
Unmatched	0.106	671.25	0.000	15	15.5	79.0*	0.79	67
Matched	0.004	25.07	0.294	4.2	3.7	14.7	1.22	47

表5-9-C　　**PSM匹配后基本回归结果**

变量	(1) lntfp	(2) lntfp	(3) lntfp
是否为地方重点支持的产业	0.1573*** (3.1183)		0.2105*** (4.5639)
STATE		0.8391*** (23.6734)	0.8395*** (23.7745)
ln固定资产投资总额	−0.2144** (−2.1882)	−0.3181*** (−3.5500)	−0.3172*** (−3.5533)
ln资本存量	0.1838 (1.4799)	0.1660 (1.4637)	0.1642 (1.4530)
对外开放度	−0.0276** (−2.4764)	−0.0290*** (−2.8712)	−0.0284*** (−2.8236)
ln外商实际投资额	0.1247*** (3.3518)	0.1067*** (3.1752)	0.1039*** (3.1029)
市场化指数	−0.0143 (−0.8419)	0.0629*** (3.9621)	0.0615*** (3.8899)
政府规模	0.0059 (1.2868)	0.0045 (1.0745)	0.0041 (0.9750)
第二产业的发展质量	0.0000 (0.4159)	0.0001 (0.6793)	0.0001 (0.6992)
ln第二产业生产总值	−0.1515* (−1.8077)	−0.1485* (−1.9363)	−0.1612** (−2.1096)
第二产业占生产总值的比重	0.0072** (2.2119)	0.0094*** (3.1626)	0.0098*** (3.3116)
ln实际生产总值	−0.0487 (−0.5504)	−0.0063 (−0.0788)	0.0001 (0.0010)

续表

变量	(1) lntfp	(2) lntfp	(3) lntfp
ln人均生产总值	0.0799	0.1379**	0.1266**
	(1.1713)	(2.2093)	(2.0343)
区域全要素生产率	0.0919	0.1323	0.1210
	(0.6831)	(1.0204)	(0.9368)
ln高等学校数	0.0714**	0.0615**	0.0630**
	(2.2044)	(2.0766)	(2.1350)
ln国际互联网用户数量	0.0876**	0.1162***	0.1164***
	(1.9768)	(2.8569)	(2.8729)
_cons	2.8187**	2.6080**	2.7793**
	(2.0144)	(2.0410)	(2.1824)
Year	Yes	Yes	Yes
N	2 706	2 624	2 624
adj.R^2	0.027	0.202	0.208
F	4.4309	31.0959	30.8763

5.2.3 对研发投入、企业金融化的进一步实证分析

在上述实证检验中，研发投入与全要素生产率负相关，而不少研究认为研发投入能够促进高技术产业生产效率的提升（余泳泽，2012；逯红梅，2014）；关于企业金融化，学者们研究认为金融化会对实体企业主营业务造成冲击（谢家智等，2014），并抑制研发投入（王红建等，2017）。

为了进一步研究其对装备制造业全要素生产率的影响机制，本研究将企业金融化、研发投入分别做了滞后期检验，我们发现尽管研发投入对装备制造业全要素生产率当期产生了负面效应，但在滞后期产生了正面效应。表5-10列（1）中研发支出比例（RD_ratio）滞后一期对全要素生产率影响的估计系数为2.8147，在1%的水平上显著为正，滞后二期对全要

素生产率影响的估计系数为1.1125，列（2）加入控制变量及列（3）均显示出了在滞后期对全要素生产率正向效应的稳健性。这充分说明了研发投入在提升装备制造业全要素生产率方面的重要作用。在金融化对全要素生产率的检验中，尽管当期表现出了正向效应，列（5）与列（6）在当期的实证结果与上述关于金融化效应的结论基本一致，估计系数为0.8867，在1%的水平上显著为正，但是列（4）中金融化滞后三期对全要素生产率影响的估计系数为-0.6675，在5%的水平上显著为负，说明从长期来看，金融化将对全要素生产率产生负面影响。

表5-10　**企业金融化、研发投入对全要素生产率滞后期检验**

变量	（1）GMM	（2）GMM	（3）GMM	（4）GMM	（5）OLS	（6）OLS
	被解释变量：lntfp					
RD_ratio	-2.5497***	-3.1051***	-3.4067***			
	(-3.2829)	(-4.9639)	(-4.9713)			
L.RD_ratio	2.8147***	1.1903*	2.9605***			
	(3.4789)	(1.8360)	(4.7742)			
L2.RD_ratio	1.1125**	0.0389	0.6510*			
	(2.2457)	(0.0771)	(1.7042)			
L3.RD_ratio	0.0597	0.739				
	(0.1311)	(1.4305)				
FIN				-0.4568	2.4526***	0.8867***
				(-1.1707)	(5.6035)	(4.5785)
L.FIN				0.1138		
				(0.2019)		
L2.FIN				-0.2377		
				(-0.6345)		
L3.FIN				-0.6675**		
				(-2.0834)		

续表

变量	（1）GMM	（2）GMM	（3）GMM	（4）GMM	（5）OLS	（6）OLS
	被解释变量：lntfp					
CVs	No	Yes	No	Yes	No	Yes
Year	Yes	Yes	Yes	Yes	Yes	Yes
N	925	795	1 357	795	2 686	2 531
adj.R^2					0.011	0.831
F					31.3987	734.0760

金融化与研发投入在企业中往往共同存在，且二者均需要资本投入。装备制造业是制造业技术创新的母体，又属于资本密集型产业，二者矛盾较其他产业更为突出。与此同时，装备制造业作为制造业的核心，在推动我国经济发展方面发挥着关键作用，由此对两者之间的关系作进一步分析，发现其与企业金融化动机有关。关于实体企业金融化的意图及其对企业创新行为影响的研究中，不少文献反思了金融化的负向调控作用。Demir（2009）认为，资本套利动机下的金融化不利于企业的长期可持续发展。Pablo和Ortiz（2014）认为，金融化对短期收益的追求限制了企业内部其他生产经营部门的发展。本部分将短期逐利（GP）作为中介变量，并运用当期营业毛利率对其进行衡量。中介效应的模型建立、检验程序和上文类似，此处不再赘述。

表5-11列（1）中，FIN的估计系数为-1.1621，在1%的水平上显著为负。列（2）考察了解释变量FIN对中介变量GP的影响，FIN的估计系数为-0.0800，在5%的水平上显著为负，代表装备制造企业的金融化行为与当期盈利水平显著负相关，说明装备制造业金融化的动机并非短期逐利，金融化意图极有可能是可持续发展。列（3）同时纳入解释变量（FIN）和中介变量（GP），FIN的估计系数在1%的水平上显著为负，且FIN的估计系数的绝对值有所下降（绝对值代表影响程度，负号代表负相关），说明装备制造企业走可持续发展之路的意图缓解了金融化行为对研发投入的负面冲击；GP的估计系数在1%的水平上显著为正，说明当期业绩的改善能激励企业加大创新投入。本研究还加入了制造业对照组，研究

发现，与装备制造业不同的是，制造业金融化促进了短期逐利行为。列（5）中FIN的估计系数为0.0816，在1%的水平上显著为正，那么制造业金融化是有短期逐利动机的。列（6）中金融化（FIN）和中介变量（GP）对研发投入的影响系数均在1%的水平上显著，FIN的估计系数的绝对值有所上升，即加入中介变量（GP）后金融化对制造业研发投入的负面影响增大，这与加入GP后金融化对装备制造业研发投入的负面影响减小的结果相反。根据实证结果来看，对于装备制造业而言，企业参与长期的金融资产配置活动缩小了企业研发资金的缺口，从而在一定程度上“反哺”其创新过程中可能遭遇的资金短缺的情况；对于制造业而言，企业的金融化行为提高了短期盈利水平，短期逐利意图的金融化行为加大了对研发投入的负面冲击。可以推测，相对而言，装备制造业金融化会更多地考虑产业结构转型动机，金融化持续成长动机多过投机意图，而一般的制造业套利动机比装备制造业更明显。

表5-11　　短期逐利动机作为中介变量的回归结果

变量	装备制造业			制造业		
	（1） lnR&D	（2） GP	（3） lnR&D	（4） lnR&D	（5） GP	（6） lnR&D
FIN	−1.1621*** （−4.9921）	−0.0800** （−2.2297）	−1.0971*** （−4.7471）	−1.1873*** （−6.1998）	0.0816*** （2.8372）	−1.2261*** （−6.4155）
GP			0.8135*** （8.7643）			0.4747*** （7.0047）
CVs	Yes	Yes	Yes	Yes	Yes	Yes
Industry	Yes	Yes	Yes	Yes	Yes	Yes
Year	Yes	Yes	Yes	Yes	Yes	Yes
N	4 835	4 835	4 835	9 619	9 619	9 619
adj.R^2	0.742	0.379	0.746	0.558	0.307	0.560
F	695.4569	148.4379	676.4285	506.2072	178.2745	490.3562

注：t statistics in parentheses.*p < 0.1，** p < 0.05，***p < 0.01.

企业金融化与研发投入两者之间的关系还与产权性质有关。国有企业更容易享受到国家政策优惠，也就更有可能会出现企业金融化对研发投入的负面冲击问题。值得一提的是，这里并不是说企业金融化一定是负面的，企业金融化与过度金融化并不能画等号，企业金融化也有诸多益处，比如它能够在一定程度上缓解融资约束，促进企业发展，但这里只是研究企业金融化对研发投入的影响。研究发现，金融化对研发投入产生了负面影响，尤其是国有企业更明显，结果报告见表5-12。国有企业拥有政府这层保护“屏障”，受到的资金约束控制相对较少，更容易享受到国家政策优惠，由此会通过政策寻租来获得研发资金，便无须通过在金融领域的投资获利来补充研发投入。政府与银行之间的密切联系也使得国有企业不至于因为投资失败而出现资金困难，最终政府会发挥家长式保护角色，以填充国有企业失败的沉没成本。本研究按照产权性质进行了截面数据分析，列（2）国有企业FIN的估计系数约为-1.6545，且在1%的水平上显著，较列（1）全样本系数绝对值变大；列（3）非国有企业FIN的估计系数为-0.9711，且在1%的水平上显著，较列（1）全样本系数绝对值变小，即相比于非国有企业，国有企业金融化对研发投入的“挤出”作用更强烈。

表5-12 **金融化、产权性质、研发投入**

变量	(1) All Sample	(2) STATE=1	(3) STATE=0
FIN	-1.0840*** (-4.6704)	-1.6545*** (-3.3838)	-0.9711*** (-3.6991)
STATE	0.0908*** (3.3485)		
CVs	Yes	Yes	Yes
Industry	Yes	Yes	Yes
Year	Yes	Yes	Yes
N	4 835	1 172	3 663
adj.R^2	0.745	0.776	0.689
F	673.5937	204.3692	406.9076

注：t statistics in parentheses.* $p < 0.1$，**$p < 0.05$，*** $p < 0.01$.

国有企业有政府作为“后盾”，创新资金渠道有政府与银行。相较于非国有企业，国有企业更为“舒适”。在此环境下，国有企业中拥有金融背景的CEO没有利用金融化缓冲创新资金压力的需求，因而不会将金融获利用于研发投入，所以，国有企业中拥有金融背景的CEO对研发投入产生的负面影响更为强烈，即国有企业中拥有金融背景的CEO比非国有企业中拥有金融背景的CEO对研发投入的抑制作用更明显。为了检验上述假说，本研究按照产权性质进行了截面数据分析，结果报告见表5-13。列（2）国有企业中CEOFIN的估计系数为-0.4209，且在5%的水平上显著，较列（1）全样本CEOFIN的估计系数绝对值明显变大；列（3）非国有企业中CEOFIN的估计系数为-0.1590，且在1%的水平上显著，较全样本CEOFIN的估计系数绝对值变小，即相比于非国有企业，国有企业中拥有金融背景的CEO对研发投入的抑制作用更强。

表5-13　**金融背景、产权性质、研发投入**

变量	(1) All Sample	(2) STATE=1	(3) STATE=0
CEOFIN	-0.1670*** (-2.9074)	-0.4209** (-2.4678)	-0.1590*** (-2.6504)
STATE	0.0617** (2.2702)		
CVs	Yes	Yes	Yes
Industry	Yes	Yes	Yes
Year	Yes	Yes	Yes
N	4835	1172	3663
adj.R^2	0.741	0.777	0.689
F	692.2709	204.4742	407.1881

注：t statistics in parentheses.*$p < 0.1$，**$p < 0.05$，***$p < 0.01$.

由于科研成果在产出上具备很大的不确定性，因此企业管理者会在创新与模仿之间权衡利弊，即便是具备科技背景的CEO也可能会在企业自行研发与采购核心零部件之间进行心理博弈。虽然研发投入有风险，但是我国需要自主创新，在此形势下，政府在研发投入上会对国有企业在人力资源与资金上给予多方面支持。国有企业CEO面对政府“保护”和公众“期望”，为回馈社会与政府，可能更关注社会关系、生产质量管理等而非研发投入，即便是国有企业拥有科技背景的CEO也不例外。与政治关联相对疏离的非国有企业CEO则有所不同，非国有企业拥有科技背景的CEO一方面依靠自身技术实力走到了CEO岗位，对自己的成长经历充满自信，形成科技成长“烙印”，另一方面，为了给自身创造对今后更有利的职业生涯发展，往往比国有企业的CEO对研发投入的力度更大。为检验这些假说，本部分按照产权性质进行截面数据分析，结果报告见表5-14。列（2）显示国有企业中拥有科技背景的CEO与研发投入之间的关系并不显著，列（3）非国有企业中拥有科技背景的CEO促进了研发投入，CEOTECH的估计系数为0.0441，且在10%的水平上显著，即相比于非国有企业，国有企业拥有科技背景的CEO并未促进研发投入。

表5-14　　　　**科技背景、产权性质、研发投入**

变量	（1）	（2）	（3）
	All Sample	STATE=1	STATE=0
CEOTECH	0.0353***	0.0002	0.0441*
	（3.1605）	（0.0043）	（1.8678）
STATE	0.0548**		
	（2.0084）		
CVs	Yes	Yes	Yes
Industry	Yes	Yes	Yes
Year	Yes	Yes	Yes
N	4835	1172	3663
adj.R^2	0.741	0.775	0.689
F	692.5680	203.0951	406.6171

注：t statistics in parentheses.*p < 0.1，**p < 0.05，***p < 0.01.

5.3 区域层面影响因素的实证分析

5.3.1 区域异质性视角下装备制造企业的影响因素

为了分区域了解中国装备制造业全要素生产率的影响因素，本研究将16个城市群分组做各核心因素的实证检验，见表5-15。因川渝、中原、辽中南哈长、关中、天山北坡、兰西、北部湾、黔中、呼包鄂、太原城市群、滇中地区企业样本数不足，本研究将区域相邻的城市群合并起来分成7组做各影响因素的实证检验。列（1）至列（7）分别展示了粤港澳大湾区，长三角，京津冀、呼包鄂，山东半岛、辽中南哈长，长江中游、中原、太原城市群，海峡西岸、北部湾，川渝、关中、天山北坡、兰西、黔中、滇中七个区域全要素生产率影响因素的实证结果。区域产业政策能够促进粤港澳大湾区和山东半岛、辽中南哈长装备制造业全要素生产率的提升：粤港澳大湾区Pcy_1的估计系数为0.1182，在10%的水平上显著为正（t=-1.6564）；山东半岛、辽中南哈长Pcy_1的估计系数为0.1252，在10%的水平上显著为正（t=-1.7652），可能是因为振兴东北老工业基地、发展"蓝色经济带"等区域产业政策对装备制造业全要素生产率产生了积极影响。企业海外市场份额（OSEA）每增加1%，粤港澳大湾区装备制造业全要素生产率增加21.56%，长三角装备制造业全要素生产率降低12.10%，京津冀、呼包鄂装备制造业全要素生产率降低27.19%，山东半岛、辽中南哈长装备制造业全要素生产率降低74.32%，其余城市群不显著。研发支出比例（RD_ratio）每增加1%，粤港澳大湾区装备制造业全要素生产率降低98.45%，长三角装备制造业全要素生产率降低184.02%，京津冀、呼包鄂装备制造业全要素生产率降低172.56%，山东半岛、辽中南哈长装备制造业全要素生产率降低457.33%，长江中游、中原、太原城市群装备制造业全要素生产率降低167.64%，川渝、关中、天山北坡、兰西、黔中、滇中装备制造业全要素生产率降低56.75%。因为研发产出是对数值变量，所以专利申请数量每增加1个单位，长三角装备制造业全要素生产率增加0.0354个单位，川渝、关中、天山北坡、兰西、黔中、滇中装备制造业全要素生产率增加0.0819个单位。值得注意的是，山东半岛、辽中南哈长的研发支出对装备制造业全要素生产率的负向影响是最大的，但该影响并不显著，进一步说明这些城市群的研发并未转换成提高生产率的成果，研发支出又对装备制造企业造成了负面的消耗。多元虚拟变量（Dyh_dum）对京津冀、呼包鄂装备制造业全要素生产率的负向影响系数为0.1379，对山东半岛、辽中南哈长装备制造业全要素生产率的负向影响系数为0.1832。占主营业务收入10%以上的行业数目（Dyh_n）每增加1%，粤港澳大湾区装备制造业全要素生产率降低8.35%。收入熵指数（Dyh_entro）每增加1个单位，长江中游、中原、太原城市群装备制造业全要素生产率降低1.8435个单位。盈余管理对一些地区造成了负面影响，对粤港澳大湾区装备制造业全要素生产率的影响系数为-0.6271，对长三角装备制造业全要素生产率的影响系数为-0.7253，对京津冀、呼包鄂装备制造业全要素生产率的影响系数为-0.6579，对长江中游、中原、太原城市群装备制造业全要素生产率的影响系数为-0.6239，对海峡西岸、北部湾装备制造业全要素生产率的影响系数为-1.3838。企业金融化对一些地区产生了积极效应，对粤港澳大湾区装备制造业全要素生产率的影响系数为1.7230，对长三角装备制造业全要素生产率的影响系数为0.5946，对京津冀、呼包鄂装备制造业全要素生产率的影响系数为3.5008，对山东半岛、辽中南哈长装备制造业全要素生产率的影响系数为1.1570，对海峡西岸、北部湾装备制造业全要素生产率的影响系数为1.8580，对川渝、关中、天山北坡、兰西、黔中、滇中装备制造业全要素生产率的影响系数为5.6182。可以看到，川渝、关中、天山北坡、兰西、黔中、滇中这些西部地区企业金融化对全要素生产率的提升效果远大于粤港澳大湾区、长三角这些经济高度发达的城市群，原因可能在于我国西部一些欠发达地区的金融化程度不高，而金融化能促进全样本企业全要素生产率提升的观点在上文中已经得到证实，这些地区未达到金融化的饱和点，对金融化的投入与利用对全要素生产率的促进还未达到收敛点，由此出现了金融化对金融欠发达地区的装备制造业全要素生产率促进效果更明显的现象。

表5-15　　各城市群影响因素的实证检验

变量	(1) 粤港澳大湾区	(2) 长三角	(3) 京津冀、呼包鄂	(4) 山东半岛、辽中南哈长	(5) 长江中游、中原、太原城市群	(6) 海峡西岸、北部湾	(7) 川渝、关中、天山北坡、兰西、黔中、滇中
Pcy_1	0.1182*	-0.0508	-0.0698	0.1252*	-0.1222	0.1021	-0.0225
	(-1.6564)	(-1.1824)	(-0.6831)	(-1.7652)	(-1.3993)	(-0.9462)	(-0.2817)
OSEA	0.2156***	-0.1210**	-0.2719*	-0.7432***	0.1091	0.2426	-0.0781
	(-3.8923)	(-2.4525)	(-1.7011)	(-5.1172)	(-0.5995)	(-1.6625)	(-0.4247)
RD_ratio	-0.9845**	-1.8402***	-1.7256***	-4.5733***	-1.6764**	-0.9202	-0.5675***
	(-2.3098)	(-4.0474)	(-4.8332)	(-4.0218)	(-2.2733)	(-1.1358)	(-3.0785)
RD_1	-0.0037	0.0354**	-0.036	0.0146	0.0116	-0.0305	0.0819**
	(-0.2041)	(-2.3958)	(-1.3219)	(-0.5700)	(-0.3972)	(-0.7545)	(-2.5017)
RD_2	0.0178	0.0139	-0.0006	0.0178	-0.0182	0.0084	-0.0020
	(-0.9639)	(-0.9253)	(-0.0211)	(-0.6212)	(-0.6372)	(-0.2362)	(-0.0612)
Dyh_dum	-0.0526	-0.0088	-0.1379*	-0.1832**	0.0066	-0.1636	-0.0628
	(-1.2800)	(-0.2865)	(-1.8644)	(-2.4341)	(-0.0968)	(-1.3550)	(-0.7375)
Dyh_n	-0.0835*	-0.0111	0.0078	-0.1154	0.0304	0.122	0.0812
	(-1.7130)	(-0.2689)	(-0.1165)	(-1.0383)	(-0.3953)	(-0.8829)	(-0.9664)
Dyh_entro	-0.0731	-0.1054	0.3463	0.1193	-1.8435***	-0.9444	-0.1937
	(-0.3673)	(-0.6161)	(-1.0401)	(-0.2184)	(-4.3798)	(-1.3496)	(-0.4246)
DA	-0.6271***	-0.7253***	-0.6579*	0.3199	-0.6239**	-1.3838***	-0.1493
	(-3.4680)	(-4.3456)	(-1.8754)	(-0.8614)	(-2.2076)	(-2.9876)	(-0.3015)
AbsDA	0.5282**	0.3547	1.4845***	-0.2187	1.3698***	1.7748***	-0.2005
	(-2.0041)	(-1.579)	(-3.2072)	(-0.4571)	(-3.5697)	(-2.958)	(-0.2917)
FIN	1.7230***	0.5946**	3.5008***	1.1570**	0.7931	1.8580***	5.6182***
	(-4.6158)	(-2.1978)	(-4.0713)	(-2.0336)	(-0.9444)	(-2.9365)	(-3.8328)

续表

变量	(1) 粤港澳 大湾区	(2) 长三角	(3) 京津冀、 呼包鄂	(4) 山东半岛、 辽中南哈长	(5) 长江中游、 中原、太原 城市群	(6) 海峡西岸、 北部湾	(7) 川渝、关中、 天山北坡、兰西、 黔中、滇中
K_1	-0.0028 (-1.2078)	-0.0005 (-0.9466)	0.0014 (-1.1075)	0.0001 (-0.1046)	0.0009 (-0.5334)	0.0003 (-0.2696)	-0.0017 (-1.4708)
K_2	-0.0309 (-0.1269)	0.1123 (-0.9507)	-0.165 (-0.2914)	-0.1176 (-1.2856)	-0.6130** (-2.2404)	0.3465 (-1.3466)	0.1707 (-0.7251)
K_3	-0.0639 (-0.1731)	0.0216 (-0.1179)	0.1405 (-0.2118)	-0.7077*** (-3.6307)	0.6789** (-2.2884)	-0.0619 (-0.1624)	-0.5569 (-1.5816)
OPEN_1	-0.002 (-0.0987)	-0.0235 (-1.5785)	0.0061 (-0.1158)	0.0136 (-1.5002)	-0.0182 (-0.8171)	-0.2413*** (-3.2288)	0.0419 (-1.3466)
OPEN_2	-0.0471 (-0.5650)	0.0244 (-0.4668)	-0.0729 (-0.2783)	-0.0611 (-1.4943)	0.1165 (-1.5562)	0.3061*** (-3.6006)	0.1932*** (-3.4383)
Mar	0.0108 (-0.1962)	0.0294 (-1.0563)	-0.1055 (-1.1087)	0.2157*** (-3.5171)	0.1172 (-1.614)	-0.1203* (-1.7646)	-0.1047* (-1.9541)
Gov	-0.0052 (-0.5989)	0.0058 (-1.2948)	-0.0024 (-0.1056)	-0.0001 (-0.0208)	0.0034 (-0.4257)	0.0055 (-0.3845)	0.0214*** (-2.7687)
Ind_1	0 (-0.2460)	0.0001 (-1.1158)	-0.0001 (-0.6393)	-0.0001 (-1.0386)	0 (-0.0683)	0 (-0.0030)	-0.0003 (-1.3978)
Ind_2	0.0524 (-0.8069)	0.0303 (-0.5499)	1.2093 (-0.7875)	0.2144* (-1.6565)	-0.1866 (-0.7025)	-0.5617** (-2.0699)	-0.5026 (-1.1470)
Ind_3	-0.0045 (-1.5653)	-0.0076* (-1.9426)	-0.0352 (-0.8854)	0.0226*** (-2.9206)	0.0017 (-0.5503)	0.0030 (-1.3355)	0.0171 (-1.2953)
Are_1	-0.0771 (-0.8371)	-0.2132* (-1.9240)	-0.6491 (-0.4804)	0.7831*** (-3.2352)	-0.0273 (-0.1800)	0.3676 (-1.5537)	0.4204 (-1.3654)
Are_2	0.2983*** (-2.6200)	0.0879 (-1.2880)	-0.1177 (-0.3974)	-0.4092*** (-3.0865)	0.3422** (-1.9784)	0.3101 (-1.2277)	-0.2163 (-1.2356)

续表

变量	(1) 粤港澳大湾区	(2) 长三角	(3) 京津冀、呼包鄂	(4) 山东半岛、辽中南哈长	(5) 长江中游、中原、太原城市群	(6) 海峡西岸、北部湾	(7) 川渝、关中、天山北坡、兰西、黔中、滇中
Are_3	0.0092	-0.1152	-0.6858	-0.0908	-0.3509	-0.2967	0.0869
	(-0.1260)	(-0.6700)	(-0.7175)	(-0.2623)	(-1.1281)	(-1.5844)	(-0.2727)
Are_4	-0.0568**	0.0393	-0.1641	0.1876***	-0.0248	-0.2141	-0.1448
	(-2.2095)	(-0.9503)	(-1.1178)	(-3.4605)	(-0.5038)	(-1.6186)	(-1.2046)
Are_5	0.0113	0.0339	0.0002	-0.0134	-0.0191	0.0735	0.1515**
	(-0.1272)	(-0.9903)	(-0.0026)	(-0.2394)	(-0.1662)	(-0.6330)	(-2.1067)
STATE	0.0060	0.0969***	-0.0698	0.0557	0.0734	-0.1231	0.1573*
	(-0.1254)	(-2.7782)	(-0.9857)	(-0.7341)	(-0.9120)	(-0.9319)	(-1.6853)
LEV	0.9033***	0.3689***	0.1882	0.4409**	0.6483***	0.6183*	0.7619***
	(-8.6606)	(-4.5839)	(-1.1566)	(-2.5836)	(-3.2719)	(-1.9235)	(-3.3152)
SR	-0.0413	-0.1086*	-0.0661	-0.6110***	-0.0616	-0.3360*	0.0075
	(-0.5812)	(-1.7864)	(-0.4381)	(-3.8834)	(-0.3655)	(-1.8477)	(-0.0364)
BOARD	0.1007	-0.0892	-0.1189	-0.2635*	0.0271	0.1785	-0.2916
	(-1.5141)	(-1.2091)	(-0.7808)	(-1.6650)	(-0.1989)	(-0.6769)	(-1.4651)
GROWTH	0.0001	0.0328***	0.0435***	-0.0192	-0.0004	0.0232	-0.008
	(-0.0132)	(-4.0611)	(-3.0671)	(-1.0879)	(-0.0230)	(-0.8305)	(-0.2678)
GP	-0.6803***	-1.7248***	-1.5749***	-0.3306	-1.7690***	-1.6572***	-1.4140***
	(-3.9758)	(-11.5100)	(-5.6918)	(-0.9919)	(-5.6692)	(-3.6249)	(-3.7562)
AS	1.7158***	1.5762***	1.3110***	0.6928***	1.6272***	1.2756***	1.8102***
	(-17.0523)	(-18.5004)	(-6.8847)	(-3.8853)	(-6.4549)	(-4.8713)	(-7.9678)
SIZE	0.5047***	0.5270***	0.6076***	0.5244***	0.4364***	0.5954***	0.4134***
	(-24.0547)	(-29.9403)	(-19.5437)	(-13.5603)	(-10.9881)	(-7.3883)	(-8.0416)

续表

变量	(1) 粤港澳 大湾区	(2) 长三角	(3) 京津冀、 呼包鄂	(4) 山东半岛、 辽中南哈长	(5) 长江中游、 中原、太原 城市群	(6) 海峡西岸、 北部湾	(7) 川渝、关中、 天山北坡、兰西、 黔中、滇中
SEX	0.1902***	0.0510	-0.0503	0.0837	0.1244	-0.0250	-0.1254
	(-3.6976)	(-1.0501)	(-0.4451)	(-0.5778)	(-0.7944)	(-0.1363)	(-0.3849)
AGE	0.0062**	0.0015	-0.0044	-0.0131***	-0.0073*	-0.0007	-0.0035
	(-2.5136)	(-0.8552)	(-0.8835)	(-2.9480)	(-1.7058)	(-0.1227)	(-0.5683)
OVERSEA	-0.0036	0.0011	0.1765*	0.0061	-0.0791	-0.0636	-0.3382*
	(-0.0855)	(-0.0263)	(-1.9208)	(-0.0818)	(-0.8891)	(-0.6916)	(-1.7152)
CEOPC	-0.0760*	-0.0073	-0.0691	0.1377**	0.1331*	0.1143	0.0856
	(-1.8838)	(-0.2452)	(-0.9193)	(-1.9945)	(-1.7816)	(-0.9940)	(-0.7675)
CEOCW	-0.0705	-0.0668	0.1002	0.6712***	-0.1775	-0.3028*	0.0818
	(-1.1557)	(-1.4500)	(-0.9060)	(-5.5868)	(-1.5637)	(-1.9087)	(-0.6528)
AGE	-0.0006	0.0026	0.0003	-0.0021	0.0171***	-0.002	0.0089
	(-0.2641)	(-1.0998)	(-0.0400)	(-0.2888)	(-2.7363)	(-0.2636)	(-1.0544)
ROA	2.9322***	4.0232***	1.7241***	3.9387***	4.5970***	4.8497***	5.8679***
	(-7.8805)	(-14.4003)	(-3.5042)	(-6.2802)	(-7.6056)	(-6.2409)	(-7.2738)
BOTH	-0.0209	-0.0337	0.0525	0.0524	0.0527	0.0827	-0.1330*
	(-0.6707)	(-1.2364)	(-0.7101)	(-0.7814)	(-0.8056)	(-0.9546)	(-1.7420)
_cons	-12.3061***	-12.7476***	-19.6795*	-7.1983***	-2.9004	-15.3343***	-2.7079
	(-4.2381)	(-8.5168)	(-1.7307)	(-4.2926)	(-0.8733)	(-2.8263)	(-0.6717)
Industry	Yes	Yes	Yes	Yes	Yes	Yes	Yes
Year	Yes	Yes	Yes	Yes	Yes	Yes	Yes
N	597	826	324	250	228	131	175
adj.R^2	0.883	0.885	0.866	0.907	0.913	0.927	0.897
F	80.9974	112.1241	37.646	43.7985	43.6387	30.8449	27.697

5.3.2 区域差异视角下装备制造企业的影响因素

为了了解中国各城市群装备制造业全要素生产率差异的影响因素，本研究以装备制造企业所在地区的区域差异作为核心解释变量，以各城市群装备制造业全要素生产率作为被解释变量，研究中国装备制造业区域差异的影响因素，实证结果见表5-16。列（1）至列（5）分别展示了资本因素、对外开放度、地域市场体制、地域产业发展、地域经济发展五个区域差异类因素对各区域装备制造业全要素生产率的影响，其中被解释变量全要素生产率以装备制造企业销售收入为权重进行计量。列（1）显示资本因素可以促进区域装备制造业全要素生产率的提升，固定资产投资增长率（K_1）的估计系数为0.0019，在10%的水平上显著为正（t=-1.9138），资本存量对数值（K_3）的估计系数为1.3632，在10%的水平上显著为正（t=-1.6772）；列（2）显示对外开放度可以促进区域装备制造业全要素生产率的提升，外资使用比重（OPEN_1）的估计系数为0.0483，在1%的水平上显著为正（t=-5.9540），外商实际投资额对数值（OPEN_2）的估计系数为0.2278，在10%的水平上显著为正（t=-1.7020）；列（3）中市场化指数代表的市场体制环境的估计系数为0.0339（t=-11.4704），在1%的水平上显著，政府规模是指政府公共财政支出占该地区生产总值的比重，估计系数为-0.0134，在1%的水平上显著；列（4）中各地区制造业发展因素对装备制造业全要素生产率的提高起到促进作用，ln第二产业生产总值（Ind_2）的估计系数为0.4779，第二产业占生产总值的比重（Ind_3）的估计系数为0.0043；地域服务业的发展对装备制造业全要素生产率的提升效果更为明显，ln第三产业生产总值（Ind_f2）的估计系数为1.3429，第三产业的发展质量（Ind_f1）的估计系数为0.0007，均高于第二产业的影响系数；列（5）地域经济发展因素中，所处区域全要素生产率（Are_3）对区域装备制造业全要素生产率的提升有促进作用，估计系数为0.2091，在1%的水平上显著。以上检验支持了假设b2。

本研究采用了樊纲等（2017）计算的市场化指数来衡量制度环境。本研究将制度环境分别与资本因素（K_1、K_3）、对外开放度（OPEN_1、OPEN_2）进行交乘，结果见表5-17。交乘项的系数在1%的水平上显著

表5-16 **各城市群装备制造业全要素生产率因素的检验结果**

区域影响因素	解释变量	变量符号	被解释变量：各区域装备制造业全要素生产率（按销售收入的加权值）lntfp_sales				
			(1)	(2)	(3)	(4)	(5)
资本因素	固定资产投资增长率	K_1	0.0019* (-1.9138)				
	ln固定资产投资总额	K_2	-0.5038 (-0.5882)				
	ln资本存量	K_3	1.3632* (-1.6772)				
对外开放度	外资使用比重	OPEN_1		0.0483*** (-5.9540)			
	ln外商实际投资额	OPEN_2		0.2278* (-1.7020)			
地域市场体制	市场化指数	Mar			0.0339*** (-11.4704)		
	政府规模	Gov			-0.0134*** (-4.3106)		
地域制造业的发展	第二产业的发展质量	Ind_1				-0.0001 (-0.6103)	
	ln第二产业生产总值	Ind_2				0.4779** (-2.2391)	
	第二产业占生产总值的比重	Ind_3				0.0043*** (-3.4878)	
地域服务业的发展	第三产业的发展质量	Ind_f1				0.0007*** (-5.0988)	
	ln第三产业生产总值	Ind_f2				1.3429** (-2.3432)	
	第三产业占生产总值的比重	Ind_f3				0.0022* (-1.7853)	

续表

区域影响因素	解释变量	变量符号	被解释变量：各区域装备制造业全要素生产率（按销售收入的加权值）lntfp_sales				
			（1）	（2）	（3）	（4）	（5）
地域经济发展因素	ln实际生产总值	Are_1					0.4063 （-0.7659）
	ln人均生产总值	Are_2					-0.2599 （-0.5202）
	区域全要素生产率	Are_3					0.2091*** （-4.4580）
	ln高等学校数	Are_4					-0.3791 （-1.3239）
	ln国际互联网用户数量	Are_5					0.2871 （-0.8554）
_cons			-3.1889 （-0.4079）	-3.8206** （-2.4440）	1.3152*** -2.7048	-9.0399*** （-2.6362）	-4.0632 （-0.8463）
Year			Yes	Yes	Yes	Yes	Yes
N			176	192	160	192	176
adj.R^2			0.334	0.446	0.649	0.413	0.445
F			7.7592	12.8484	27.7637	10.6111	10.3574

为正。资本因素对装备制造业全要素生产率的促进效应会受到市场体制环境影响，在不加入市场体制因素的情况下，固定资产投资增长率（K_1）和ln资本存量（K_3）的估计系数分别为0.0019和1.3632，且在10%的水平上显著，而在加入市场体制因素后，固定资产投资增长率（K_1）的估计系数变为负数，ln资本存量（K_3）的估计系数变得不显著，表明市场体制因素在对各城市群装备制造业全要素生产率的影响上削弱资本的作用。对于对外开放度来说，市场体制因素起到了相反的作用，在不加入市场体制因素的情况下，ln外商实际投资额（OPEN_2）的估计系

数为0.2278，且在10%的水平上显著，而在加入市场体制因素后，ln外商实际投资额（OPEN_2）的估计系数变为0.3995，且在1%的水平上显著，较原系数变大。检验结果表明，市场制度环境在资本因素、对外开放与全要素生产率之间起到了调节作用，削弱了资本的作用，加强了对外开放的作用。

表5-17　　**市场化指数与资本因素、对外开放的交互影响**

变量	(1)	(2)	(3)	(4)	(5)	(6)
	被解释变量：各区域装备制造业全要素生产率（按销售收入的加权值）lntfp_sales					
Mar	0.0213***	0.0239***				
	(9.4891)	(7.0571)				
K_1	-0.0019**					
	(-2.0294)					
K_3	0.2536					
	(1.5141)					
OPEN_1		-0.0214				
		(-1.5608)				
OPEN_2		0.3995***				
		(3.0901)				
Mar*K_1			0.0000**			
			(2.2005)			
Mar*K_3				0.0018***		
				(14.9594)		
Mar*OPEN_1					0.0002***	
					(14.0046)	
Mar*OPEN_2						0.0016***
						(14.8979)

续表

变量	(1)	(2)	(3)	(4)	(5)	(6)
	被解释变量：各区域装备制造业全要素生产率（按销售收入的加权值）lntfp_sales					
_cons	-1.9943	-5.5625***	1.4401**	0.5932	0.9276**	1.2747**
	(-1.1606)	(-3.6403)	(2.0477)	(1.4736)	(1.9783)	(2.2340)
Year	Yes	Yes	Yes	Yes	Yes	Yes
N	144	160	160	144	160	175
adj.R^2	0.622	0.627	0.047	0.630	0.575	0.588
F	22.3473	23.2603	1.7857	28.0577	22.5327	23.6072

我国企业有民营、国有、外资、混合所有制等多种产权性质。一般来说，民营企业越多，经济越活跃。不少研究证实，不同所有制类型企业的全要素生产率差异较大，而国有企业表现最差。我国A股上市1 162家装备制造企业中，国有企业占比20.22%，我们将16个城市群的国有企业数量占比从高到低排列，依次为：滇中100.00%，黔中80.00%，关中72.22%，呼包鄂66.67%，太原城市群50.00%，辽中南哈长36.84%，京津冀36.11%，中原33.33%，山东半岛30.51%，川渝29.79%，长江中游28.05%，天山北坡、兰西25.00%，北部湾16.67%，海峡西岸15.09%，粤港澳大湾区11.91%，长三角11.76%。可以看到，粤港澳大湾区和长三角国有企业占比最低，而且本书上一章关于各城市群装备制造业全要素生产率的计算中已将粤港澳大湾区和长三角划分为装备制造业发展的第一梯队，即装备制造业最为发达的地区，因此初步认为，国有企业占比越大，对装备制造业全要素生产率的提高越不利。为了进一步检验产权性质对全要素生产率的机制效应，我们将各个城市群国有企业数量STATE作为核心解释变量来展开研究，结果见表5-18。列（1）与列（2）为各区域装备制造业按销售收入加权的全要素生产率，STATE对各城市群装备制造业全要素生产率产生了抑制作用。列（1）中的估计系数为-0.0845，在1%的水平上显著为负（t=-4.2013）；列（2）中的估计系数为

-0.0764，在1%的水平上显著为负（t=-3.8985）。列（3）与列（4）为各区域装备制造业按员工人数加权的全要素生产率。列（3）中的估计系数为-0.0453，在5%的水平上显著为负（t=-2.1509）；列（4）中的估计系数为-0.0444，在5%的水平上显著为负（t=-2.0332）。列（3）与列（4）一方面通过替代变量检验了产权性质负面效应的稳健性，另一方面显示出国有企业对各区域装备制造业销售产值的抑制作用比对就业的抑制作用更明显，说明国有企业在通过提高资源配置效率来全面提高全要素生产率方面还需要提升销售业绩，并且装备制造企业还需要扩充就业岗位。

表5-18　　**产权性质对区域装备制造业全要素生产率的影响**

变量	（1） lntfp_sales	（2） lntfp_sales	（3） lntfp_emp	（4） lntfp_emp
STATE	-0.0845*** （-4.2013）	-0.0764*** （-3.8985）	-0.0453** （-2.1509）	-0.0444** （-2.0332）
Pcy_2	-0.0026 （-0.8481）	-0.0015 （-0.5236）	-0.0036 （-1.1315）	-0.0064* （-1.9164）
OSEA	-0.0189 （-0.7189）	-0.0314 （-1.1256）	0.0241 （0.8041）	0.0390 （1.3675）
RD_ratio	0.0032 （0.0440）	0.0361 （0.4691）	0.1677** （2.0316）	0.1524* （1.9017）
RD_1	0.0557 （1.0352）	0.1229** （2.3178）	0.1135* （1.9922）	0.0349 （0.5979）
RD_2	-0.0250 （-0.5051）	-0.0866* （-1.7888）	-0.0936* （-1.7998）	-0.0298 （-0.5545）
Dyh_dum	0.0339* （1.6808）	0.0319 （1.5083）	0.0150 （0.6608）	0.0192 （0.8790）
Dyh_n	-0.0460** （-2.4761）	-0.0381* （-1.9457）	-0.0228 （-1.0814）	-0.0363* （-1.7995）

续表

变量	(1) lntfp_sales	(2) lntfp_sales	(3) lntfp_emp	(4) lntfp_emp
Dyh_entro	0.0130	0.0014	−0.0188	−0.0036
	(0.3124)	(0.0330)	(−0.4015)	(−0.0791)
Dyh_hhi	0.0340	0.0322	0.0046	0.0095
	(1.2143)	(1.0804)	(0.1433)	(0.3122)
DA	0.2942***	0.2582***	0.2267**	0.2272***
	(3.8049)	(3.2539)	(2.6599)	(2.7058)
AbsDA	−0.3593***	−0.3805***	−0.3746**	−0.3705***
	(−2.8474)	(−2.8222)	(−2.5860)	(−2.7044)
FIN	−0.1965	−0.1736	−0.3265*	−0.3091*
	(−1.1577)	(−1.0188)	(−1.7840)	(−1.6775)
K_1	−0.0000	−0.0000	0.0001	0.0001
	(−0.0940)	(−0.0297)	(0.7745)	(0.5628)
K_2	−0.0156	0.2265	0.1314	−0.0958
	(−0.1081)	(1.6158)	(0.8723)	(−0.6129)
K_3	0.5854**	−0.1583	−0.1017	0.5941**
	(2.3325)	(−1.0162)	(−0.6080)	(2.1804)
OPEN_1	0.0078**	0.0099***	0.0089**	0.0071**
	(2.4075)	(2.9027)	(2.4185)	(2.0176)
OPEN_2	0.0250	−0.0602	−0.0716	−0.0074
	(0.4096)	(−1.0370)	(−1.1477)	(−0.1118)
Are_1	−0.3650	0.1981	0.3405	−0.1465
	(−1.1888)	(0.7678)	(1.2286)	(−0.4396)
Ind_2	−0.2296	−0.0832	−0.2478	−0.4107
	(−0.9630)	(−0.3401)	(−0.9427)	(−1.5865)

续表

变量	(1) lntfp_sales	(2) lntfp_sales	(3) lntfp_emp	(4) lntfp_emp
Ind_3	−0.0006 (−0.6002)	−0.0013 (−1.3135)	−0.0004 (−0.3767)	0.0005 (0.4736)
Are_2	0.4706*** (3.5665)	0.1535 (1.5747)	0.1721 (1.6433)	0.4715*** (3.2909)
Mar	0.0116*** (3.0166)	0.0081** (2.0841)	0.0055 (1.3207)	0.0106** (2.5382)
Gov	0.0007 (0.7505)	0.0009 (1.0227)	0.0007 (0.6944)	0.0001 (0.1067)
Ind_1	0.0000 (0.1198)	−0.0000 (−0.1570)	−0.0000 (−0.4004)	−0.0000 (−0.1072)
Are_3	−0.2826*** (−4.4285)	−0.1710*** (−2.7714)	−0.1787*** (−2.6956)	−0.3049*** (−4.4016)
Are_4	0.1038 (1.3565)	−0.0015 (−0.0192)	0.0278 (0.3381)	0.1164 (1.4014)
Are_5	0.0224 (0.3590)	0.0254 (0.3939)	0.0436 (0.6302)	0.0500 (0.7373)
LEV	−0.0687** (−2.0359)	−0.0915*** (−2.7703)	−0.1216*** (−3.4292)	−0.0811** (−2.2143)
SR	−0.0947*** (−2.8539)	−0.1061*** (−3.0957)	−0.1221*** (−3.3153)	−0.1144*** (−3.1740)
BOARD	0.0043 (0.1930)	0.0040 (0.1790)	−0.0170 (−0.6999)	−0.0230 (−0.9537)
GROWTH	0.0024 (1.3280)	0.0030* (1.8558)	0.0016 (0.9154)	0.0007 (0.3457)

续表

变量	(1) lntfp_sales	(2) lntfp_sales	(3) lntfp_emp	(4) lntfp_emp
GP	-0.1738* (-1.6819)	-0.1154 (-1.1017)	-0.0398 (-0.3536)	-0.0625 (-0.5570)
AS	0.0617 (1.0317)	0.0409 (0.6446)	0.0546 (0.8012)	0.0893 (1.3758)
SIZE	0.0096*** (2.9706)	0.0114*** (3.3299)	0.0131*** (3.5397)	0.0107*** (3.0632)
AGE	-0.0014* (-1.8927)	-0.0016* (-1.9439)	-0.0023*** (-2.7140)	-0.0024*** (-2.9037)
OVERSEA	-0.0789* (-1.9762)	-0.0867** (-2.0424)	-0.0463 (-1.0143)	-0.0426 (-0.9823)
CEOPC	-0.0711*** (-3.6618)	-0.0815*** (-4.1603)	-0.0716*** (-3.4026)	-0.0626*** (-2.9688)
CEOCW	0.0134 (0.4455)	0.0309 (1.0018)	0.0644* (1.9473)	0.0428 (1.3136)
AGE	0.0010 (0.6072)	-0.0014 (-0.8267)	-0.0001 (-0.0476)	0.0030 (1.6212)
ROA	0.0139* (1.6959)	0.0159* (1.8883)	0.0082 (0.9108)	0.0056 (0.6340)
BOTH	0.0018 (0.0918)	-0.0021 (-0.0997)	0.0262 (1.1712)	0.0319 (1.4700)
_cons	-3.9019** (-2.2028)	-3.9411** (-2.1652)	-1.5702 (-0.8030)	-1.3344 (-0.6939)
City	Yes	No	Yes	No

续表

变量	(1) lntfp_sales	(2) lntfp_sales	(3) lntfp_emp	(4) lntfp_emp
Year	Yes	No	Yes	No
N	100	100	100	100
adj.R^2	0.965	0.959	0.970	0.974
F	56.0755	55.8007	77.0754	75.6960

表5-16已经初步检验出第三产业对装备制造业全要素生产率的提升效果较为明显，甚至略大于第二产业的影响系数。为了进一步了解我国服务业对装备制造业的影响，我们将表5-18中第二产业的发展变量替换成第三产业的发展变量，其余核心变量不变，以各区域装备制造业按销售收入加权的全要素生产率（lntfp_sales）与按员工人数加权的全要素生产率（lntfp_emp）作为被解释变量，进行第三产业影响效果的稳健性检验，结果见表5-19。列（1）中销售收入加权下城市群全要素生产率估计系数为1.3429，列（2）中员工人数加权下城市群全要素生产率估计系数高达2.7865，足以看出第三产业产值对装备制造业全要素生产率的区域差距影响甚大。

表5-19　**第三产业对区域装备制造业全要素生产率影响的进一步拓展分析**

变量	(1) lntfp_sales	(2) lntfp_emp	(3) lntfp_emp	(4) lntfp_sales	(5) lntfp_emp
Ind_f2	1.3429** (-2.3432)	2.7865*** (-4.7761)	-0.1216 (-0.6139)	0.9909*** -4.9589	1.1506*** -4.9945
Ind_f3	-0.0005 (-0.4390)	0.0022* (-1.7853)	-0.0007 (-1.4997)	-0.0002 (-0.7095)	-0.0006 (-1.4367)
Ind_f1	-0.0001* (-1.9355)	-0.0001*** (-3.5367)	0.0001** (-2.4584)	0 (-0.5597)	0 (-0.2673)
_cons	-29.1628*** (-2.6621)	-53.9186*** (-4.8348)	1.3420 (-0.4946)	-16.5481*** (-5.0534)	-17.5036*** (-4.6362)

续表

变量	(1) lntfp_sales	(2) lntfp_emp	(3) lntfp_emp	(4) lntfp_sales	(5) lntfp_emp
CVs	Yes	Yes	Yes	Yes	Yes
City	Yes	Yes	No	No	Yes
Year	Yes	Yes	No	Yes	No
N	138	138	86	86	86
adj.R^2	0.983	0.972	0.979	0.942	0.953
F	189.717	115.0779	102.1553	40.4844	50.5103

5.4 小结

本章采用了工具变量、倾向得分匹配法降低内生性，并使用替换变量法、改变计量方法对各核心影响因素做稳健性检验。地方产业政策对装备制造业全要素生产率的影响是复杂的，地方重点支持的产业、“五年规划”中提及的次数均能对装备制造业全要素生产率产生正面影响，但区域产业政策在一定程度上“挤出”了市场开放度对全要素生产率的正向效应。

5.4.1 企业层面全要素生产率的影响因素

（1）区域产业政策、市场开放度与装备制造业全要素生产率呈正相关关系，海外市场份额越大，企业全要素生产率越大；研发投入与企业全要素生产率呈负相关关系，产出与企业全要素生产率呈正相关关系；装备制造企业所经营的行业数目与企业全要素生产率呈负相关关系；企业盈余管理行为与企业全要素生产率呈负相关关系；金融化程度与企业全要素生产率呈正相关关系，企业金融化行为促进了企业全要素生产率的提升。

（2）各核心解释变量对装备制造业全要素生产率的影响存在交互关系。区域产业政策与市场开放度对全要素生产率的影响效应存在替代关系，产业政策会对市场开放起到负面影响，“挤出”了市场开放对全要素生产率的积极效应。对于地方重点支持的产业而言，研发投入的抑制作用更强；不属于“五年规划”中的企业，对海外市场越开放，全要素生产率越高，进一步验证了海外市场与产业政策之间存在替代关系；多元化经营对全要素生产率的抑制作用在享受区域产业政策的企业中更明显；盈余管理对不享受区域产业政策的企业有负面影响。区域产业政策与国有企业产权性质对全要素生产率的促进作用体现出了耦合效应。

5.4.2 城市群异质性视角下全要素生产率的影响因素

各城市群装备制造企业的影响因素存在区域异质性。区域产业政策与粤港澳大湾区和山东半岛、辽中南哈长这两个区域装备制造业全要素生产率呈正相关关系。企业市场开放度与粤港澳大湾区的装备制造业全要素生产率呈正相关关系，与长三角、京津冀、呼包鄂、山东半岛、辽中南哈长的装备制造业全要素生产率呈负相关关系。研发支出与绝大多数城市群装备制造业全要素生产率都表现出负相关关系。研发产出与长三角、川渝、关中、天山北坡、兰西、黔中、滇中装备制造业全要素生产率呈正相关关系。其中，山东半岛、辽中南哈长等城市群的装备制造企业的研发投入并未转换成提高生产率的成果，与此同时，研发支出又对它们造成了负面的消耗。多元化经营与京津冀、呼包鄂、山东半岛、辽中南哈长、粤港澳大湾区、长江中游、中原、太原城市群装备制造业全要素生产率呈负相关关系。盈余管理与粤港澳大湾区、长三角、京津冀、呼包鄂、长江中游、中原、太原城市群、海峡西岸、北部湾装备制造业全要素生产率呈负相关关系。企业金融化与绝大多数城市群装备制造业全要素生产率呈正相关关系，正向估计系数从高到低的城市群排序为：川渝、关中、天山北坡、兰西、黔中、滇中（5.6182），京津冀、呼包鄂（3.5008），海峡西岸、北部湾（1.8580），粤港澳大湾区（1.7230），山东半岛、辽中南哈长（1.1570），长三角（0.5946）。金融化作为装备制造企业投入的生产要素之一，在粤港澳大湾区、长三角等经济发达地区，如我国主要的金融中心上海与深圳，对装备制造企业的推动作用极有可能已经达到收敛点，而关中、天山北坡、兰西、黔中、滇中等西部地区金融相对落后，金融化投入对这些地区的装备制造业全要素生产率的促进作用还处于上升阶段，由此出现了金融化对金融欠发达地区的装备制造业全要素生产率促进效果更明显的现象。

5.4.3 城市群间差距视角下全要素生产率的影响因素

资本因素、对外开放度、地域市场体制、地域产业发展、地域经济发展均会拉大装备制造业全要素生产率区域间的差异。资本因素、对外开放度、良好的市场体制环境可以促进区域装备制造业全要素生产率的提升。政府公共财政支出占地区生产总值的比重与区域装备制造业全要素生产率呈负相关关系。当地制造业生产总值占比、当地整体全要素生产率与区域装备制造业全要素生产率呈正相关关系。市场体制环境会削弱资本对区域全要素生产率的促进作用，会强化对外开放对区域全要素生产率的促进作用。企业产权性质不同，也会造成区域全要素生产率的差异。所在地区国有企业占比越大，装备制造业全要素生产率越低。我国粤港澳大湾区和长三角经济圈国有企业占比最低，同时也是装备制造业最为发达的城市群；而滇中、黔中、呼包鄂、太原城市群、辽中南哈长的国有企业占比较高，却是装备制造业发展相对落后的城市群。

6 全要素生产率视角下我国装备制造业升级路径研究

在第3章的现状部分，我们对我国各个区域装备制造业全要素生产率进行了测算；在第5章中，我们对各个区域的全要素生产率影响因素进行了实证分析。也就是说，在产业的区域差异部分，上文已经从全要素生产率的测度与影响因素两个方向进行了研究。第4章中，我们验证了全要素生产率对推动产业经济发展和提升产业在全球价值链中的位置方面都存在一定的贡献。而且在前文的文献综述中我们也提到产业升级与全要素生产率是息息相关的。简而言之，要实现产业升级，其重要渠道就是提高全要素生产率。这些研究便成为该部分产业升级的铺垫。本章建立在前文研究的基础上，进一步研究我国装备制造产业升级路径，旨在通过研究全要素生产率推动各地域产业发展、提高全球价值链地位。

6.1 基于TFP测度视角下的产业“双循环”升级路径

6.1.1 区域“内循环”式的产业升级

本研究基于世界新地缘经济与政治，本着中国构建更加开放的国内国际双循环的发展理念，提出“欲外开，先内联，内外双联双循环，国内循环为主、国际循环为辅”的思路，该部分对内循环的发展战略进行思考，下一部分提出外循环的发展战略。

（1）产业梯度与协调合作

区域经济一体化战略提高了制造业合理化水平，但降低了制造业高级化水平，而梯度效应的形成促进了产业优势新格局的形成，并产生了新的梯度效应，于是，区域间产业转移与合作成为经济圈发展的首选。首先，国内循环具备价值链分工的条件；其次，根据产业转移与梯度理论，实现产业有序转移与转型，进一步优化各城市群的装备制造业布局，是促进城市群之间协调发展的重要一环。当前，第一梯队是中国技术发展水平及生活成本最高的装备制造城市群，粤港澳大湾区、长三角的装备制造企业积累了较为扎实的高端制造业实力，可以突破国际顶尖研发技术，因市场体制发展健全、“工业互联网+”等电子通信服务业发达，可以定位在价值链的研发设计与售后服务两端，因生活成本极高，已不适宜开展劳动密集型生产环节；第二梯队相对来说比第一梯队在劳动成本方面更有优势，一方面承接了第一梯队生产制造、产品检测、封装等人工环节，另一方面减少了第一梯队外包订单流向东南亚带来的低成本恶性竞争；第三、四梯队大多为中西部地区，西部地区距离国内发达经济带较为偏远，但有可能在某些细分产业上有效承接国内产业的梯度分工，这样一来，国内各个区块的比较优势就会发挥至最大。当某个区域某个产业某个环节的全要素生产率水平提升时，将会促发国内整个价值环齿轮式联动，最终促进我国装备制造业整体水平的提升。

第一梯队应以率先实现现代化为目标，围绕产业转型升级和创新驱动型高质量发展，通过全要素生产率从高到低梯度式产业转移战略，实施“腾笼换鸟”。考察期内，第一梯队城市群通过转向生产性服务业，实现了产业转移与产业转型的双赢。未来，粤港澳大湾区城市群应以打造全球性科技创新中心为目标，吸引和发展高附加值战略性新兴制造业、装备制造服务业。长三角城市群因优势产业仍然十分密集，可进一步集聚发展大量优势产业，同时可通过实施积极的产业政策、土地政策以及财政、税收、金融、生态环保等政策措施共建产业园区，促进简单加工产业、劳动密集型产业和以内需为主的资金、技术密集型产业向第二梯队城市群转移，同时向生产性服务业和外向型资金、技术密集型产业发展。

第二梯队应发挥各自原有装备制造业比较优势，以打造优势产业集群、推进产业结构优化为目标和导向，通过提升产业配套能力，积极接好第一梯队转移的产业接力棒。长江中游城市群可能得益于距离长三角及粤港澳大湾区较近的优势，企业数量呈现增加趋势，产业结构也明显改善，应发挥东部沿海地区和中西部地区过渡带的区域优势，同时通过保持通用、专用设备制造业的突出优势，进一步加强电气机械及器材制造业、仪器仪表机械制造业的比较优势，培育装配加工、产业配套的能力。

第三梯队应有重点、有目标地承接并发展装备制造业优势产业，打造特色金属制品业、电气机械及器材制造业的集群优势。巩固能源开采、矿石采掘机械业优势，延长产业链，提高价值链地位。重点引进高层次人才，还应加大承接劳动密集型轻纺工业以及技术密集型装备制造业的力度。同时，开发新疆地区太阳能潜能，挖掘本地清洁资源优势，从多晶硅、单晶硅、硅片、太阳能电池组件到光伏电站，形成完整的光伏产业链。

（2）多元化发展与专业化分工

产业集聚模式应结合城市规模因城施策。就大城市而言，可以在现有生产链的基础上进行扩展，实施多元化发展；就中小城市和小城市而言，需要打造优势产业，利用研发集聚促进规模经济创新，再推动互补产业与优势产业的融合。

从上一部分各城市群装备制造业细分行业特点来看，长三角、粤港澳大湾区、京津冀、长江中游、川渝这些城市群在七大子产业上都有相对充足的产能以及较高的全要素生产率水平，应构建多元化产业体系，打造世界级装备制造城市群。这些城市群除了拥有全面发展优势外，也强于其他城市群的专长，在这些专长领域可以加强研发，集中精力突破尖端科技，做全国乃至世界的“头雁”。粤港澳大湾区在电气机械及器材制造业与通信设备、计算机电子设备制造业方面有着全国最强的产能与效率优势。

海峡西岸、辽中南哈长、山东半岛、天山北坡、兰西、中原城市群在装备制造产业发展全面性上不如长三角、粤港澳大湾区、京津冀、长江中游、川渝这些城市群，在3~5个产业上有全要素生产率优势，但不具备装备制造业多元化发展的条件，可以在巩固已有子产业优势的同时扶持弱势产业，做到多元化与专业化并济。海峡西岸在电气机械及器材制造业、交通运输设备制造业、通信设备、计算机及其他电子设备制造业方面的全要素生产率较高，辽中南哈长在交通运输设备制造业、金属制品业方面的全要素生产率较高，山东半岛在电气机械及器材制造业、交通运输设备制造业、通信设备、计算机及其他电子设备制造业方面的全要素生产率较高，天山北坡在金属制品业、电气机械及器材制造业方面的全要素生产率较高，中原在电气机械及器材制造业、交通运输设备制造业、金属制品业、专用设备制造业方面的全要素生产率较高，可以发挥优势产业集群作用，利用比较优势加强企业分工协作。

北部湾、滇中、关中、呼包鄂、黔中这些城市群在装备制造业整体上没有优势，但在1~2个子产业上有全国性的龙头企业，适合专业化分工，应着重发展各自的优势产业。北部湾在专用设备制造业、滇中通用设备制造业、关中在电气机械及器材制造业、呼包鄂在交通运输设备制造业、黔中在通用设备制造业上出现了全要素生产率领先的企业。太原城市群不仅在装备制造业整体上没有优势，而且在各个子产业上也没有优势，其装备制造业基础是城市群中最弱的。

（3）劳动、技术、资金密集型产业升级方式

各城市群在按市场机制配置资源和生产要素投入方面的异质性，主要呈现出劳动、技术、资本密集型三者兼得和三者都不占优势的两极分化现象。各城市群应结合自身要素禀赋采用不同的升级方式，以便既能对要素进行统筹规划，又能增强要素协同效率。

第一类：劳动-资本-技术密集型。粤港澳大湾区、长三角、京津冀装备制造业劳动人口百分比分别占全国的38.42%、23.42%、11.20%，固定资产净投资额占比分别为39.80%、23.98%、13.93%，全要素生产率分别为2.385、2.198、2.330，属于劳动-资本-技术密集型。

第二类：资本密集、非劳动-非技术密集型。天山北坡、关中、滇中城市群的劳动力占比分别为2.12%、0.87%、0.07%，均低于资本占比

2.42%、2.19%、0.12%，全要素生产率分别为2.136、2.230、2.138，属于资本密集、非劳动-非技术密集型。

第三类，非资本-非劳动-非技术密集型。辽中南哈长、黔中、太原城市群是典型的“三非”弱势城市群。

第一类城市群目前在产业升级路径中承担全国“头雁”的责任，今后的目标定位是承担全球“头雁”的角色，应抓住国家振兴装备制造业的机遇，吸收国际顶尖人才，在关键核心技术上有所突破，既要推动当地经济发展，还要辐射全国装备制造业的发展。

对于第二、三类城市群，促进这些城市群的发展不能走投资推动的老路，而应当注重发挥人力资本的作用。在2010年我国改革进入深水区以前，投资主导的经济增长方式提高了企业技术水平和生产率，但降低了劳动报酬比重，第二、三类城市群的人力资源、资本分布特征告诉我们，未来要实现区域协调发展，应转变经济发展方式，将经济增长的驱动力由资本向人才转变，首先要为人才提供更好的“软硬环境”，即更高平台和薪酬，其次要发挥这类地区生活成本更低的优势，吸引人才从沿海地区向中西部、东北转移，不断提升劳动力在产业发展中的地位，最后要充分吸收第一类城市群装备制造产业“技术外溢”红利，实现欠发达地区的“共享”发展。

（4）各城市群以创新驱动装备制造业发展的梯队式治理

改革开放以来，中国以区域发展不均衡为现实基础，把经济效率放在区域发展和生产力布局的首位，四十年来经济保持了稳定高增长，被认为是世界经济发展史上的“奇迹”，这得益于中国对梯度推进理论的成功运用。当下中国改革已进入深水区，区域间不平衡、调整利益格局成为深水区谋求发展的重难点。装备制造业作为核心技术体现最为集中的产业，对梯度理论的运用需要以科技创新为基础。当前，中国国内价值环流打造创新价值链的条件已具备，未来中国装备制造业应该不断提升架构创新能力，构建完善的创新体系，一方面推动装备制造产业全局创新、兼顾区域公平，另一方面鼓励各城市群选择不同的创新重点，培育产业优势。

首先，建议对装备制造业的创新进行梯队规划。中国的装备制造企业当前依然存在“卡脖子”问题，面临着国际装备制造产品贸易壁垒、高新技术封锁与断供，因此第一梯队城市群应贡献原创，突破装备制造业顶尖技术，走向全球价值链的高端，定位为国内国际技术创新的“头雁”，并站在国家战略的高度对待研发效应周期。把粤港澳大湾区打造成世界级最具活力的科创中心，将长三角装备制造业地位提升至国际前列，将京津冀定位为世界顶级产学研创新城市群。京津冀、长三角有着全国数量最多的优质高等学府，集聚了大量受过高等教育的科研人才，理应承担装备制造产业基础科学研究的责任。由于长江中游有着优质的教育资源、川渝有着丰富的高等人力资源，因此第二梯队在基础科学研究上也有一定的人力资源优势，需要在科技创新方面支持全国装备制造业的发展。第三梯队的定位是在“一带一路”沿线城市成为技术领先的“区域性头雁”，各城市群结合自身的产业优势，注重对优势产业的创新产出，加之开放是装备制造业内在属性实现的客观要求，由此建议第三梯队加强与第一、二梯队以及共建“一带一路”国家的技术合作。鉴于第一、二梯队已承担基础科学层次的创新任务，第三梯队须在应用科学层次体现创新成果。此外，中国绝大多数区域在促进科技成果转移转化方面仍然表现欠佳，所有梯队都需要注重科技成果的应用。

其次，针对不同层次的创新要设定不同的考核标准。在基础科学层次加大研发投入，在应用科学层次注重研发成果。基础科学研究取得成果需要的时间较长，投入大，而且存在巨大的沉没成本，因此，要鼓励企业在该层次加大研发投入比重，政府须引导企业将资金从产能、营销等转移到基础科研投入中，企业应提高科研奖励以吸引高层次人才，给予基础研究人员更好的待遇。在应用科学层次，政府要加强对应用科学领域的监管，注重研发成果而不仅仅是创新投入上的扶持。政府扶持对技术创新效率并非完全具有正向作用，虽然“扶持之手”能解决“市场失灵”问题，促进产业结构优化及经济发展，但也会造成资源错配、要素扭曲、产能过剩，同时为“掠夺之手”提供契机，资源错配下的企业并未提高其实质性创新行为。因此，在政策导向方面，需要对目前单纯对企业研发投入进行补贴、降税等产业政策进行调整，防止企业以研发创新名义“寻租”，抑制创新泡沫。

最后，中国装备制造业应该坚定不移地从代工链向创新链转变。中国要充分依托国内创新价值链环流。实现ODM向OEM的角色转换，同时发挥国内城市群产业价值链闭环经济优势，避免遭受海外经济萧条的损失，实际上国内资源的整合具有很大的潜在优势，且远大于外需。因此，中国装备制造企业要走可持续发展之路，就应缩小国际化扩张范围，减缓扩张战略布局，由国际向国内进行适度调整，自主创新，打造全产业链闭环。

（5）基于各城市群装备制造产业优势的分类治理

各城市群还可根据本身已有的产业优势来制定发展模式，本研究给出了四种分类治理建议。

首先，长三角、粤港澳大湾区、京津冀、山东半岛这些城市群云集了百度、腾讯、华为、中兴、大疆、京东、网易等一批IT企业，已成为中国重要的云计算产业基地。建议以装备制造服务职能为主，发挥国家战略性新兴产业中“新兴信息产业”的优势。根据产能及劳动力占比可以看出第一梯队城市群具备了较好的承载力，可以进一步推进服务贸易自由化，通过知识共享进一步提升中心城市生产性服务功能，使装备制造服务业在产业分工体系中占据梯度高位，带动其他梯队装备制造业生产环节的联动发展。

其次，长江中游、川渝、中原在交通运输设备与通用、专用设备制造业及电子信息产业上均有优势。目前，全球80%汽车零部件的生产和制造都与中国制造有关系，其中湖北汽车零部件生产已经占到全国的13%，多达1.2万家企业在从事汽车零部件的生产。安徽在冷轧和热轧薄板及宽厚板、重轨、大型材、线棒生产线，无缝管、高速钢轨等通用与专用重型机械制造业方面有较好的基础。在电子信息产业方面，川渝是惠普的全球软件研发中心，引进了富士康、宏碁、纬创、飞力达等企业，覆盖了从电子制造业原材料、零部件、交换机、集成电路、仪器仪表电子设备到电脑整机的生产、工业机器人全产业链，将构建包含芯片、液晶面板、智能终端、核心零部件、物联网在内的整个智能产业集群。湖南长沙有4家世界工程机械50强企业，合肥引入了京东方、台湾力晶，孵化了科大讯飞、科大国创、国仪量子等一众科技公司。这些城市群在发展装备制造产业方面力度大于沿海地区，其优势在于原材料本地化的零成本物流、省时高效的中欧班列、廉价的人力成本以及欧亚大陆的巨大需求。

再次，北部湾、长江中游因在农业经济方面具有优势，可以先发展农机装备制造，再利用工业反哺农业，联动全产业链的发展。

最后，呼包鄂、天山北坡、兰西、辽中南哈长、关中、太原、滇中、黔中是中国能矿资源较为丰富的城市群。例如，内蒙古矿产资源富集，已发现矿产种类128种，56种储量居中国前10位，其中22种居前3位，7种居全国之首；新疆除了拥有铁、铬、锰、铜、铅、锌、钴、钨、锡、铝、金、铌等多种金属矿外，还拥有丰富的煤炭传统能源及风能、太阳能等新能源。这些地区要积极推进铝、钛、钡、钒、锰等矿产资源精深加工一体化、延长金属制品产业链以避开“富饶的贫穷”陷阱，并通过大力培育具有比较优势的新能源、新材料、先进装备制造来打破“资源悖论”。我国金属材料产品深加工能力不足，长期停留在来料初加工的初级阶段，深加工则需要通过进口来满足国内需求，在一定程度上制约了我国战略性新兴产业的发展，而将矿产资源运输到其他地区进行加工又会增加运输成本。矿山机械和工矿配件有着很高的市场需求，“矿区资源开采—现代化工—金属制品”产业链会给西部地区带来很大的发展空间。此外，新疆拥有独特的太阳能、风能优势，构成满足人民日益增长的优美生态环境需要的资源基础，新能源设备在国家环境治理上需求量巨大，新疆可以顺势加快发展可再生能源装备制造业，促进能源装备产业的转型升级。由此，这些城市群可以推进稀土钢生产、电子铝箔、工程塑料等新材料延伸加工，将能耗利用效率提高至国际先进水平，建设煤电铝、煤电化循环经济示范基地、大力发展钢结构精品、新品及铁合金、锰系列等其他金属深加工，大力发展具有比较优势的太阳能先进设备业、充电桩等交通基础设施制造业，向长链条、高附加值方向转变。

6.1.2 区域“外循环”式的产业升级

“国际大循环”下，中国城市群装备制造企业可以区分共建“一带一路”国家与非共建“一带一路”国家两个主层次对接国际价值环流，以实现全球价值链的攀升，再进一步根据地缘优势与全要素生产率优势进行同一层次内部再细分式精准对接。

（1）与共建“一带一路”国家的战略合作

该部分根据地缘经济、地缘政治、新古典学派经济增长理论，结合“一带一路”建设对长三角、珠三角、海峡西岸、环渤海等不同城市群的定位、各城市群的装备制造业全要素生产率的水平与产出实力，按照“先经济后政治”的范式以及“中亚、俄罗斯—南亚、东南亚—中东、非洲—欧洲”的地缘推进原则，试图探索出切实可行的国际合作路线。由于全要素生产率是新古典学派经济增长理论中用来衡量纯技术进步在生产中的作用的指标，因此装备制造业全要素生产率的高低在很大程度上可以代表某地区某产业的竞争力。在全球价值链理论中，各个国家的企业由于自身与本产业其他企业的竞争能力差异也决定了其在全球价值链中的等级，因而一个地区装备制造产业全要素生产率水平与其全球价值链地位挂钩。该部分认为，全要素生产率越高，其全球价值链地位越高，分别以中国粤港澳大湾区、长三角、京津冀、海峡西岸、天山北坡城市群为领头羊，辐射带动全球装备制造产业经济发展。在兼顾区域规划统一性的前提下，要避免规划之间重叠混战的冲突，以下五条路线（地区后的数字代表装备制造上市公司TFP值）无重复城市群，以避免区域规划之间的范围、目标、措施和保障的重叠，甚至互不衔接、互不协调，以避免不同空间尺度的配置资源掣肘：

①粤港澳大湾区2.385-东南亚1.494（泰国2.385）-川渝2.021-菲律宾1.831、新加坡1.775-滇中2.138-印度尼西亚1.528、马来西亚1.394、越南1.273。东南亚国家装备制造业竞争力悬殊，分为三个层次，可以分别与我国不同城市群展开合作。粤港澳大湾区作为海上丝绸之路的排头兵，开放度高，与印度尼西亚、菲律宾、文莱和马来西亚一带隔海相望，但近年来粤港澳大湾区劳动力成本上涨，可借助东南亚劳动力成本优势进一步提高该地区装备制造企业的全要素生产率，同时因辐射带动力强，将带动东南亚装备制造产业经济的发展；川渝城市群近年来在支撑黔中、滇中城市群上有很大贡献，进一步扩大开放可以倒逼其深层次改革；滇中城市群

与老挝、缅甸、越南一带接壤，且全要素生产率高于这些国家，可以进一步支持这些实力相对较弱的东南亚国家产业发展和技术进步，以谋求我国与东南亚产业经济双赢。

②长三角2.198-长江中游2.185-中原2.341-东亚2.143-欧盟1.573（第一梯队：卢森堡3.25、塞浦路斯2.761、奥地利2.525、葡萄牙2.113、爱沙尼亚1.908、意大利1.898）。长三角装备制造业产能充足且全要素生产率高，支撑着长江中游城市群、中原等内陆开放型经济高地的发展，东亚装备制造业全要素生产率仅仅低于北美，主要因为日本有着很强的竞争力，且并未加入共建“一带一路”的行列，与其深度合作有一定难度，这倒逼长三角加大科技创新力度，形成引领国际合作竞争新优势；欧盟国家装备制造业水平良莠不齐，这里选出欧盟中认可并参与到“一带一路”建设中的装备制造实力水平处于第一梯队的国家，以期中国长三角和长江中游城市群与东亚、欧盟国家在互动中共同发展。卢森堡、塞浦路斯、奥地利全要素生产率水平甚至高于中国长三角一带，这就要求中国加快推进上海自贸区建设，加快建设长江中游更高水平开放型经济新体制。

③京津冀2.330-呼包鄂2.687-山东半岛2.494-辽中南哈长1.968-东亚2.143-欧盟1.573（第二梯队：希腊1.766、克罗地亚1.34、斯洛文尼亚1.172、波兰1.144、立陶宛1.112）。京津冀是中国城市群中装备制造企业产能位居第三的城市群，北京是中国R&D经费投入超过千亿元的六省（市）之一，天津和北京是R&D经费投入强度超过中国平均水平的六省（市）之一[①]。一方面，京津冀需要继续保持研发优势，提高全要素生产率，促进装备制造业的转型升级；另一方面，因为呼包鄂产出能力不济，山东半岛虽然实力较强但在扩容中出现了“回波效应”，所以京津冀地区需要发挥排头兵作用，带领具备地缘优势的呼包鄂和山东半岛共同发展，进一步推进与蒙古国、东亚、欧盟第二梯队装备制造业的国际合作。呼包鄂与蒙古国邻近，辽中南哈长为东北亚核心区，借助京津冀的技术外溢，这些城市群可以提高其在全球价值链中的位置。

④天山北坡、兰西2.136-关中2.230-东欧1.316（塞尔维亚0.374、俄

① 经查询《2019年全国科技经费投入统计公报》的中国各省市科研投入经费数据而得。

罗斯1.475、乌克兰0.736）-中亚1.062（哈萨克斯坦0.949、乌兹别克斯坦1.088）-南亚1.572（巴基斯坦1.227、孟加拉国0.841、斯里兰卡0.906）-西亚1.559（阿曼2.557、沙特阿拉伯1.550、土耳其1.648、以色列1.239）。以新疆的地缘优势作为向西开发的重要窗口，连接关中，形成面向东欧、中亚、南亚、西亚国家的通道，打造“丝绸之路”装备制造业经济带核心区，提升其在全球价值链中的位置。

⑤海峡西岸2.183-北部湾1.973-黔中2.424-太原城市群1.829-南美1.679（秘鲁0.568、乌拉圭1.145、智利1.989）-欧盟1.573（第三梯队：匈牙利0.775、斯洛伐克0.74、拉脱维亚0.533、罗马尼亚0.452、保加利亚0.449）-非洲0.313。北部湾、太原城市群在考察期内装备制造业TFP值分别呈现出-20.72%、-10.88%的负增长；海峡西岸装备制造业TFP值以14.70%的增速发展，且邻近北部湾、黔中。此路线的规划寄望于海峡西岸助力北部湾、黔中、太原城市群装备制造产业经济发展的转型升级，同时加强“一带一路”建设，与南美、欧盟第三梯队及非洲此类装备制造产业生产力低下的区域展开国外定制类产品供应、在海外设立销售网络、直接在海外投资设厂等多渠道的投资与贸易合作，形成产业闭环。

（2）与非共建“一带一路”国家的战略合作与竞争

根据“中国一带一路网”公布的数据，截至2023年6月，中国已与152个国家和32个国际组织签署了共建“一带一路”合作文件。装备制造强国日本、美国、德国等并未加入其中。对于共建“一带一路”国家，中国与其建立了相对稳定可靠的国际合作关系，中国装备制造企业的切入方式可以是轻资产合作模式，也可以是直接在海外投资设厂、跨国并购等重资产合作模式；对于北美、东亚、欧洲等地区未加入共建“一带一路”行列的国家，只能采用国外定制类产品、在海外设立销售网络等轻资产合作模式以避开发展理念不一致的风险。在当前全球价值链治理不稳定的时期，对于日本、美国、德国等非共建“一带一路”的装备制造强国，相比起产业合作，中国应先进行产业竞争，这就要求各城市群装备制造企业有全球化视角的战略定位，因此本研究在北美、东亚、欧盟和欧洲非欧盟地区等非共建“一带一路”区域中，分别选取装备制造业全要素生产率处于高位的国家作为追赶参照经济体，并给出了如下城市群的顶层设计：

①粤港澳大湾区 2.385-北美（加拿大 2.586、美国 2.355）。

②山东半岛 2.494、海峡西岸 2.183、川渝 2.021-东亚（日本 2.336）。

③京津冀 2.330-欧盟（爱尔兰 3.221、比利时 1.829、丹麦 1.218、德国 2.212、法国 1.797、芬兰 2.041、荷兰 2.638、西班牙 1.999）、英国 1.444。

④长三角 2.198、长江中游 2.185-北中欧（瑞士 2.701、冰岛 2.475、挪威 1.808）。

总体而言，中国城市群装备制造业应以“国内循环”为主、“国际循环”为辅。“国内循环”按照阶梯式协调合作，做好差异化、多元化与专业化分工合作；“国际循环”以是否为共建“一带一路”国家分层切入不同的合作与竞争模式。

6.2 基于TFP影响因素视角下的产业升级路径

6.2.1 企业层面的升级路径

（1）企业要加强自身开拓海外市场的能力

在企业层面影响因素的实证中，海外收入占比促进了我国装备制造业全要素生产率的提升；在区域差异影响因素的实证中，区域开放度是拉开城市群装备制造业全要素生产率差距的重要因素；在对各城市群样本的检验中，对外开放度促进了我国绝大多数城市群装备制造业全要素生产率的提升。

我国要加快构建以国内大循环为主体、国内国际双循环相互促进的新发展格局。在新发展格局下，企业提升海外市场的开拓能力具有多方面的意义：第一，通过消化过剩产能的方式提高了全要素生产率；第二，优化了全球资源配置；第三，通过装备制造业全要素生产率的提升提高了我国在全球价值链中所处的地位。如果装备制造业不实现海外收入的突破，中国制造业就会一直处于价值链低端。比如，15年前，全世界的圆珠笔都要从中国出口，可是笔头的小圆珠还在依赖进口，过低的制造价值使得生产能力强的中国制造依然处于价值链低端。再如，中国生产8亿件衬衫，需要40多万中国工人生产一年，可是转换到装备制造业领域，只等同于美国生产1架波音飞机的价值，而美国生产1架波音飞机只需要50多个工人几个月就可以生产出来。中国的高铁曾经是向日本和德国等学习而得的，如今中国一个省的高铁长度已经是日本和德国两个国家的总和。虽然今非昔比，但是中国装备制造企业在生产力提升的同时，还要继续大力拓展海外市场，从而进一步提高全要素生产率，由此构成装备制造企业生产经营的良性循环。

（2）提高研发投入的成果转化率

提高研发投入的成果转化率包含两层意思：一是提高研发投入转化为研发产出的成功率；二是研发成果不能停留在专利的数量层面，而不具备提高生产效率的实际使用价值。这两点均在实证检验中有据可依。对于第一点，在以全样本企业为研究对象探索装备制造业全要素生产率的影响因素的实证检验中，我们发现，装备制造企业研发投入强度与企业全要素生产率负相关，估计系数为-0.7696，研发投入占比每增加1%，装备制造企业全要素生产率降低76.96%；在各城市群装备制造企业全要素生产率影响因素的异质性检验中，研发强度每增加1%，大多数城市群装备制造企业全要素生产率都有一定程度的降低，其中粤港澳大湾区降低98.45%，长三角降低184.02%，京津冀、呼包鄂降低172.56%，山东半岛、辽中南哈长降低457.33%，长江中游、中原、太原城市群降低167.64%，川渝、关中、天山北坡、兰西、黔中、滇中降低56.75%。同时，装备制造企业专利数与企业全要素生产率正相关，专利数每增加1个单位，装备制造企业全要素生产率增加1.74个单位；在各城市群装备制造企业全要素生产率影响因素的异质性检验中，专利申请数量每增加1个单位，长三角装备制造企业全要素生产率增加3.54，川渝、关中、天山北坡、兰西、黔中、滇中装备制造企业全要素生产率增加8.19。从实证结果可以看出，研发投入与全要素生产率负相关，但研发产出促进了装备制造业全要素生产率的提升，说明研发投入的利用率不足，转换成研发产出的效率不高，研发资源有待进一步优化。如果科学研究和成果转化是两个相分割的过程，那么，即使我国部分装备制造企业研发出先进的技术成果，研发成果转化率仍然很低，即研发成果并没有真正转化成实际生产力，并不能表现出其对TFP的促进作用。对于第二点，一些城市群的研发支出不仅并未转换成提高生产率的成果，反而对装备制造企业造成了负面的消耗，最明显的是山东半岛、辽中南哈长城市群，其研发支出对装备制造企业全要素生产率的负向影响是最大的，与此同时，研发产出对山东半岛、辽中南哈长装备制造企业全要素生产率的影响却并不显著。由于各级政府大多以专利申请或授权数量作为补贴依据，因此，不乏有一些企业为获得政府R&D补贴，过度追求专利的"量"而非"质"，这种创新能力"竞赛"导致了R&D投入的错配与低效。

为了提高研发成果转换率与研发成果实用价值，可以尝试采用研发共享的方式实现规模研发，以"抱团取暖"破局。研发对装备制造业全要素生产率的提高没有起到很好的促进作用，也就是说，大量的研发投入并没有产生实质性的经济成果，而是形成了沉没成本。任何一项研发投入都会伴随着巨大的风险。凭借单个团队的努力就能搞出重大科技突破是不可能的。比如研发芯片，都不用到流片阶段就已经破产了。研发成果越来越依赖于两个输入量：一个是大规模的资本投入，另一个是大规模的团队协作。否则，研发投入就会形成大量的沉没成本。大规模的资本投入对于任何一个国家而言都是巨大的风险。就很多欧洲公司而言，跨国合作十分常见。空中客车是最为著名的欧洲合作的例子，这样的欧洲公司还有很多。比如瑞典和瑞士的ABB，英国和瑞典的阿斯利康；再如意大利EXOR集团，它是尤文图斯、法拉利、菲亚特、Jeep、玛莎拉蒂、SGS等的大股东，总部设在荷兰；还有意大利的SGS微电子公司和法国Thomson半导体公司于1988年合并而成的意法半导体。它们都是通过抱团的形式进行分工协作，增强力量。由波士顿咨询联合《财富》出炉的50强榜单中，中国、美国各有21家公司上榜，各占比42%。美国上榜的公司集中在高科技领域，而中国上榜的公司所处的行业比较分散。由于行业内集中研发更容易实现研发共享的规模效应，因而建议中国装备制造企业联合多国企业在资金与人才投入上合作，一方面，在多组织合作的情况下资金链不容易断裂，可以分摊沉没成本造成的资金压力，能更好地支持研发的可持续性；另一方面，研发阶段性成果共享与人才合作会减少研发投入失败的概率，形成规模研发的良性循环。

在研发抱团的过程中，还需要企业、高校、研究所等共同融入，通过产学研合作的方式，让企业充分利用高校、研究院等科研机构的科研资源，同时，让高校的研究更加贴合实际，更具实用价值。让科研机构更好地为企业服务，将理论应用于实践，实现科技创新成果市场化。

（3）增加装备制造业与服务业的产业融合度

在各城市群装备制造业全要素生产率差异的影响因素实证中，我们发现服务业对装备制造业全要素生产率的提升效果要比制造业更为明显，第三产业生产总值对数值、第三产业的发展质量估计系数分别为1.3429、0.0007，均高于第二产业的影响系数。在装备制造业全要素生产率区域差距的影响因素中，销售收入加权下城市群全要素生产率估计系数为1.3429，劳动力加权下城市群全要素生产率估计系数高达2.7865，进一步证明了第三产业产值对装备制造业全要素生产率的区域差距影响之大。

在已有的文献中，服务业与制造业全要素生产率增长之间的关系一直是经济学界争论的问题。若信息技术被视为美国经济增长和生产率提升的关键因素，“索洛悖论”也就不复存在。

第一种观点认为，产业融合对产业转型升级有促进作用。Francois和Woerz（2008）通过制造业与服务业之间的融合，指出产业融合会引起需求结构发生一定的变化，从而促进技术在产业之间的创新和进步，企业价值会随着技术的溢出效应而提高。Gebauer等（2012）对服务导向型制造业的起源和演进进行详细的研究与论述，并以装备制造业为研究对象，发现重视服务业发展、实现制造业服务化是制造业与服务业融合发展的重要形式。Youngjung等（2016）认为创新不再发生在单一行业，并运用韩国多个产业融合成功案例分析产业融合如何影响创新，由此确定了多种产业融合模式：技术驱动型、政策驱动型、服务集成型。Song等（2017）研究发现，技术融合的不断变化将对产业创新模式和产业结构造成影响，及时认识技术领域的融合，可以使创新企业对变化的价值链产生积极的影响。宋捷（2011）基于熵指数的方法测算产业融合度，以四川省为案例对产业融合度与产业结构升级的关系进行了分析，研究发现产业融合对促进产业结构升级有显著的正向影响。陆立军和于斌斌（2012）对传统产业与战略性新兴产业的融合进行具体分析，提出产业融合是传统产业转型升级和战略性新兴产业培育发展的必然选择。肖挺和刘华（2013）分别以计算机产业融合、服务业制造化与信息业融合为例，研究发现产业融合与产业绩效呈正相关关系。沈蕾和靳礼伟（2015）以科技服务业与制造业融合为研究对象，运用专利系数法对我国科技服务业与制造业的融合度进行测算，并运用灰色关联分析法研究产业融合与我国产业结构升级的关系，发现我国科技服务业与制造业的技术融合对制造业结构升级有较大的促进作用。张捷和陈田（2016）基于WIOD数据库中我国1995—2011年的投入产出表，分别测算我国服务业与制造业的正向融合度与反向融合度，再以14个制造业子行业为截面构造面板数据，研究发现服务业与制造业的正向融合度对我国制造业绩效的提升有显著的促进作用。赵玉林（2016）以湖北省为研究对象，运用投入产出方法，对先进制造业与电子信息业、现代服务业的产业融合度进行测算，然后基于多元线性回归模型研究产业融合对先进制造业竞争优势提升的贡献，发现产业融合度对先进制造业竞争优势提升具有显著的促进作用。Kastalli等（2013）研究发现，劳动密集型制造企业的服务化升级能够提升企业销售额，且这种影响并非线性的。

第二种观点认为，产业融合对装备制造产业转型升级有负作用或者会产生风险。Gebauer（2007）认为，企业通过提供更多的服务来实现利润增长的难度很高，许多学者只看到了服务化有利的一面，并没有注意到服务化升级可能会大幅提高企业的经营成本和管理难度，造成“X非效率”，使得企业升级过程中出现“服务化悖论”现象。Mathieu（2001）提出，企业在服务化升级时需要考虑两种成本，即政治成本和竞争成本。在企业内部，服务化战略的实施会导致企业内部权力、资源、责任和核心技术的重新分配，既得利益者和资源拥有者会抵制服务化战略的实施，企业在处理这些内部矛盾时会耗费大量精力和资源，从而产生政治成本。在企业外部，企业提供服务业务就意味着企业进入新的领域，面临新的竞争。Cook（2006）认为，在进行服务化升级期间，企业的内部组织会发生重大变革，例如新部门的成立、部门间职能的重新划分等，同时，由于需要掌握更多的专业知识，企业人力资源也要进行相应调整，这就要求企业投入大量的资金与时间进行改革。服务化升级存在风险，企业需要对潜在风险和潜在收益进行预测和评估。

第三种观点认为，产业融合程度在不同阶段或采用不同方式会对装备制造业产生不同的效应。Neely（2008）是第一个对制造业服务化与企业经营绩效进行实证研究的学者，他利用OSIRIS数据库的数据，分析了25个国家10028家上市制造企业服务化的状况，结果表明，服务化企业的盈利性整体上优于纯制造企业，但企业绩效与服务化程度之间却呈负相关关系。Kohtamaki（2013）对芬兰91家制造企业的数据进行了实证研究，结果发现企业销售额与服务提供呈U形关系。陈洁雄（2010）参照Neely的研究方法，以OSIRIS数据库2008年中国和美国上市制造企业为样本进行对比分析，结果表明中国制造企业服务化与经营绩效存在显著的倒U形二次曲线关系，而美国企业的服务化与经营绩效之间主要存在显著正相关的线性关系而非倒U形关系。陈洁雄（2012）认为企业在施行服务化战略之前应该具备一定的条件，这些条件包括：企业所提供的服务业务应该是当前市场迫切需要的服务；企业所提供的服务应该基于企业现有的技术能力、知识储备和资源分配；企业可以让所提供的产品和服务发挥较好的协同效应。只有满足这些条件，服务化才会对企业经营绩效产生正向作用。孟祺（2012）研究发现劳动生产率的变化是美国制造业国际竞争力降低的主要原因，认为中国应该注重提高劳动生产率，防止出现产业“空心化”和盲目的服务化。陈明和魏作磊（2018）认为，服务业走出去和服务业引进来对中国制造业打破“低端锁定”产生的正向影响较弱；中国制造业研发吸收服务业开放中引进的先进技术能力较强，自主创新和自主研发有益于制造业的低端突破；技术密集型行业攀升全球价值链高端的程度要大于资本和劳动密集型行业，行业异质性特征明显。肖利平（2018）提出，“互联网+”能够改善装备制造业的全要素生产率，并验证了“互联网+”仅仅是提升了装备制造业的技术效率驱动型中的规模效率而非技术进步的假设。

无论学者们如何争执，现实中的情况是，两个产业的融合正在成为全球装备制造业转型升级获取国际核心竞争力的主要方式。装备制造业经历了从数字化制造到制造业带动信息化、制造业与信息化融合、信息化引领工业化的发展过程。如今，3D打印、物联网、工业互联网+、人工智能作为服务业慢慢融入装备制造业。关于服务业促进装备制造业的发展，早在20世纪70年代就开始了，工业3.0时代电子通信技术与工业生产的融合就开始促使生产特征、分工组合及产品价值链的加速演变。欧美发达国家实施“归核化”战略以保持国际竞争力，将国内大量非核心制造环节转移出去、将具有高附加值特征的服务环节从制造业分离出来，对国际分工格局进行了新的设计与划分。2013年，德国提出了“工业4.0”的国家级战略。“工业4.0”是实体物理世界与虚拟网络世界相融合，在产品全生命周期内实现全程数字化、智能化与个性化的新型生产与服务模式。进入“工业4.0”之后，以智能制造和大数据技术等现代科技为基础的服务化升级成为全球制造业升级的新趋势。发达国家的制造业在这种趋势下迅速实施服务化升级，不仅保持了强大的竞争能力，并且扩大了竞争优势，继续引领着全球制造业的发展。

实际上，我国在通过产业融合促进装备制造业转型升级之路上已经奠定了一定基础。我国人工智能的发展在很多领域与发达国家的技术研发、产业化应用同步，甚至在部分领域实现了赶超。从技术研发角度看，在“深度学习”“深度神经网络”等领域，我国学者在全球知名期刊上发表论文的数量已经超过美国；专利申请数量仅次于美国，位居全球第二；百度在2015年开发的“深度学习”语音识别的准确率达到97%，被《麻省理工科技评论》评为2016年全球十大科技突破之一。从投资、融资角度看，我国在人工智能领域的投资自2010年开始进入爆发期，此后投资增长速度进一步加快，投资额仅次于美国，位居全球第二；2017年我国人工智能初创企业融资额高达73亿美元，超过美国，成为全球第一。从产业发展角度看，我国人工智能产业规模年均增速接近40%，截至2017年末产值约达到150亿元；北京、上海、深圳、成都等城市人工智能产业集聚区已经形成；百度、腾讯等企业在人工智能领域快速发展，同时，中小企业和初创企业也通过细分领域实现产品创新和服务模式的快速成长，如在机器视觉识别领域已有100多家成规模的自主品牌、300多家代理商、100多家专业机器视觉系统集成商。

我国除了拥有大量高新技术产业之外，还存在传统制造业发达、制造业体系健全的优势，人工智能、智能制造、机器人、新材料、云计算、工业互联网、新一代信息技术等先进技术能够推动传统工业的进步。生产性服务业与装备制造业蕴含着产业经济发展的机遇，为两者同时提供发展空间。

（4）专注细分领域专业化经营，注重自身核心能力培育

企业应注重培育自身核心竞争力，审慎选择多元化发展战略。各类实证结果显示，装备制造企业多元化抑制了企业全要素生产率的提高。在全样本装备制造业全要素生产率影响因素固定效应检验中，占主营业务收入10%以上的行业数目每增加1个单位，装备制造业全要素生产率降低3.04个单位。在各影响因素变量实证结果的稳健性检验中，多元化经营行业数目每增加1个单位，全要素生产率降低5.59个单位。在产业政策作用于企业双重差分检验中，多元化经营对非重点产业、重点产业两类企业全要素生产率均产生了抑制作用，估计系数分别为-0.1157、-0.4038。在分区域的装备制造业全要素生产率影响因素的探索检验中，多元虚拟变量在一些城市群中对装备制造业全要素生产率产生了负向影响，在京津冀、呼包鄂估计系数为-0.1379，在山东半岛、辽中南哈长估计系数为-0.1832；占主营业务收入10%以上的行业数目每增加1个单位，粤港澳大湾区装备制造业全要素生产率降低8.35个单位；收入熵指数每增加1个单位，长江中游、中原、太原城市群装备制造业全要素生产率降低1.8435个单位。

市场力量理论的代表者Edwards（1955），投资组合理论的代表者Markowitz（1970），高财务杠杆理论的代表者Lewellen（1971）、Shleifei和Vishny（1990），内部资本市场理论的代表者Myers（1977），资源利用理论的代表者Penrose（1959）、Wemerfelt（1984）分别从不同角度说明了多元化与企业绩效之间的正相关关系。从实证结果来看，装备制造业并不适用于上述“溢价说”，更多的是支持了多元化“折价说”。关于多元化折价的研究，Jensen（1986）采用自由现金流作为被解释变量，证明了多元化与企业业绩之间的负相关关系；Maksimovic和Phillips（2002）认为多元化会降低企业生产效率。Stulz（1990）、Matsasuka和Nanda（2002）通过

反驳多元化不能创造绩效验证了多元化悖论。在多元化门槛效应理论中，Grant等（1988）认为，过度多元化会对企业造成折价效应；Hoskisson和Hitt（1990）、Palich等（2000）、Giachetti（2012）等认为，行业不同，多元化的阈值就不同。

装备制造业属于技术密集型、高新技术类产业，其核心竞争力来源于技术创新。即便要采用多元化经营，也要尽量开展相关多元化。张子峰等（2010）将多元化分为相关与无关两类，研究发现相关多元化有利于创新，而无关多元化则相反。此外，还要注意多元化的适度性。Alonso-Borrego和Forcadell（2010）基于西班牙1990—2001年数据，研究发现多元化与研发强度之间呈U形关系，多元化程度较高，会抑制研发创新投入。分散的资本不利于装备制造企业技术的研发投入，可能会削弱企业的核心竞争力。

6.2.2 政府层面的产业升级路径

（1）加强区域产业政策研究

在假设检验结论中，有两点结论警示我们加强区域产业政策研究的必要性：一是研发投入不能很好地起到提升TFP的作用，表现出对全要素生产率的负效应；二是区域产业政策会对市场开放起到负面影响，最终干扰市场开放的作用，换言之，区域产业政策“挤出”了市场开放对全要素生产率的积极效应。

第一，产业政策对装备制造业TFP有显著的正向影响，而研发投入所产生的负面效果可能说明了政府补贴失灵的存在。有学者运用寻租理论证明补贴会产生政府失灵，高额的政府补贴容易滋生企业的“寻租”心理，企业会潜意识地耗费较多资金来寻求补贴，必然会“挤出”企业的创新活动，抑制企业产品创新的积极性。余明桂等（2010）认为，补贴过于依赖政治关联，将会致使补贴无效，扭曲资源的配置效率。耿强和江飞涛（2011）认为，政府补贴会扭曲要素市场价格，压低投资成本，形成产能过剩，并成为中国经济波动的主要影响因素。因此，政府要加强支持企业发展的政策研究，做到精准“持企”，防止企业“寻租”导致政府失灵现象的产生。实证检验结果表明，研发投入抑制了装备制造业全要素生产率的提升，影响系数为-0.7696，在1%的水平上显著。在加入区域产业政策这一影响因素后，抑制效应更加明显，影响系数下降为-0.9261，在1%的水平上显著。虽然地方制定的“五年规划”产业政策促进了装备制造业全要素生产率的提升，但是区域产业政策并未很好地发挥与研发投入的协同效应。所以，政府制定的产业政策应更关注研发产出成果而非盲目投入，出台的产业政策也应根据企业的要素禀赋特征，引导企业差异化地进行研发投入。并非所有企业都适合追求顶尖技术的创新，政府应充分淘汰、兼并、优化落后产能，鼓励技术外溢效应的发挥。

第二，产业政策要能有力支持跨国产能合作、自贸区建设。在市场开放度上，政府还需要保持开放的定力，在新发展格局下增加对外开放城市，推进经济特区高水平对外开放，共建基础设施建设与产业园区。各区域“五年规划”应将高水平对外开放置于重要地位，明确以开放求共赢是中国装备制造业发展所坚持的基本方向。未来对外开放领域最核心的内容是加快构建“双循环”新发展格局以及形成更高水平的开放型经济新体制。中国装备制造业需要进一步提升对外开放水平，推进对外贸易的转型升级，在投资领域实现“引进来”与“走出去”的协同发展，为贸易伙伴提供更广阔的市场空间。

（2）完善对企业创新投入的监管

在实证检验中，我们发现研发投入并未能促进全要素生产率的进步。政府在出台各类产业政策支持装备制造业发展的同时，还要加强对装备制造企业创新投入的监管。创新已然成为推动我国经济高质量增长的重要动力，产业政策鼓励创新，为创新投资提供了资金支持，也为企业寻租提供了“温床”。为深化产业转型，中央和地方政府陆续出台了多项鼓励创新的税收优惠与补贴政策。2018年，我国研发支出中政府直接资助占企业研发经费的比率为3.44%，高于德国（3.17%）、日本（0.92%）；我国研发支出中政府直接资助469.72亿元，高于德国（167.25亿元）、日本（84.31亿元）；我国研发支出中隐含的税收补贴率为0.55%，高于德国（0.08%）、日本（0.39%）、美国（0.19%）。我国基础研究投入强度为5.50%，明显偏弱，德、日、美分别为25%、12.50%、17.50%。我国研发创新的专利质量远低于发达国家，我国应用创新专利占比80%以上，高价值的发明专利占比仅为18.55%，日本发明专利占比为84.31%。由此可见，我国在创新上的巨大利好政策与研发产出并不对称。创新作为企业增强核心竞争力的原动力是非常有必要的，但有些企业也以创新为“幌子”获得政府补助和税收优惠，还有些企业会利用失真的会计信息寻租以获得超额利润，这样的寻租行为破坏了市场有效性。

我国改革不再是“摸着石头过河”的浅水区，而是已经进入深水区。调整利益格局，动力不足、分歧较多、难成共识成为身处深水区谋求发展的重难点。在改革过程中我们遇到的很多问题是中长期的，必须从持久战的角度加以认识。科技创新优惠政策不能是一刀切的，而是研发投入的结构性问题、体制性问题。在当前复杂严峻的经济形势中，在不确定性中寻找确定性是我国未来改革的难点。我国政府还需要充分发挥信息化的作用，建立集税收监管、金融监管、市场监管、司法监督于一体的数据透视大平台，为国家治理现代化、市场制度建设提供坚实基础，让市场发挥配置资源的决定性作用。

（3）优化市场化体制环境

通过实证检验发现，市场化体制是促进全要素生产率提升的因素之一，优化市场化体制环境依然是我国装备制造产业效率提升的可靠路径。

首先，我国可以选择增量改革方式优化装备制造业市场体制环境。回看经济体制改革历史，在改革开放初期，我国采取了渐进转轨的方式向市场经济转型，经济保持了持续快速增长，取得了令世界瞩目的成就，与之形成鲜明对比的是实行“休克疗法”的俄罗斯和东欧国家，经济出现持续衰退。这种反差和对比值得我们思考渐进转轨的优势。根据樊纲提出的渐进式改革理论[①]，再结合我国历史经验，我国装备制造业可以选择增量改革方式，不弱化现有多种混合所有制经营体制，而是在此之外培育新主体以活跃市场。从经济学本质上讲，这是一种利益“边际”改革，中国经济

① 樊纲认为，渐进式改革的基本特征就是在旧体制因阻力较大还“改不动”的时候，先在旁边或周围发展起来新体制，并随着新体制的逐渐壮大逐步改革旧体制；而苏东激进式的基本特征在于从一开始就必须对旧体制进行改革，并以此为新体制的成长铺平道路。

改革中几乎所有的改革都是试验性的，起初都是在原计划体制的边缘以小步渐进的方式推行的。“边际”改革之所以有利于实现体制模式的平滑转型，主要因为它是沿着阻力最小也就是成本最小化的路线发展的。

其次，我国西部、东北部的市场化体制环境亟待优化。本研究从政府与市场的关系、非国有经济的发展、产品市场的发育程度、要素市场的发育程度、市场中介组织的发育和法治环境五个维度对中国区域经济体制市场化进行测度，然后进行排序。测度结果（见表6-1）表明，总体来看，中国经济市场化程度的推进过程是在略微波动中平稳上升。中国经济体制改革不可逆转，市场经济新体制的框架已经基本建成。经济体制市场化的进展是显著的，但是各地区的市场化推进程度是不平衡的。2019年，东部地区的市场化程度高达9.50，西部低至5.26，东北为6.94，中部为7.61。

表6-1　**我国市场化变化趋势与东北、东部、西部、中部市场化比较**

年份	东北	东部	西部	中部	总计
2008	5.63	6.87	4.25	5.38	5.45
2009	5.73	7.01	4.22	5.42	5.50
2010	5.48	7.14	3.89	5.55	5.41
2011	5.60	7.35	3.95	5.73	5.55
2012	6.18	7.95	4.26	5.83	5.94
2013	6.27	8.15	4.40	6.04	6.11
2014	6.44	8.49	4.78	6.68	6.50
2015	6.38	8.54	4.89	6.80	6.58
2016	6.53	8.67	5.05	6.91	6.72
2017	6.66	8.94	5.00	7.13	6.85
2018	6.80	9.22	5.34	7.36	7.12
2019	6.94	9.50	5.26	7.61	7.24
总计	6.22	8.15	4.61	6.37	6.25

最后，从科技革命、对外开放方面积极推进体制创新，优化市场化体

制环境。中国走“在创新中发育”的路子，是发现和利用后发优势提高全要素生产率的关键。创新是对环境变化所引起的挑战的积极反应，而环境变化主要源于经济发展进入新阶段、科技革命重大突破和对外开放深化。中国经济正在进入以智能化住宅、汽车、电子通信、新基建、生物医疗等行业为引领，以技术含量、附加价值较高的装备制造业为重点，城市化进程显著加快的发展阶段，其中所遇到的诸多体制问题需要通过创新得到解决。此外，科技革命的重大突破，在带来新的技术和市场需求的同时，也引起了投资方式、市场交易方式、企业组织和政府管理方式的改变。在经济全球化进程加快的背景下，对外开放的进一步深化将使国内经济更多地与国际经济融为一体。国内经济与国际经济在体制上的某些摩擦将成为国内体制创新的直接动因。

（4）深化国有企业改革

中国国有企业改革在探索中前进，已取得很大成就，但国有企业对经济的贡献依然小于民营企业。据统计，2017年国有企业对经济增长的贡献率是32.1%，民营企业对经济增长的贡献率是67.9%，在实证检验中也已得出“所在地区国有企业占比越大，装备制造业全要素生产率越低”的结论。中国的国有企业，特别是装备制造企业，相对来说规模较大，向现代企业制度的转轨是史无前例的，难度较大。这种转轨不同于发达国家古典企业到现代企业的制度变迁，而是在借鉴西方国家现代企业制度运行的经验基础上，根据中国实际情况进行国有经济的战略性调整。判断国有企业改革是否成功，政府对竞争的替代是否有效，在很大程度上取决于政府本身是否引入竞争机制，是否对阻碍市场机制发挥职能的行为加以规制或者建立健全市场机制有效运作的相关制度，是否转为以市场为导向的政府。

首先，国有企业改革进退不好把握，多渠道完善法人治理结构是重点。国有企业全要素生产率低于非国有企业，与其独特的产权制度密不可分。国家所有制倾向于弱化“市场竞争失败”对企业的现实威胁，充当“家长式”照顾的角色，从而使企业的进取精神和竞争意识发生退化。实际上，在市场经济条件下，国有企业的功能主要是干预和弥补市场缺陷。

为了搞活整个国民经济，部分国有经济本应从竞争性行业或领域适当退出，但由于装备制造业大多涉及国家安全的部门、支柱产业和高新技术领域的骨干企业，加之该领域有高技术、人力与资金壁垒，私有经济无力进入，不建议国有资本在该领域撤离，而是进一步完善法人治理结构，确保各类出资人权益，通过多渠道减少内部人控制：一是发展资本市场，通过股票市场价格变化给经营者施加经营压力，使其努力改善经营，同时给投资者以买卖股票的形式选择经营者的机会；二是使会计制度更加规范和透明；三是完善法人治理结构，将各类所有者的监督嵌入并硬化到企业内部；四是产权代表选派作为所有者或出资人的一项重要职能，要确保出资人到位，要结合国有资产管理体制改革，根据出资人权利、责任、义务相统一的原则，把依法选派国有资产产权代表的职能完善、统一地交给国资监管机构，把董事会依法选聘经营管理人员作为改革重点，引入市场机制，形成经理人市场，强化经营管理人员的市场意识和职业意识，从制度上保证董事会与经营者的委托-代理关系。

其次，采取多种形式加快国有产权的规范转让，逐步减少国有独资企业和降低国有股权的比重。改革实践告诉我们，对于国有企业而言，多元产权主体是公司制改革和形成有效法人治理结构的关键。只有存在多个投资主体，才能形成真正意义上的董事会，才可能有效地制约经理层的行为，才可能形成有效的法人治理结构。未来几年要进一步解放思想，大胆探索，通过国有资产规范和有序的流动转让，一可为国有经济的战略性调整筹资，二可改善国有经济布局，提高国有资产配置效益，提高全要素生产率，三可提高国有资本的控制力和带动力，四可深化公司制改革，奠定多元产权基础。

最后，在用人上解放思想。要深化国有企业所有权和经营权“两权分离”的体制改革，将政府的职能与企业的职能分离，让企业拥有充分的自主经营权，政府部门则加强对资本市场的监管力度，完善资本市场制度，推动国有企业改革，而不能同时担当领跑者和裁判员的角色。在实证检验中，全要素生产率诸多方面都显示出国有企业在政策利用上的优越性，而这种优越性也阻碍了企业自力更生能力的提升，减少了管理者展现魄力的机会。实证结果显示，区域产业政策与国有企业产权性质对全要素生产率的促进作用体现耦合效应，意味着国有企业更容易享受到国家政策优惠。由于拥有政府这层保护“屏障”，政府与银行之间的密切联系使得国有企业不至于因投资失败而出现资金困难，受资金约束控制相对较少，因此国有企业更可能通过寻租来获得研发资金，而不是通过在金融领域的投资获利来补充研发投入，国有企业金融化对研发投入的挤出效应比非国有企业更明显，科技背景CEO在国有企业中也未能发挥促进研发投入的作用。相反，非国有企业金融背景CEO对研发投入的挤出效应更弱，科技背景CEO对研发投入的促进效应更强。由于国有企业有政府作为“后盾”，在政府对企业创新的高度重视之下，国有企业的研发资金不缺乏来源渠道，无须仔细考虑如何妥善安排金融资产使其发挥合理效应，国有企业金融背景CEO缓解融资约束的能力更易施展，但同时也对研发投入产生更大的冲击。国有企业CEO更多地关注回馈社会，即便是科技背景CEO也不例外，于是出现了科技背景CEO也未能促进企业研发投入的结果。为此，政府将继续深化国有企业改革，消除国有企业与非国有企业在资源禀赋上的差异，鼓励国有企业在聘用CEO方面有所突破，使得选用的CEO更有创新能力与思维活力。

（5）合理引导企业金融化行为

企业进行金融资产投资的目的各有不同，有的是为了取得高额回报的短期盈利，有的是为了获得持久性利益。无论出于何种目的，企业合理运用金融化手段有一定的必要性。企业合理运用金融化手段有多种益处：一是可以促进资产配置效率的提升，产生“蓄水池”效应（于浩，2019）；二是降低企业对外部融资的依赖，显著缓解企业的融资约束（杨兴全等，2017），当主业发展出现资金困难时，企业金融化行为显著减少了资金压力带来的负面影响（Demir，2009）；三是有利于提升创新效率（Arizala等，2013）；四是发展资本市场，通过股票市场价格变化给经理人施加经营压力，使其努力改善经营，同时给投资者以买卖股票的形式选择经营者的机会，促使企业优化法人治理结构。政府则可以进一步完善金融监管体制，合理引导装备制造企业的金融化行为。

实证结果显示，装备制造业金融化行为从当期看促进了企业全要素生产率的提升，但是从长期看产生的是负面效应。基于过去我国金融资本超额利润率的事实，实体企业通过对金融资产投资来赢取高额报酬通常出于市场套利动机，从长期看会抑制企业创新。也就是说，资本化对技术进步而言是一把“双刃剑”，虽然它可以对技术进步产生积极影响，但制造业过度金融化又会导致产业“空心化”，抑制技术创新能力的提升，最终起到抑制企业全要素生产率提升的作用。在第三章中已有数据表明美国金融业对装备制造业产生了挤出效应，不少研究也验证了金融化对产业发展的负向调控作用。比如，资本套利动机下的金融化投资会对未来的主营业务所需的实物投资造成挤出效应（Pablo和Ortiz，2014；杜勇等，2017），尽管会带来短期利润，但不利于企业长远发展。在中国装备制造业转型发展过程中，政府应合理引导产业资本，对于产业资本化既不能置之不理又不能过度制约，而是将其控制在合理限度内，既要预防产业“空心化”，又要注重工业基础与产业链的完整性，积极引导科技与金融实现有机结合。否则，脱离了工业基础和完整产业链的产业资本化，就如同“空中楼阁”。

6.2.3 区域层面的产业升级路径

（1）粤港澳大湾区

第一，区域产业政策积极支持产业向智能制造升级，实现“腾笼换鸟”。粤港澳大湾区的产业政策是支持装备制造业的发展的：2019年中共中央、国务院印发的《粤港澳大湾区发展规划纲要》明确提出要加快发展先进制造业、培育壮大战略性新兴产业、构建具有国际竞争力的现代产业体系。在各城市群装备制造业全要素生产率的实证检验中，区域产业政策也促进了粤港澳大湾区装备制造业全要素生产率的提升，估计系数为0.1182，在10%的水平上显著为正（t=-1.6564）。

该区域产业政策要向装备制造业智能化转型升级，存在着传统生产要素丧失的现实问题，同时肩负着“腾笼换鸟”的责任。目前，粤港澳大湾区中的珠三角地区已不再具备传统要素成本优势。1993年广东省制造业平均工资为5 482元/年，到2018年上涨到74 030元/年，是25年前的13.5倍；2007年深圳市工业用地的月租金为27.8元/平方米，2018年上涨到45.4元/平方米，涨幅达到63.3%；香港地区的制造业正在快速衰退，2018

年香港地区的制造业增加值仅占地区生产总值的1.0%，制造业从业人数占总就业人数的2.4%。澳门地区同样面临制造业“空心化”的问题，随着本土劳动力等生产要素的价格优势逐渐消失，旅游业、会展业等服务业成为其主要经济支柱，2017年澳门地区制造业产值占地区生产总值的比例不足1%。“腾笼换鸟”在制造业转型升级过程中不可避免，但要想成功向高端制造业转型，依旧面临着极大的考验。一方面，珠三角不同于香港和澳门地区这些袖珍型经济体，其经济转型不可能仅仅依靠第三产业，制造业依然是珠三角经济的基础；另一方面，生产成本的高涨已不再局限于低端制造业，制造业如何实现平稳的转型升级，对珠三角经济的可持续发展至关重要。而现实任务依然艰巨，除深圳等个别城市的制造业正逐步向技术密集型转变外，多数城市的制造业仍旧以传统制造业为主。我国依然还有大批欠发达地区存在劳动力成本优势，粤港澳大湾区的劳动密集型制造业向外转移，能够让周边欠发达地区充分发挥劳动力优势，同时自身从代工链向创新链转移，转向装备制造业价值链高端——工业智能化。

粤港澳大湾区装备制造业的智能制造转型升级需要政府进一步出台产业政策，给予研发资金和科研人才方面的支持。尽管该区域研发支出逐年上升，每年以10.34%~14.70%的速率增长（就R&D经费内部支出而言，2012年为1 009.92亿元，2013年为1 158.38亿元，2014年为1 291.19亿元，2015年为1 435亿元，2016年为1 583.33亿元，2017年为1 761.26亿元），但与世界先进地区相比，研发投入强度仍显得薄弱，2017年仅深圳的R&D投入强度达到4.3%，珠海、东莞、中山、广州、佛山、惠州、江门、肇庆8个城市的R&D投入强度都不足3%，珠三角地区整体的R&D投入强度仅为2.9%，与日本的3.5%仍有较大差距[①]。产业政策支持方式主要有以下几种：第一，政府可通过税收优惠政策、财政资金补贴等方式鼓励企业加大科技创新投入，同时适当提高研发经费在财政支出中的比重，统筹安排财政资金，加大对企业研发的支持力度。第二，鼓励其他知名高校在该区域设立分校，以此提高粤港澳大湾区的科研能力。相比于上海和北京等城市，粤港澳大湾区特别是珠三角地区的高校在数量和质量上均不

① 数据来源于日本总务省、广东统计年鉴、粤开证券研究院。

占优，地方政府应加大与省外其他高校的合作，加强在科学技术研究、产品成果分享等方面的合作。第三，加强高级人才的培养和引进。粤港澳大湾区要实现“腾笼换鸟”，就需要对装备制造业进行高端的优化升级，这离不开高科技人才队伍的建设。其一，粤港澳大湾区可通过加大对国内外高校的支持力度、吸引外来高校入驻本地等方式培养内部人才；其二，粤港澳大湾区可制定相关政策优惠（如购房折扣、降低落户门槛等方式）来留住人才；其三，加强人才流动，一是要加强粤港澳大湾区内部的人才流动，二是加强外部区域与粤港澳大湾区之间的人才流动，在更大范围内吸引人才进入大湾区，这些都需要建立在完善人才流动机制的基础上。

第二，坚持对外开放，加大开放的深度。珠三角地区是中国改革开放的窗口，港澳是实行“一国两制”的特别行政区，粤港澳大湾区的经济具有明显的外向型特征。从实证分析来看，对外开放是该地区装备制造业全要素生产率的提升路径之一：对外开放度可以促进区域装备制造业全要素生产率的提升，外资使用比重的估计系数为0.0483，在1%的水平上显著为正，外商实际投资额对数值的估计系数为0.2278，在10%的水平上显著为正；粤港澳大湾区装备制造企业海外收入占比每增加1%，全要素生产率增加21.56%，在1%的水平上显著为正。近年来，因珠三角地区制造业生产要素成本上涨，外资转移到东南亚地区以及珠三角的其他行业，使得粤港澳大湾区制造业的外商直接投资被削弱。从外资在广东的直接投资来看，2000年制造业实际使用的金额占比为61.3%，2018年该比例下降至35.9%。从外商直接投资增速来看，印度和越南等国家要高于广东省，2017年外商在越南的直接投资同比增速为38.75%，在印度的直接投资同比增速为0.15%，而在广东省的直接投资同比增速为-0.13%。

第三，深耕通信设备、计算机及其他电子设备制造业的专业化发展之路。对于粤港澳大湾区来说，装备制造企业多元化经营对企业全要素生产率的提升产生了负面影响。实证检验结果显示，粤港澳大湾区装备制造企业占主营业务收入10%以上的行业数目每增加1%，企业全要素生产率降低8.35%。具体来说，通信设备、计算机及其他电子设备制造业十多年来一直保持着很强的优势。在珠三角地区制造业分行业产值方面，2008年排名前三位的分别是通信设备、计算机及其他电子设备制造业，电气机械及器材制造业和化学制品业；2018年排名前三位的分别为通信设备、计算机及其他电子设备制造业，电气机械及器材制造业和汽车制造业。其中，通信设备、计算机及其他电子设备制造业一直保持着持久的产值优势。在珠三角产品出口额方面，2018年为6 152.6亿美元，占全国出口额的24.7%，占广东省出口额的95.1%。在广东省各类产品的出口中，机电及电子产品、计算机和通信技术、机械及设备为主要品类，分别占比40.3%、27.8%、14.5%，合计占比高达82.6%，通信设备、计算机及其他电子设备产品在出口方面也保持了较大的优势。

第四，加强会计信息监督。盈余管理对一些地区造成了负面影响，粤港澳大湾区为其中之一，盈余管理对该区域装备制造业全要素生产率的影响系数为-0.6271。企业盈余管理行为会扰乱市场，同时伴随着企业寻租。装备制造企业规模比普通制造企业要大很多，投资、筹资等资金周转压力大，需要精细化的管理与高效率的资产配置，而在资金高压下的上市公司为了更好地享受股票上涨的资本化红利，可能以创新的名义“寻租”并进行向上盈余管理。粤港澳大湾区是我国装备制造产业比较发达的区域，一方面，该区域要增加创新投入，发展生产力，增强竞争力，改善市场结构，提高全要素生产率；另一方面，该区域也要建立全面会计信息监管体系，注意矫正“寻租”扭曲资源的行为，防止企业以创新为“借口”进行盈余管理，做到公平、公正、高效，使全要素生产率较高的企业发挥生产优势，使市场在配置资源中发挥决定性作用。

我国宏观结构存在实体经济与金融经济发展的不平衡、监管手段不完善、现代化或信息化不充分的问题。该区域是我国金融业最为发达的区域，需要维护实体创新，提高监管能力，抑制创新泡沫。该区域还是我国通信计算机产业、大数据产业较为发达的地区，需要承担起建立数据透视大平台的职责，该平台集税收监管、金融监管、市场监管、司法监督于一体。

（2）长三角

第一，提高研发资源配置效率与技术外溢效应。研发投入及其增长方式的粗放，制约了区域层面全要素生产率的增长。研发支出强度每增加1%，粤港澳大湾区装备制造业全要素生产率降低98.45%，长三角装备制造业全要素生产率降低184.02%，京津冀、呼包鄂装备制造业全要素生产率降低172.56%，可以看出长三角与京津冀、呼包鄂装备制造业研发投入对企业全要素生产率的抑制效应要大于粤港澳大湾区，同时由图6-1可以看出，2018年，长三角研发支出占比27.69%，获得专利数量占比25.53%，京津冀研发支出占比15.92%，获得专利数量占比9.60%，粤港澳大湾区研发支出占比29.96%，获得专利数量占比39.71%，显然长三角与京津冀比粤港澳大湾区在研发资源配置上的效率要低。因此，长三角需要提高研发投入的强度与使用效率，对研发资源进行更集约式的管理。

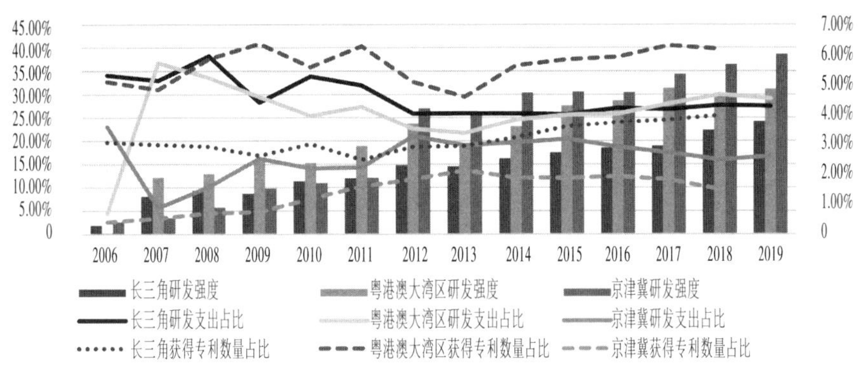

图6-1　粤港澳大湾区、长三角、京津冀装备制造业研发强度、研发支出占比与获得专利数量占比

上述实证检验中，我们注意到，川渝、关中、天山北坡、兰西、黔中、滇中装备制造业研发产出对全要素生产率的增长效应非常明显，专利申请数量每增加1个单位，川渝、关中、天山北坡、兰西、黔中、滇中装备制造业全要素生产率增加8.19，同时，这些城市群除川渝外，研发成果大多非常薄弱，获得专利数量占比分别为4.88%（川渝）、0.61%（关中）、0.53%（天山北坡、兰西）、0.08%（黔中）、0.08%（滇中）。技术先进地区的技术外溢效应对这些城市群装备制造业全要素生产率的促进效应较为明显，建议长三角增加技术的外溢效应，对这些城市群的装备制造业给予技术支持，实现研发共享，进一步地做好对口资源、人才培养与输送。

第二，加大对创新投入的监管。2006—2016年，长三角的研发投入高于粤港澳大湾区，但是研发产出成果却远低于粤港澳大湾区，考察期内长三角研发投入的优势并未体现。长三角研发支出与全要素生产率之间呈负相关关系，即长三角研发支出强度每增加1%，全要素生产率降低184.02%，不难推断，长三角研发资源的集约度不高。结合盈余管理来看，它对长三角装备制造业全要素生产率造成的负面效应是显著的，影响估计系数为-0.7253，因此，在长三角装备制造业全要素生产率增长的同时，还需要加强对创新投入的监管力度。

当一个经济体完成资本积累，解决了基本的生存问题，进入中等收入阶段之后，经济结构会随之发生变化。我国在1990—2010年间外部环境、要素禀赋、基本矛盾与基本问题已改变，2010年以后开始迈向转变发展方式、优化经济结构、转换增长动力的攻关期，需要解决资源错配、创新不足所致结构失衡的基本问题，要求我们必须改变发展动力与发展方式，让市场在资源配置中发挥决定性作用。目前，中国处在全球新一轮科技革命和产业变革呈加速态势的新阶段，处于全面开启社会主义现代化强国建设新征程的重要机遇期。要素驱动经济增长的时代已经过去，2010年以后需要提升结构变迁进程中资源再配置的效率，推动技术创新、组织创新。长三角作为我国装备制造业研发投入比重最大的地区，需要承担起改革过程中从要素驱动到效率驱动的主动力转换这一历史使命，在这个过程中离不开全面的创新监管体制与强有力的监管措施。

第三，加强外贸经济集约式增长。长三角企业海外收入占比每增加1%，装备制造业全要素生产率降低12.10%；而粤港澳大湾区为正向影响系数21.56%。同时，长三角装备制造业外商实际投资额与外商投资占该地区生产总值比重均高于粤港澳大湾区：长三角装备制造业外商实际投资额6 515 081万美元、外商投资占比8.85%；粤港澳大湾区外商实际投资额2 258 978万美元、外商投资占比6.66%。粤港澳大湾区在对外开放要素投入增长率上并无优势可言，由此推测，两者经济增长差异源于要素禀赋的质量效应，这与米运生等（2008）通过实证检验得出的结论相同：长三角可能是整个中国外贸增长方式粗放的一个缩影，是中国FDI技术含量低、外延式增长的微观体现。外贸的粗放式增长和FDI的外延式增长、较低的市场国际化程度，制约了区域层面TFP的增长。长三角、粤港澳大湾区的总供给函数有着不同的自变量，但有一点是相同的：它们都得益于改革开放，享受到了经济全球化的益处。对外开放是理解区域发展差异的重要变量，全球化影响了TFP，也影响了区域经济发展。长三角装备制造业海外市场份额的增加并未促进全要素生产率的提升，反而使其有所降低，与粤港澳大湾区形成对比，这种差异是对外开放的质量效应差异所致。从增长模式来看，对外开放在短期内克服了要素的稀缺性，扩大了市场，但相对于数量上的增长，对区域经济差异影响更为本质的是质量效应，也就是说，长三角此刻需要加强外贸经济集约式增长而非简单的粗放式增长。

第四，走科技金融之路。在考察期内，长三角在研发资金投入方面是全国最有优势的地区，研发成果占比也有较强优势，仅次于粤港澳大湾区。长三角的研发投入在2006—2018年间平均高于粤港澳大湾区3.78个百分点，同时实证结果显示，金融化对长三角装备制造业全要素生产率产生了积极效应，估计系数为0.5946，加之上海国际金融中心于2020年跻身世界前三，种种迹象表明，长三角具备通过科技金融[①]促进装备制造业全要素生产率增长的条件。

根据产业融合理论，长三角科技与金融的融合是优化配置要素资源的直观表现形式。根据产业梯度理论，产业必然会从高梯度地区逐步向低梯度地区转移，通过各类生产要素的动态转移，实现要素资源的优化调整，长三角各个城市的企业运营成本存在较大差异，产业必然会在它们之间进行转移，发达地区产业转移的实质是高新技术的扩散过程及产业结构的升级过程。根据溢出效应理论，核心城市对周边城市进行产业的辐射和溢出，上海、杭州、苏州等地科技金融资源会向区域内周边城市发生溢出效应，合肥、南京等地的科技资源也会带动周边地区发展，更好地将科技成果外溢，优化长三角整体的科技产业布局，从而实现该区域整体全要素生产率的提升。根据企业价值链理论，装备制造企业会把价值链分布到长三

① 关于科技金融，最权威的表述来自国务院印发的《“十三五”国家科技创新规划》，其中明确提出“建立从实验研究、中试到生产的全过程、多元化和差异性的科技创新融资模式，鼓励和引导金融机构参与产学研合作创新。在依法合规、风险可控的前提下，支持符合创新特点的结构性、复合性金融产品开发，加大对企业创新活动的金融支持力度”。经济发展依靠科技推动，而科技产业的发展需要金融的强力助推。科技金融落脚于金融，服务于科技创新创业的金融业态和金融产品。

角的不同城市。处于价值链高端的研发、营销、生产和客服的异地设立需要区域性科技金融的融合与协同，装备制造企业可以借助区域内各地要素禀赋进行价值链的布局以实现利益最大化。从政府视角来看，支持装备制造企业的价值链在区域内各地布局，会提高科技要素流动效率，优化金融资源配置，最终提升产业全要素生产率。

（3）京津冀、呼包鄂

第一，注重高科技研发人才的培养与留用。实证结果显示，长三角研发投入强度每增加1%，京津冀、呼包鄂装备制造业全要素生产率降低172.56%。科研成果产出方面京津冀不如粤港澳大湾区与长三角，2018年京津冀获得专利数量占比9.60%，粤港澳大湾区获得专利数量占比39.71%，长三角获得专利数量占比25.53%。盈余管理对京津冀、呼包鄂装备制造业全要素生产率的影响系数为-0.6579。与长三角的情况相似，粗放式研发投入制约了全要素生产率的增长，创新监管力度还需加强，在国内技术外溢效应弱。京津冀、呼包鄂除了需要解决长三角存在的这些问题之外，还需要解决高科技研发人才的培养与留用问题。如表6-2所示，考察期内，2015年以前京津冀高等学校数量为全国第一，2016年后略有下降，仅次于长三角。其中，北京是我国高等学府数量以及质量都称得上首屈一指的学子城，在研发人员培养上有很强的优势。可以说，京津冀在研究开发的人才保障上最具实力，可是研发产出成果却不尽如人意，研发人才可能流向了粤港澳大湾区、长三角这类经济较京津冀更为发达的地区，甚至可能流向了发达国家物质待遇优厚的城市。因此，建议京津冀通过提高人才待遇吸引和留住研发人才，通过增强城市公共资源利用率以提高城市承载率。

第二，以“双循环”下的国内循环为主导，成为国内装备制造业领头雁。京津冀的外向型经济优势不明显，北京是我国装备制造业非常发达的城市，也是京津冀主要的内陆城市，而且实证检验发现京津冀、呼包鄂装备制造企业海外收入对全要素生产率的提高并未产生积极效果，结果显示企业海外收入占比每增加1%，京津冀、呼包鄂的装备制造企业全要素生产率降低27.19%，结合该地区的要素禀赋及该项实证结果建议，京津冀、呼包鄂可以尝试以“双循环”下的国内循环为主导，充分发挥产业技术优

表6-2　　我国2010—2018年高等学校在各城市群中的占比情况（%）

城市群	2010	2011	2012	2013	2014	2015	2016	2017	2018
长三角	27.41	27.94	27.67	28.42	28.47	27.29	28.67	31.50	32.96
京津冀	29.18	28.26	29.33	29.04	28.50	28.84	26.73	24.46	23.83
粤港澳大湾区	10.40	11.22	11.40	11.11	10.89	12.27	13.44	13.78	13.95
长江中游	8.41	8.30	7.95	7.76	7.71	7.18	7.71	8.46	8.68
川渝	5.03	4.74	5.06	5.30	5.79	6.13	6.10	6.25	6.15
辽中南哈长	4.76	4.51	4.69	4.67	4.66	4.51	4.17	3.54	3.41
山东半岛	4.57	4.68	4.16	4.01	3.92	4.06	4.02	3.56	2.78
关中	3.11	3.24	2.99	2.94	3.10	2.76	2.68	2.22	2.14
海峡西岸	2.46	2.50	2.40	2.32	2.50	2.37	2.11	2.34	2.29
中原	1.38	1.60	1.59	1.68	1.61	1.89	1.88	1.64	1.63
天山北坡、兰西	1.04	1.03	0.95	0.96	1.01	0.94	0.87	0.72	0.64
太原城市群	0.80	0.71	0.65	0.64	0.60	0.71	0.64	0.53	0.54
黔中	0.64	0.55	0.52	0.54	0.58	0.52	0.50	0.45	0.43
滇中	0.48	0.44	0.41	0.40	0.38	0.35	0.33	0.30	0.30
北部湾	0.20	0.18	0.17	0.15	0.22	0.13	0.12	0.23	0.23
呼包鄂	0.12	0.07	0.07	0.06	0.06	0.05	0.05	0.04	0.04

势，成为国内装备制造业领头雁，推动该区域乃至全国装备制造业的发展。

第三，走精细专业化发展之路，注重产品品质与技术创新。实证结果显示，多元虚拟变量（Dyh_dum）对京津冀、呼包鄂装备制造业全要素生产率产生了负向影响，估计系数为-0.1379，因此，对这些城市群而言，我们建议采用精细化专业发展路径，提升全要素生产率。京津冀在电气机械及器材制造业，交通运输设备制造业，金属制品业，通信设备、计算机及其他电子设备制造业方面具备突出的优势，呼包鄂则在交通运输设备制造业、专用设备制造业方面具备优势，因此，我们建议在这些优势产业上进一步突破，注重产品品质与技术创新。

第四，加强装备制造业与金融业的融入。与粤港澳大湾区、长三角相比，京津冀、呼包鄂的金融业远不如前者发达，但企业金融化对京津冀、呼包鄂地区装备制造业全要素生产率产生了正向效应，估计系数为3.5008，其正向效应大于粤港澳大湾区（估计系数为1.7230）与长三角（估计系数为0.5946）。不难推测，京津冀、呼包鄂装备制造业与金融业融合度还未饱和，对金融化的投入与利用对全要素生产率的促进还未达到收敛点。因此，这些区域可以通过加强装备制造业与金融化的融合得到比金融业发达地区更好的全要素生产率提升效果。

（4）山东半岛、辽中南哈长

第一，优化市场环境。在各城市群装备制造业差异视角下全要素生产率区域影响因素的检验中得出，市场制度环境越好，该区域装备制造业的全要素生产率越高，估计系数为0.0339，在1%的水平上显著；政府规模即政府公共财政支出占该地区生产总值的比重，对区域装备制造业全要素生产率产生了负面影响，估计系数为-0.0134。在表6-3中，山东半岛市场化指数为0.69，辽中南哈长市场化指数为0.43，远低于长三角（2.19）与粤港澳大湾区（1.08）。由于在关于市场化总指数与资本因素、对外开放的交互影响的实证中，我们还发现市场制度环境在对外开放与全要素生产率之间起到了调节作用，加强了对外开放的作用。对于山东半岛、辽中南哈长而言，优化市场环境不仅会直接促进全要素生产率的提升，而且会通过与对外开放的交互影响起到间接促进全要素生产率提升的作用。

第二，以更高水平对外开放，推动共建“一带一路”高质量发展。山东半岛、辽中南哈长可以通过区域产业政策与“一带一路”金融区域化路径实现装备制造业全要素生产率的提升，实现对外开放高端化，推动共建“一带一路”高质量发展。区域产业政策能够促进山东半岛、辽中南哈长装备制造业全要素生产率的提升，估计系数为0.1252；表5-8“区域产业政策的双重差分检验”结果显示，未享受到红利政策的产业，市场开放更能发挥促进全要素生产率提升的作用，估计系数为0.1862，有可能是海外

表6-3　　2017年我国城市群政府规模与市场化指数

城市群	市场化指数	政府规模
长三角	2.19	26.80%
粤港澳大湾区	1.08	20.13%
京津冀	0.80	19.49%
长江中游	0.79	15.58%
山东半岛	0.69	15.40%
川渝	0.51	14.33%
辽中南哈长	0.43	14.31%
中原	0.38	14.03%
海峡西岸	0.36	13.61%
关中	0.18	13.52%
北部湾	0.17	12.49%
天山北坡、兰西	0.13	12.17%
太原城市群	0.11	11.55%
呼包鄂	0.09	9.35%
滇中	0.09	8.55%
黔中	0.08	4.92%

市场与产业政策之间存在一种替代关系。那么，对于山东半岛、辽中南哈长地区来说，当不能享受地区产业政策时，企业可以通过加大对海外市场的开放度来提高全要素生产率。同时，由于实证结果显示，企业海外收入占比每增加1%，山东半岛、辽中南哈长的装备制造业全要素生产率降低74.32%。对于该地区已经享受政策红利的企业，政府要防止它们通过出口类的政策渠道寻租。该地区海外收入占比与全要素生产率呈负相关关系的实证结果，并不意味着山东半岛、辽中南哈长要转向内向型经济，而是应该以更高水平的形式对外开放。比如，山东半岛以中韩合作为切入点融入“一带一路”建设；辽中南加快建设“一带一路”综合试验区，向西打

造中国–中东欧“17+1”经贸合作示范区，向东加强东北亚经贸合作；哈长以与蒙俄合作为重点，研究“中蒙俄经济走廊”建设的顶层设计，构建“三体多翼”对外开放新格局。对山东半岛、辽中南哈长而言，更高水平对外开放，还包括金融开放。实证结果显示，企业金融化对山东半岛、辽中南哈长地区产生了积极效应，影响系数为1.1570。山东半岛、辽中南哈长的金融开放，对内可以推进环渤海区域金融一体化，对外可以构建辐射日韩蒙欧朝的国际金融中心，构筑一廊（“鲁（山东半岛）–日（九州）–韩（西南海岸）”黄海地区城市走廊）、一心（珲春国际合作示范中心）、两区（中朝罗先经济贸易合作区、中俄哈桑经济贸易合作区）、三带（“图们江区域长吉图开发开放经济带、中朝珲春–罗先跨境经济合作带、中俄珲春–哈桑跨境经济合作带”三大走廊式的跨境经济合作产业带）、三通道（辽鲁大通道、辽蒙欧大通道、辽满欧大通道）装备制造产业格局。由此，以金融开放为枢纽，推动山东半岛蓝色经济带、东北老工业基地装备制造业的高质量发展。

第三，立足要素禀赋，发挥比较优势，走专业化发展之路。实证结果显示，多元虚拟变量（Dyh_dum）对山东半岛、辽中南哈长装备制造业全要素生产率的负向影响系数为0.1832。就这些城市群而言，装备制造业走专业化发展之路有两条路径。第一条路径是深耕已具备全要素生产率优势的产业，以实现进一步突破。比如，山东半岛在电气机械及器材制造业，交通运输设备制造业，通信设备、计算机及其他电子设备制造业方面具备优势，辽中南哈长在交通运输设备制造业方面具备优势。第二条路径是缩小装备制造业范围，可集中资金、科研人才在特定的专业领域做研发，突破核心技术与核心零部件的开发。辽中南哈长地区作为东北老工业基地，具有装备制造业的工业基础，该区域还集中了以装备制造业见长而闻名世界的高等学府，如哈尔滨理工大学、哈尔滨工业大学、哈尔滨工程大学等，具备很强的研发人才优势。但实证结果显示，山东半岛、辽中南哈长的研发强度对装备制造业全要素生产率的负向影响在所有城市群中是最大的，研发强度每增加1个单位，山东半岛、辽中南哈长装备制造业全要素生产率降低4.5733个单位，而研发产出对山东半岛、辽中南哈长装备制造业全要素生产率的影响却并不显著。装备制造业多元化的经营方式导致研发资金、人才分散，研发投入给装备制造企业造成的负面消耗是所有城市群中最为严重的，同时研发产出也未能转换成提高生产率的实践成果。因此，该地区可尝试缩小突破范围，利用人才要素禀赋，提升高级要素投入效率，走特定领域专业化发展之路。

（5）长江中游、中原、太原城市群

第一，做好专业化分工与协作，推动区域经济高质量发展。在上述实证检验中，我们发现长江中游、中原、太原城市群更适合走装备制造业专业化之路：收入熵指数（Dyh_entro）每增加1个单位，长江中游、中原、太原城市群装备制造业全要素生产率降低1.8435。前文提及，长江中游的优势产业有交通运输设备制造业、仪器仪表及文化办公用机械制造业、专用设备制造业，中原的优势产业有电气机械及器材制造业、金属制品业、通用设备制造业，这些城市群可以优先做精上述优势产业。特别是在汽车、城市轨道车、高速铁路、地铁等先进交通运输设备方面发挥产业集群作用，利用比较优势加强企业专业化分工与协作。目前，全球80%的汽车零部件的生产和制造都与中国企业有关系。其中，湖北汽车零部件产量占全国总产量的13%，多达1.2万家企业在从事汽车零部件的生产。湖南长沙有三一重工、中联重科、铁建重工集团、山河智能四家世界工程机械50强企业。安徽在冷轧和热轧薄板及宽厚板、重轨、大型材、线棒生产线、无缝管、高速钢轨等通用与专用重型机械制造业方面有较好的基础，合肥引入了京东方、台湾力晶，孵化了科大讯飞、科大国创、国仪量子等一众科技公司。相对于沿海地区而言，这些城市群在发展装备制造产业方面的要素禀赋在于：原材料本地化的零成本物流、中欧班列的省时高效、廉价的人力成本以及欧亚大陆的巨大需求。在实证检验中我们还发现研发支出比例每增加1个单位，长江中游、中原、太原城市群装备制造业全要素生产率降低1.6764个单位，这从研发角度提醒这些城市群需要在具有突出优势的专长领域集中资源突破尖端科技，以提高研发效率。

第二，优化市场体制，增强民营经济发展活力。市场化体制越好，产业发展过程中遇到的各种阻碍越少，企业经营成本越低，并且能在享受外部政策与技术进步的过程中受益，行业整体发展效率提升。市场化改革通过良好的营商环境规范了市场化行为（阮舟一龙和许志端，2020），有利于激发市场参与主体的活力，从而推动产业需求（张美莎等，2019）。实证结果显示，市场体制对我国装备制造业全要素生产率产生了积极效应，估计系数为0.0339。对于我国所有区域而言，进一步深化改革开放，推进市场化、法治化都是必不可少的。但是，正如表6-4所示，我国长江中游、中原、太原城市群市场化程度均较低。就市场化指数评分而言，与广东相比，2019年湖北低于广东22.62%、湖南低于广东27.84%、江西低于广东28.85%、安徽低于广东30.22%、山西低于广东42.40%、河南低于广东30.22%。对于长江中游、中原、太原城市群这些次发达城市群来说，积极主动加快面向市场化、法治化进行经济体制改革，促进民企和外企的发展，提高非公有制经济的比重，均为产业经济发展中需要完成的任务。

表6-4　**2008—2019年我国部分省（自治区、直辖市）市场化指数评分**

省（自治区、直辖市）	2008	2009	2010	2011	2012	2013	2014	2015	2016	2017	2018	2019
湖北	5.40	5.57	5.50	5.70	6.21	6.58	7.16	7.35	7.47	7.78	8.11	8.45
湖南	5.35	5.33	5.47	5.68	5.70	5.84	6.78	7.09	7.07	7.33	7.60	7.88
江西	5.45	5.48	5.61	5.80	5.68	5.83	6.74	6.82	7.04	7.28	7.52	7.77
安徽	5.92	6.04	6.12	6.42	6.25	6.50	7.40	6.98	7.09	7.26	7.44	7.62
山西	4.29	4.12	4.51	4.59	4.79	4.97	5.15	5.48	5.66	5.86	6.07	6.29
河南	5.89	5.99	6.08	6.19	6.34	6.51	6.85	7.05	7.10	7.27	7.44	7.62
北京	7.24	7.36	7.94	8.10	8.75	9.12	9.37	8.89	9.14	9.42	9.70	10.00
上海	8.14	8.41	8.79	8.89	8.70	8.94	9.77	9.73	9.93	10.18	10.45	10.71
江苏	7.84	8.21	8.59	9.18	9.94	9.86	9.64	9.30	9.26	9.46	9.67	9.88
广东	7.52	7.62	7.73	7.88	8.33	8.64	9.30	9.68	9.86	10.20	10.56	10.92

在关于市场化总指数与资本对装备制造业全要素生产率的交互影响的进一步实证检验中，我们还发现市场体制因素在其中起到了调节作用，削弱了资本的作用。从表6-5来看，非国有制经济的发展排序是长江中游、中原、太原城市群的“软肋”，湖北排名第14位，湖南排名第15位，安徽

排名第10位，江西排名第9位，山西排名第23位。根据社会主义市场经济理论，推进国有企业混合所有制改革，可以促进资本市场活跃度的提升，因此不难理解为什么加入市场化指数因素以后，资本对全要素生产率的积极效应会被弱化。原因就是非国有经济发展作为市场化维度之一，更富有弹性。如果非国有经济发展滞后，就会弱化这种积极效应。由此可见，当下优化市场体制最为迫切的任务是推进国有企业混合所有制改革。

表6-5 **2016年我国部分省（自治区、直辖市）市场化指数五维度因素排序**

省（自治区、直辖市）	政府与市场的关系排序	非国有经济的发展排序	产品市场的发育程度排序	要素市场的发育程度排序	市场中介组织的发育和法治环境排序
湖北	17	14	8	5	20
湖南	10	15	6	17	13
安徽	15	10	9	18	11
江西	11	9	5	19	15
河南	6	5	7	22	19
山西	22	23	23	15	21
广东	3	2	2	6	3
上海	2	11	10	2	4
北京	14	19	30	1	2
江苏	4	1	14	10	5

具体来说，推进国有企业混合所有制改革包括以下几个方面：

首先，实行所有制的多样化，鼓励国有、民营、外资以及混合所有制的共同发展，激发市场活力。由于市场化体制对装备制造业全要素生产率具有显著的促进作用，因此，要想促进我国装备制造业发展水平的提高，就应该鼓励非国有经济的发展壮大。在我国，装备制造业越发达的地区，国有企业占比越低，如粤港澳大湾区（占比11.91%）、长三角（占比11.76%）。实证结果显示，国有企业占比越大，对装备制造业全要素生产率的提高越不利。国有产权性质对以销售收入加权的全要素生产率产生了抑制作用（估计系数为-0.0845~-0.0764），同样，对以员工人数加权的全要素生产率产生了抑制效应（估计系数为-0.0453~-0.0444）。通过国有企业产权调整促进私营投资、外资投资的发展，有利于提高生产效率（周永莲，2019）。

其次，在非公有制经济中，着重提高民营企业数量或经营规模。民营企业是市场经济中最为活跃的部分，在中国经济结构转型过程中已经发展为最具竞争力的部分。按经营规模、成长潜力、盈利水平等综合性指标排名，2016年有41%的民营企业（205家）进入中国企业500强行列。

再次，政府要有效发挥调控市场的作用，不断健全市场运行机制，做到市场有效、政府有为。政府规模是指政府公共财政支出占该地区生产总值的比重，估计系数为-0.0134。但这并不意味着政府规模越大，企业的全要素生产率越低，而是要求地方政府加大改革力度并提高精准度，在行政管理体制、财政体制、税收体制、投资体制、融资体制、科创体制和价格管理体制等方面加强改革，注重政策创新，为企业降成本、增动力。

最后，在各城市群影响因素的实证检验中，我们发现盈余管理对长江中游、中原、太原城市群造成了负面影响，估计系数为-0.6239。这就要求地方政府在提供高效体制环境的同时，还要加强对各类产权性质企业的监管，建立公平、公正、公开的市场化体制。

（6）海峡西岸、北部湾

第一，升级对外开放，做好区域统筹规划与市场化配置体制机制优化。虽然海峡西岸有较长的海岸线，有较多的沿海城市，20个经济区中有50%来自其沿海城市，对外开放时间比其他很多城市要早，北部湾有很强的港口优势，有较多的天然深水港，但这些沿海地理优势与港口优势并未在对外开放上取得很好的效果。从表6-6可以看出，海峡西岸、北部湾对外开放表现远不如环渤海、长三角、珠三角地区。海峡西岸外资使用比重为4.05%，位列倒数第五；北部湾外资使用比重为0.73%，位列倒数第一。因为对外开放进程缓慢，开放度不足，所以，一直到21世纪初都尚未形成完整的工业体系和强有力的支柱产业，工业的薄弱也影响了一系列产业的发展。在实证检验中，就整体样本而言，装备制造企业海外收入占比与全要素生产率呈正相关关系，估计系数为0.1675，对外开放度促进了区域装备制造业全要素生产率的提升，外资使用比重的估计系数为

0.0483，外商实际投资额对数值的估计系数为0.2278。但是，就海峡西岸、北部湾来说，海外收入与该城市群装备制造业全要素生产率之间的关系并不显著。这就要求海峡西岸、北部湾在对外开放政策上做好区域统筹规划、做好市场化配置体制机制优化。

表6-6　**2016年我国城市群代表对外开放度的指标数据**

城市群	外商实际投资额（万美元）	ln 外商实际投资额	外资使用比重（%）
京津冀	4 816 608	15.39	16.87
川渝	1 762 455	14.38	9.58
长三角	6 515 081	15.69	8.85
关中	447 317	13.01	8.83
中原	852 496	13.66	8.82
长江中游	1 826 043	14.42	7.83
呼包鄂	180 127	12.10	7.43
辽中南哈长	1 473 601	14.20	7.39
粤港澳大湾区	2 258 978	14.63	6.66
黔中	128 125	11.76	6.32
山东半岛	1 271 965	14.06	5.22
海峡西岸	766 925	13.55	4.05
滇中	73 996	11.21	3.66
太原城市群	46 214	10.74	3.30
天山北坡、兰西	91 663	11.43	2.15
北部湾	27 353	10.22	0.73

在对外开放的对象选择上，把东盟作为“走出去，请进来”的重点。沿海发展带是该区域横向发展的重要规划，也与该区域经济发展的要素禀赋相吻合。海峡西岸、北部湾可以借力粤港澳大湾区建设等发展向海经济，推动北钦防一体化发展，促进中国和东盟多领域合作。首先，要建好港口基础设施；其次，要推进自贸区建设，提高自贸区服务水平；最后，要出台招商引资的优惠政策，东盟工业园区要落实政策，为产业链上各个价值链环节提供全面服务，提升对外贸易水平与城市经济效率。

在对外开放的内容上，一方面要加强实体经济的多边贸易，吸引外商直接投资，另一方面要做好金融开放。在引导投资方面，全面升级沿海城市的营商环境，引导外资投向产品附加值高的技术密集型产业。在金融开放方面，首先，要建设投融资平台；其次，要增强金融市场活力，鼓励科技金融创新，助推陆海新通道建设，打造面向东盟的金融开放门户，实证结果显示，企业金融化对海峡西岸、北部湾装备制造业全要素生产率产生了积极效应，估计系数为1.8580；最后，吸收粤港澳大湾区、长三角成熟的金融技术，尝试开拓金融科技[①]创新领域，推动区域装备制造业发展。

实证结果显示，市场制度环境在对外开放与全要素生产率之间起到调节作用，加强了对外开放的作用。建议海峡西岸、北部湾以体制机制优化释放更大的市场活力，通过协调沟通机制、优化营商环境、完善政策支撑体系实现区域经济的大幅提升。20世纪末，沿海发达地区利用劳动力成本优势以及国际产业链的转移，通过制造业外贸出口实现了区域经济的崛起。但海峡西岸、北部湾却没有抓住这一良好机遇，导致经济落后。一个地区经济的落后，往往也会对装备制造业产生负面影响。在关于地域经济发展因素的实证检验中，我们发现，所处区域全要素生产率对该区域装备制造业全要素生产率的提升有促进作用，估计系数为0.2091，在1%的水平上显著。因此，充分发挥海峡西岸、北部湾沿海城市的作用，是提升区域经济效率的重要措施之一。

第二，优化产业结构，加大第三产业对装备制造业的支持。在区域层面测算第三产业对装备制造业全要素生产率影响的实证检验中，我们发现，第三产业会拉大装备制造业的区域差距，对全要素生产率的提升效果较为明显，甚至大于第二产业的影响系数（ln第二产业生产总值的估计系数为0.4779，第二产业占生产总值的比重的估计系数为0.0043），第三产业对以销售收入加权和以劳动人口加权的城市群全要素生产率均产生了显著的积极影响，估计系数分别为1.3429、2.7865，充分验证了服务业的发展对装备制造业全要素生产率的提升效果更为明显。从表6-7可以看出，这两个区域均属于我国服务业发展较为落后的地区。2018年，海峡西岸

① 金融科技不同于科技金融。金融科技是指利用人工智能、区块链、云计算、大数据、移动互联等前沿科技手段服务于金融效率提升的产业；科技金融属于产业金融的范畴，主要是指科技产业与金融产业的融合。

第三产业生产总值比重为47.14%，位列倒数第一；北部湾第三产业生产总值比重为53.34%，处于全国中等偏下水平。我们在前文有关各区域全要素生产率的测算中得出，海峡西岸在电气机械及器材制造业，交通运输设备制造业，通信设备、计算机及其他电子设备制造业方面具备优势，北部湾在专用设备制造业方面具备优势，但不具备装备制造业多元化发展的条件，适合专业化分工。由此建议海峡西岸着重发展在电气机械及器材制造业，交通运输设备制造业，通信设备、计算机及其他电子设备制造业方面的服务业融入，北部湾加大第三产业对专用设备制造业的支持力度。

表6-7　　**2018年我国各城市群产业结构**

城市群	第一产业生产总值比重	第二产业生产总值比重	第三产业生产总值比重
京津冀	2.97%	31.83%	65.20%
天山北坡、兰西	2.01%	35.71%	62.27%
太原城市群	1.06%	37.05%	61.89%
粤港澳大湾区	1.54%	41.21%	57.25%
滇中	4.27%	39.14%	56.59%
黔中	9.42%	35.09%	55.49%
辽中南哈长	7.62%	38.03%	54.35%
长三角	3.27%	42.75%	53.98%
北部湾	8.98%	37.67%	53.34%
呼包鄂	5.74%	41.05%	53.21%
川渝	7.33%	42.25%	50.42%
山东半岛	6.22%	44.27%	49.51%
长江中游	7.10%	44.49%	48.41%
中原	5.38%	46.24%	48.38%
关中	6.85%	45.22%	47.93%
海峡西岸	6.40%	46.46%	47.14%

说明：存在尾差。

（7）川渝、关中、天山北坡、兰西、黔中、滇中

第一，建设“丝绸之路经济带”核心区科技金融中心。金融全球化增加了厂商在全球范围内进行风险多元化管理的能力与获利能力（Obstfeld等，1994）。金融本身具备优化资源配置、对管理者进行监督、促进技术创新的基本功能（Merton和Bodie，2004）。在前面的理论假设部分总结过大量关于金融发展能够促进全要素生产率提升的文献，因此，金融化因素作为推动装备制造业发展的重要力量，需要引起重视。前文提及美国的科技金融泡沫远高于中国，而且关于金融化能促进我国装备制造业全要素生产率提升的观点，在所有的实证检验中均已经得到证实，说明我国装备制造业整体未达到过度金融化的阶段。从区域层面的实证检验来看，企业金融化对川渝、关中、天山北坡、兰西、黔中、滇中地区装备制造业全要素生产率产生了积极效应，估计系数为5.6182。上述西部地区企业金融化对全要素生产率的提升效果远大于粤港澳大湾区、长三角等经济高度发达的城市群。原因可能在于，一些西部欠发达地区金融化程度不高，未达到金融化的饱和点，金融化对全要素生产率的促进作用还未达到收敛点，由此出现了金融化对金融欠发达地区装备制造业全要素生产率的促进效果更明显的现象。因此，在我国普遍推行装备制造业与金融业的融合是很有必要的，尤其对于上述西部地区来说，金融化能够更好地促进其装备制造业的发展。由此看来，在西部城市建设一个服务于中国以及欧洲、东南亚国家装备制造业金融发展的科技金融中心，并充分发挥其功能，对高质量推进“丝绸之路经济带”核心区建设具有重要的现实意义。同时，建设“丝绸之路经济带”核心区科技金融中心也具备一定的可行性。

构建“丝绸之路经济带”要创新合作模式，加强“五通”，即政策沟通、设施联通、贸易畅通、资金融通、民心相通。新疆位于“丝绸之路经济带”核心区，积极推进“五中心三基地一通道”。其中，金融中心是“五中心”之一，国家大型油气生产加工和储备基地、大型煤炭煤电煤化工基地、大型风电基地也与装备制造业有着很强的关联性，这些都为科技金融中心的建设提供了有力的保障。从区位方面来看，新疆地处亚欧大陆中心，与多国毗邻。从物流方面来看，新疆拥有22个机场，高速公路总

里程突破7500千米，铁路营业里程已达9091.1千米，连通西南、西北。目前，既有成都、西安、郑州、武汉、苏州、广州等城市途经新疆霍尔果斯口岸驶向欧洲的线路，又有以天山北坡、兰西、关中、川渝为起点驶向欧洲、东南亚的线路，形成了“东进西出、南来北往”的多维度开放格局。兰渝铁路、中欧（中亚）班列、南亚班列打通了西北可快捷通往东南亚与南亚、西南可通往中亚与欧洲的国际贸易物流通道。无论是西南地区的企业向中亚及欧洲国家进行货物出口，还是西北地区的企业向东南亚国家进行货物出口，都不用辗转到东部沿海港口，这为川渝、关中、天山北坡、兰西、黔中、滇中城市群装备制造产品出口创造了优越的物流条件。

从金融国际合作方面来看，新疆拥有以下独特优势：①于2010年成为全国第一个跨境直接投资人民币结算试点，与“丝路”沿线国家实现跨境人民币结算已达十余年。②在跨国外汇、期货合作方面具备十余年经验。2011年，新疆推出坚戈现汇业务，创设了中哈两国货币的直接汇率机制；2015年，新疆推出人民币对坚戈的远期结售汇、掉期业务，以及坚戈对美元的差额交割远期外汇买卖业务。③与“丝路”沿线国家在双边本币结算、双边货币互换、直接汇率机制、双边跨境金融机构设置、双边跨境业务经营及多边金融合作等方面均开展了积极尝试。

第二，加大资本投资的“量”，加强研发投入的“质”。关于各城市群装备制造业全要素生产率影响因素的实证结果显示，资本可以促进区域装备制造业全要素生产率的提升，固定资产投资增长率的估计系数为0.0019，资本存量对数值的估计系数为1.3632。就川渝、关中、天山北坡、兰西、黔中、滇中而言，除了川渝外，其余城市群的资本实力均处于我国较低水平。表6-8显示，其资本存量对数值与固定资产投资总额对数值分别为：关中10.46、18.72；天山北坡、兰西10.02、18.29；黔中9.59、17.83；滇中9.35、17.48。

关于不同城市群分类视角下装备制造业全要素生产率影响因素的实证结果显示，专利申请数量每增加1个单位，川渝、关中、天山北坡、兰西、黔中、滇中装备制造业全要素生产率增加8.19，影响系数也是所有区域中最大的，这说明研发产出并非只停留在实验台上，而是对西部这些城

表6-8　　2016年我国各城市群资本存量与固定资产投资总额

城市群	ln资本存量	ln固定资产投资总额
长三角	12.51	20.51
京津冀	11.69	19.68
山东半岛	11.56	19.55
川渝	11.38	19.55
长江中游	11.60	19.53
海峡西岸	11.23	19.32
粤港澳大湾区	11.18	19.22
中原	10.82	19.03
辽中南哈长	11.50	18.95
关中	10.46	18.72
天山北坡、兰西	10.02	18.29
黔中	9.59	17.83
北部湾	10.03	17.65
滇中	9.35	17.48
呼包鄂	9.47	17.40
太原城市群	8.71	16.83

市群装备制造企业的生产力提升起到了实质性的效果，并且研发产出对全要素生产率的提升效果是所有区域中最明显的。需要注意的是，在研发资金使用效率方面还有待提高，研发投入强度每增加1%，川渝、关中、天山北坡、兰西、黔中、滇中装备制造业全要素生产率降低56.75%，说明这些地区还需要进一步提高研发投入的“质”。

7 主要结论与对策

7.1 主要结论

7.1.1 我国装备制造业全要素生产率的现状

从国际比较来看，在产业总体方面，我国装备制造上市公司全要素生产率整体上低于美、日、德，但与这些装备制造强国的技术差距呈不断缩小的态势；在产业细分方面，我国电子通信设备业拥有较强的比较优势；在企业排名方面，我国装备制造在先进企业的数量上拥有较强的国际竞争优势，我国并不缺乏模范先进企业，但同时存在一大批落后企业，拉低了装备制造业的整体实力，而且先进企业在国内的技术溢出有限。

从区域视角来看，我国装备制造业存在区域异质性。一是在投入要素禀赋方面，粤港澳大湾区、长三角、京津冀、长江中游、川渝在科技创新研发与服务环节上有优势。粤港澳大湾区、长三角在科技创新上有资金优势，京津冀、长三角、长江中游、川渝在科技创新上有人力资源优势，这些地区拥有全国数量最多的高等学府，集聚了大量受过高等教育的科研人才。长三角、粤港澳大湾区、京津冀、山东半岛是中国重要的云计算产业基地，具备装备制造的服务功能优势，可占据装备制造业价值链中高端的服务环节。长三角、长江中游、川渝在装配加工、产业配套、产品封测的能力上具备劳动力成本优势，可占据装备制造业价值链中高端的生产经营环节。二是在细分行业方面，粤港澳大湾区、长三角在电气机械及器材制造业，以及通信设备、计算机及其他电子设备制造业方面拥有全国最强的产能与效率优势。长江中游、川渝、中原在交通运输设备制造业、通用设备制造业、专用设备制造业，以及通信设备、计算机及其他电子设备制造业方面均有优势。长江中游保持了通用、专用设备制造业的突出优势与电气机械及器材制造业、仪器仪表及文化办公用机械制造业的比较优势。川渝在电子信息产业方面具有智能产业集群优势。中原在电气机械及器材制造业、交通运输设备制造业、金属制品业、专用设备制造业方面的全要素生产率较高。呼包鄂、关中、辽中南哈长、天山北坡、兰西在金属制品业、电气机械及器材制造业方面存在比较优势。呼包鄂在交通运输设备制造业方面存在优势。关中在电气机械及器材制造业方面存在优势。辽中南哈长在交通运输设备制造业、金属制品业方面存在优势。天山北坡、兰西在金属制品业、电气机械及器材制造业尤其是能源开采、矿石采掘机械业方面存在优势。海峡西岸在电气机械及器材制造业、交通运输设备制造业，以及通信设备、计算机及其他电子设备制造业方面可以发挥产业优势。山东半岛在电气机械及器材制造业、交通运输设备制造业，以及通信设备、计算机及其他电子设备制造业方面可以利用比较优势加强企业分工协作。北部湾在专用设备制造业尤其是发展农机装备制造方面具有优势。滇中在通用设备制造业方面存在龙头企业。黔中在通用设备制造业方面存在龙头企业。三是在生产要素方面，粤港澳大湾区、长三角具有资本、技术优势；京津冀、长江中游、川渝、中原具有高等人力资源及劳动力人口优势；呼包鄂、天山北坡、兰西、辽中南哈长、关中、太原城市群、滇中、黔中具有矿产、太阳能、风能等自然资源优势。

7.1.2 我国装备制造业全要素生产率的贡献

第一，全要素生产率的提高能促进产业经济增长。装备制造业推动了我国工业经济增长与发展，其全要素生产率对产业经济增长做出了较大贡献，对产业国际地位的提升也起到了积极作用。我国装备制造业全要素生产率无论从短期来讲还是从长期来讲都能在一定程度上促进产业经济增长；全要素生产率对产业竞争增长的贡献远大于劳动人口对产值的贡献；我国装备制造产业经济增长长期处于“以投资驱动为主，以全要素生产率驱动为辅”的状态。全要素生产率虽然能够促进装备制造产业经济增长，但是仅仅做出了辅助性的贡献，这与我国装备制造业竞争力提升的动力机制处于由规模驱动向创新驱动转型的过渡阶段的事实相符。目前研发投入质量不高和投入产出不对等是我国装备制造业创新能力低下的重要原因。要提高研发产出能力，就要进一步提高全要素生产率对产业经济增长的贡献。

第二，全要素生产率在我国装备制造业国际地位提升上有重要贡献。我国装备制造业的创新能力受制于现有的全球经济秩序，总体受益于国际分工，但“份优位低”。产业全要素生产率的提高能在一定程度上提升全球价值链地位。尽管从短期来看，全要素生产率的提高对全球价值链地位的提升并未产生积极效果，但从长期来看产生了正向影响。后向联系下增加值比例、后向联系下复杂品增加值比例作为全球价值链地位中的次要级评价指标，全要素生产率对其的影响表现出短期为正、长期为负的效应，但正效应高于负效应。前向联系下增加值比例和中间品比例指标相比后向联系下的相关指标，更能代表产品技术含量和全球价值链地位。与此同时，全要素生产率对前向比例和中间品比例的促进效应要明显高于后向联系下的相关指标，从这个角度也进一步验证了全要素生产率是提升我国装备制造业国际地位的重要路径。

7.1.3 我国装备制造业全要素生产率的区域差异

第一，从细分行业来看，各城市群在不同产业上各有优势。粤港澳大湾区在电气机械及器材制造业与通信设备、计算机及其他电子设备制造业方面拥有全国最强的产能与效率优势。海峡西岸在电气机械及器材制造业、交通运输设备制造业，以及通信设备、计算机及其他电子设备制造业方面具有优势。辽中南哈长在交通运输设备制造业、金属制品业方面具有优势。山东半岛在电气机械及器材制造业、交通运输设备制造业，以及通信设备、计算机及其他电子设备制造业方面具有优势。天山北坡、兰西在金属制品业、电气机械及器材制造业方面具有优势。中原在电气机械及器材制造业、交通运输设备制造业、金属制品业、专用设备制造业方面的全要素生产率较高。这些城市群可以发挥优势产业的集群作用，利用比较优势加强企业分工协作。北部湾在专用设备制造业方面拥有先进企业。滇中在通用设备制造业方面拥有先进企业。关中在电气机械及器材制造业方面拥有先进企业。呼包鄂在交通运输设备制造业方面拥有先进企业。黔中在通用设备制造业方面拥有全要素生产率领先的企业。

第二，我国城市群装备制造企业TFP影响因素存在普遍性与区域异质性。区域产业政策与粤港澳大湾区和山东半岛、辽中南哈长装备制造业全要素生产率呈正相关关系。企业市场开放度与粤港澳大湾区装备制造业全要素生产率呈正相关关系，与长三角、京津冀、呼包鄂、山东半岛、辽中南哈长装备制造业全要素生产率呈负相关关系。研发支出与绝大多数城市群装备制造业全要素生产率呈负相关关系。研发产出与长三角、川渝、关中、天山北坡、兰西、黔中、滇中装备制造业全要素生产率呈正相关关系，其中山东半岛、辽中南哈长这些城市群装备制造企业的研发投入并未转换成提高生产率成果，与此同时，研发支出又对它们造成了负面的消耗。多元化经营与京津冀、呼包鄂、山东半岛、辽中南哈长、粤港澳大湾区、长江中游、中原、太原城市群装备制造业全要素生产率呈负相关关系。盈余管理与粤港澳大湾区、长三角、京津冀、呼包鄂、长江中游、中原、太原城市群、海峡西岸、北部湾装备制造业全要素生产率呈负相关关系。企业金融化与绝大多数城市群装备制造业全要素生产率呈正相关关系，正向估计系数从高到低排列为：川渝、关中、天山北坡、兰西、黔中、滇中，京津冀、呼包鄂，海峡西岸、北部湾，粤港澳大湾区，山东半岛、辽中南哈长，长三角。金融化作为装备制造企业投入的生产要素之一，在粤港澳大湾区、长三角等经济发达地区，如我国主要的金融中心上海与深圳，对装备制造业全要素生产率的推动作用极有可能已经达到收敛点，而关中、天山北坡、兰西、黔中、滇中等西部地区金融相对落后，金融化投入对这些地区的装备制造业全要素生产率的促进作用还处于上升阶段，由此出现了金融化对金融欠发达地区的装备制造业全要素生产率促进效果更明显的现象。

第三，资本因素、对外开放度、地域市场体制、地域产业发展、地域经济发展均会拉大装备制造业全要素生产率区域间的差异。资本因素、对外开放度、良好的市场体制环境可以促进区域装备制造业全要素生产率的提升。政府公共财政支出占地区生产总值的比重与区域装备制造业全要素生产率负相关。当地制造业生产总值占比、当地整体全要素生产率与区域装备制造业全要素生产率正相关。市场体制环境会削弱资本对区域全要素生产率的促进作用，强化对外开放对区域全要素生产率的促进作用。企业产权性质不同，也会造成区域全要素生产率的差异。所在地区国有企业占比越大，装备制造业全要素生产率越低。粤港澳大湾区和长三角国有企业占比最低，同时也是装备制造企业最为发达的城市群；滇中、黔中、呼包鄂、太原、辽中南哈长国有企业占比较高，同时是装备制造企业发展相对落后的城市群。

7.2 发展对策

7.2.1 基于全要素生产率测度视角下的产业升级对策

（1）加强国内产业梯度转移

实现产业有序转移与转型，进一步优化各城市群的装备制造业布局，是促进城市群之间协调发展的重要一环。第一梯队城市群应以率先实现现代化为目标，围绕产业转型升级和创新驱动型高质量发展，通过全要素生产率从高到低梯度的产业转移战略，实现“腾笼换鸟”。第二梯队城市群应发挥各自原有装备制造业比较优势，以打造优势产业集群、推进产业结构优化为目标和导向，通过提升产业配套能力，积极接好第一梯队城市群转移的产业接力棒。第三梯队城市群应有重点、有目标地承接装备制造优势产业，打造金属制品业、电气机械及器材制造业的集群优势，巩固能源开采、矿石采掘机械业优势，延长产业链，提高价值链地位，重点引进高层次人才，还应加大承接劳动密集型轻纺工业以及技术密集型装备制造业的力度。

（2）按生产要素投入禀赋进行产业升级

各城市群存在生产要素投入的异质性，应该结合生产要素禀赋，采用不同的升级方式，做到既能对要素进行统筹规划，又能增强要素协同效率。对于第一类“劳动-资本-技术密集型”城市群，即劳动、资本、技术都有优势的粤港澳大湾区、长三角、京津冀而言，这些城市群的装备制造企业目前在产业升级路径中担当全国“头雁”的责任，今后的目标定位是承担全球“头雁”的角色，应抓住国家发展装备制造业的机遇，吸引国际顶尖人才，在关键核心技术领域有所突破，既要推动当地经济发展，还要辐射全国装备制造业的发展。对于第二类“资源密集、非劳动-非技术密集型”城市群，即具有部分优势的天山北坡、兰西、关中、滇中，以及第三类“非资本-非劳动-非技术密集型”城市群，即劳动、资本、技术三者均无优势的辽中南哈长、黔中、太原城市群，不能走投资推动的老路，而应当注重发挥人力资本的作用，注重将经济增长的驱动力由资本向人才转变。首先，要为人才提供更好的“软硬环境”，即更高的平台和薪酬；其次，发挥这类地区生活成本较低的优势，吸引人才从沿海地区向中西部、东北转移，不断提升劳动力在产业发展中的地位；最后，第二、三类城市群要充分吸收第一类城市群装备制造业“技术外溢”的红利，实现欠发达地区的“共享”发展。

（3）以创新驱动装备制造业发展进行梯队式治理

首先，对装备制造业的创新进行梯队规划。把粤港澳大湾区打造成极具活力的世界级科创中心；把长三角装备制造业的地位积极提升至国际前列；将京津冀定位成世界顶级产学研创新城市群；长江中游、川渝需要在基础科学研究、科技创新方面支持全国装备制造业的发展。第三梯队要加强与第一、二梯队以及共建“一带一路”国家的技术合作。第四梯队应在应用科学领域体现创新成果。

其次，针对不同难度层次的创新要设定不同的考核标准。在基础科学层次，政府要鼓励加大研发投入比重，引导企业将资金从产能、营销等转移到基础科研投入中，企业要加大科研奖励以吸引高层次人才，给予基础研究人员更好的待遇。在应用科学层次，政府要加强监管，防止企业以研发创新的名义“寻租”，抑制创新泡沫。

最后，中国装备制造业应该坚定不移地从代工链向创新链转变。

（4）可根据已有装备制造产业优势进行分类治理

长三角、粤港澳大湾区、京津冀、山东半岛这些城市群以装备制造服务职能为主，发挥国家战略性新兴产业中“新兴信息产业”的优势，进一步推进服务贸易自由化，通过知识共享进一步提升中心城市生产性服务功能，使装备制造服务业在产业分工体系中占据梯度高位，带动其他梯队装备制造业生产环节的联动发展。长江中游、川渝、中原可以巩固在交通运输设备制造业与通用、专用设备制造业，以及通信设备、计算机及其他电子设备制造业上的专业优势，利用好相对于沿海地区更多的优势，如原材料本地化的零成本物流、中欧班列的省时高效、廉价的人力成本以及欧亚大陆的巨大需求。北部湾、长江中游可以发展农机装备制造，再利用工业反哺农业，联动全产业链的发展。呼包鄂、天山北坡、兰西、辽中南哈长、关中、太原城市群、滇中、黔中要积极推进铝、钛、钡、钒、锰等矿产资源精深加工一体化、延长金属制品产业链来避开“富饶的贫穷”陷阱，大力发展具有比较优势的新能源、新材料、先进装备制造来打破“资源悖论”，此外，可以顺势加快发展可再生能源装备制造业，促进能源装备产业的转型升级。

（5）保持开放定力，加强国际产业合作

中国城市群装备制造业可以先区分共建“一带一路”国家与非共建“一带一路”国家两个主层次对接国际价值环流，实现全球价值链地位的攀升，再根据地缘优势与全要素生产率优势进行同一层次内部再细分式精准对接。

对于与共建“一带一路”国家的合作，可以规划出五条合作路线：第一条是粤港澳大湾区–泰国–川渝–菲律宾、新加坡–滇中–印度尼西亚、马来西亚、越南；第二条路线是长三角–长江中游–中原–东亚–欧盟（卢森堡、塞浦路斯、奥地利、葡萄牙、爱沙尼亚、意大利）；第三条路线为京津冀–呼包鄂–山东半岛–辽中南哈长–东亚–欧盟（希腊、克罗地亚、斯洛文尼亚、波兰、立陶宛）；第四条路线是天山北坡、兰西–关中–东欧（塞尔维亚、俄罗斯、乌克兰）–中亚（哈萨克斯坦、乌兹别克斯坦）–南亚

（巴基斯坦、孟加拉国、斯里兰卡）-西亚（阿曼、沙特阿拉伯、土耳其、以色列）；第五条线路为海峡西岸-北部湾-黔中-太原城市群-南美（秘鲁、乌拉圭、智利）-欧盟（匈牙利、斯洛伐克、拉脱维亚、罗马尼亚、保加利亚）-非洲。

对于与非共建“一带一路”国家的战略合作与竞争，分别选取装备制造业全要素生产率处于高位的国家作为追赶参照经济体，给出四种方式的顶层设计：第一种是粤港澳大湾区-北美（加拿大、美国）；第二种是山东半岛、海峡西岸、川渝-东亚（日本）；第三种是京津冀-欧盟（爱尔兰、比利时、丹麦、德国、法国、芬兰、荷兰、西班牙）、英国；第四种是长三角、长江中游-北中欧（瑞士、冰岛、挪威）。

总体而言，中国城市群装备制造业应以“国内循环”为主、“国际循环”为辅。“国内循环”按照阶梯式协调合作，做好差异化、多元化与专业化分工合作；“国际循环”以是否为共建“一带一路”国家分层次切入，采用不同的合作与竞争模式。

7.2.2 基于全要素生产率影响因素视角下的产业升级对策

（1）粤港澳大湾区

首先，区域产业政策要积极支持产业向智能制造升级，实现“腾笼换鸟”。粤港澳大湾区的劳动密集型制造业向外转移，能够让周边欠发达地区充分发挥劳动力优势，与此同时，自身从代工链向创新链转移，走向装备制造业价值链高端——工业智能化。要使粤港澳大湾区装备制造业实现智能制造转型升级，首先，需要政府进一步出台产业政策，给予研发资金和科研人才方面的支持。产业政策支持方式如下：一是政府可通过税收优惠政策、财政资金补贴等方式激发企业科技创新投入，适当提高研发经费在财政支出中的比重，统筹安排财政资金，加大对企业研发的支持力度；二是鼓励其他知名高校在该区域设立分校，以此提高粤港澳大湾区的科研能力，同时，还应加大与省外高校的合作，加强在科学技术研究、产品成果分享等方面的合作；三是加强人才的培养和引进。其次，要坚持对外开放，加大开放的深度。再次，要深耕通信设备、计算机及其他电子设备制造业的专业化发展。最后，要加强会计信息监督，矫正扭曲，解放生产力，防止企业以装备制造业创新为“借口”进行盈余管理，使市场在资源配置中发挥决定性作用；建立全面会计信息监管体系，纠正寻租扭曲资源的行为，做到市场公平、公正与高效，使全要素生产率高的企业发挥生产优势。

（2）长三角

长三角要提高研发资源配置效率与技术外溢效应。研发投入及其增长方式的粗放，制约了区域层面全要素生产率的增长。长三角在研发资源配置上的效率低于粤港澳大湾区，因而，长三角需要提高研发投入的强度与使用效率，对研发资源进行更集约式的管理。首先，长三角要增加技术的外溢效益，为川渝、关中、天山北坡、兰西、黔中、滇中装备制造企业提供技术支持，实现研发共享，做好人才培养与输送。其次，该地区要注意加大对创新投入的监管。再次，该地区要加强外贸经济集约式增长。最后，建议长三角走科技金融之路。

（3）京津冀、呼包鄂

首先，京津冀要注重高科技研发人才的培养与留用，建议京津冀通过提高人才待遇大规模吸引和留住研发人才，通过增强城市公共资源利用率来提高城市承载率。其次，京津冀要以“双循环”下的“国内循环”为主导，成为国内装备制造业“领头雁”。京津冀的外向型经济优势不明显，北京是我国装备制造业非常发达的城市，也是京津冀主要的内陆地区，京津冀、呼包鄂可以尝试以“双循环”下的“国内循环”为主导，充分发挥产业技术优势，推动该区域乃至全国装备制造业的发展。再次，京津冀、呼包鄂要在已有全要素生产率优势的产业上进一步突破，走精细专业化发展之路，注重产品品质与技术创新。最后，该地区可以通过加强装备制造业与金融化的融合，得到比金融业发达地区更好的全要素生产率提升效果。

（4）山东半岛、辽中南哈长

首先，该地区要优化市场化环境。对于山东半岛、辽中南哈长而言，优化市场环境，不仅会直接促进全要素生产率的提升，而且会通过与对外开放的交互影响起到间接促进全要素生产率的作用。其次，该地区要以更高水平对外开放，推动共建“一带一路”高质量发展。山东半岛、辽中南哈长还可以通过区域产业政策与“一带一路”金融区域化路径，实现装备制造业全要素生产率的提升。以金融开放为枢纽，推动山东半岛蓝色经济带、东北老工业基地装备制造业的高质量发展。最后，该地区要立足于要素禀赋，缩小突破范围，发挥比较优势，提升高级要素投入效率，走特定领域专业化发展之路。

（5）长江中游、中原、太原城市群

首先，该地区要做好专业化分工与协作，推动区域经济高质量发展。其次，该地区要积极主动加快面向市场化、法治化进行经济体制改革，促进民企、外企的发展，提高非公有制经济的比重，这些都是该区域产业经济发展中需要完成的任务。最后，该地区要推进国有企业混合所有制改革。鼓励国有、民营、外资以及混合所有制的共同发展，激发市场活力；在非公有制经济中，着重提高民企的数量和规模；政府要有效发挥市场调控作用，不断健全市场运行机制，加强对各类产权性质企业的监管，建立公平、公正、公开的市场化体制。

（6）海峡西岸、北部湾

首先，该地区要扩大高水平对外开放，做好区域统筹规划与市场化体制优化。在对外开放的对象上，把东盟作为“走出去，请进来”的重点；在对外开放的内容上，一方面要加强实体经济的多边贸易，吸引外商直接投资，另一方面要做好金融开放。在金融开放方面，首先要建设投融资平台，其次要增强金融市场活性，为装备制造业开创科技金融的海陆双通道，打造面向东盟的金融开放门户。其次，该地区可以引进粤港澳大湾区、长三角成熟的金融技术，尝试开拓金融科技。再次，建议海峡西岸、北部湾以制度优化释放更大的市场活力，通过协调沟通机制、优化营商环境、完善政策支撑体系，实现区域经济的大幅提升。最后，该地区要优化产业结构，加大第三产业对装备制造业的支持。

（7）川渝、关中、天山北坡、兰西、黔中、滇中

首先，建议该地区建设“丝绸之路经济带”核心区科技金融中心。在川渝、关中、天山北坡、兰西、黔中、滇中建设一个服务于中国以及欧洲、东南亚等地共建“一带一路”国家装备制造业金融发展的科技金融中

心，并充分发挥其功能，对“丝绸之路经济带”实现高质量发展具有重要的现实意义。其次，该地区建设“丝绸之路经济带核心区科技金融中心”具备一定的可行性。最后，该地区应加大资本投资的“量”，提高研发资金投资的“质”。

主要参考文献

[1] ABDULLA K. Productivity gains from reallocation of talent in Brazil and India [J]. Journal of Macroeconomics, 2019 (62): 1-18.

[2] ABEL J R, DEY I, GABE T M. Productivity and the density of human capital [J]. Journal of Regional Science, 2012, 52 (4): 562-586.

[3] AITKEN B J, HARRISON A E. Do domestic firms benefit from direct foreign investment? Evidence from Venezuela [J]. American Economic Review, 1999, 89 (3): 605-618.

[4] ALONSO-BORREGO C, FORCADELL F J. Related diversification and R&D intensity dynamics [J]. Research Policy, 2010 (39): 537-548.

[5] ALVAREZ I, MARIN R. FDI and technology as levering factors of competitiveness in developing countries [J]. Journal of International Management, 2013, 19 (3): 232-246.

[6] ANDERSSON M, LOOF H. Agglomeration and productivity: Evidence from firm-level data [J]. The Annals of Regional Science, 2011, 46 (3): 601-620.

[7] ANDINI M, BLASIO G D, DURANTON G, et al. Marshallian labor market pooling: Evidence from Italy [J]. Regional Science and Urban Economics,

2013, 43 (6): 1008-1022.

[8] ANDREONI A, TREGENNA F. Escaping the middle-income technology trap: A comparative analysis of industrial policies in China, Brazil and South Africa [J]. Structural Change and Economic Dynamics, 2020, 54 (9): 324-340.

[9] ARIZALA F, CAVALLO E, GALINDO A. Financial development and TFP growth: Cross-country and industry-level evidence [J]. Applied Financial Economics, 2013, 23 (6): 433-448.

[10] ATKINSON R D. The case for a national industrial strategy to counter China's technological rise [EB/OL]. [2020-04-15]. https://d1bcsfjk95uj19.cloudfront.net/sites/default/files/2020-case-counter-national-industrial-strategy-china-technological-rise.pdf.

[11] AWOKUSE T O. Causality between exports, imports, and economic growth: Evidence from transition economies [J]. Economics Letters, 2016, 94 (3): 389-395.

[12] BASILE R, CAPELLO R, CARAGLIU A. Technological interdependence and regional growth in Europe: Proximity and synergy in knowledge spillovers [J]. Papers in Regional Science, 2012 (91): 697-722.

[13] BERESKIN F, HSU P H, ROTENBERG W. The real effects of real earnings management: Evidence from innovation [J]. Contemporary Accounting Research, 2018, 35 (1): 525-557.

[14] BEVERELLI C, FIORINI M, HOEKMAN B. Services trade policy and manufacturing productivity: The role of institutions [J]. Journal of International Economics, 2017, 104 (1): 166-182.

[15] BLOMSTROM M. Foreign investment and productive efficiency: The case of Mexico [J]. Journal of Industrial Economics, 1986, 15: 97-110.

[16] BLOOM N, GRIFFITH R, VAN REENEN J. Do R&D tax credits work? Evidence from a panel of countries 1979-1997 [J]. Journal of Public Economics, 2002 (85): 1-31.

[17] BLOOM N, VAN REENEN J. Measuring and explaining management practices across firms and countries [J]. Quarterly Journal of Economics, 2007, 122 (4): 1351-1408.

[18] BRANDT L, VAN BIESEBROECK J, ZHANG Y. Creative accounting or creative destruction? Firm-level productivity growth in Chinese manufacturing [J]. Journal of Development Economics, 2011, 97 (2): 339-351.

[19] BROWN J R, DEV C S. Improving productivity in a service business: Evidence from the hotel industry [J]. Journal of Service Research, 2000, 2 (4): 339-354.

[20] BRUNO A A, IVAN L B, STÉPHANE R C. Product market regulation, innovation, and productivity [J]. Research Policy, 2016, 45 (10): 2087-2104.

[21] CAVES R. Mutinational firms, competition and productivity in host country markets [J]. Economics, 1974 (41): 176-193.

[22] CHANG C L, OXLEY L. Industrial agglomeration, geographic innovation and total factor productivity: The case of Taiwan [J]. Mathematics and Computers in Simulation, 2009, 79 (9): 2787-2796.

[23] CHANG C L, ROBIN S. Public policy, innovation and total factor productivity: An application to Taiwan ' s manufacturing industry [J]. Mathematics and Computers in Simulation, 2008, 79 (3): 352-367.

[24] CHARNES A, COOPER W W, RHODES E. Measuring the efficiency of decision making units [J]. European Journal of Operational Research, 1978, 2 (6): 429-444.

[25] CHIDCHOB T, PIANTHONG N, ENGINEERING F O. Effect of driving force, knowledge management, and green supply chain management on competitiveness and business performance of manufacturing industries in Thailand [J]. Journal of International Business and Economics, 2019, 19 (2): 31-44.

[26] CHIN T, ROWLEY C. FDI manufacturers and their upgrading

strategies [J]. The Future of Chinese Manufacturing, 2018 (1): 25-59.

[27] CHO S, WOODS R H, JANG S, et al. Measuring the impact of human resource management practices on hospitality firms' performances [J]. International Journal of Hospitality Management, 2006, 25 (2): 262-277.

[28] CHUNG W, KALNINS A. Agglomeration effects and performance: A test of the Texas lodging industry [J]. Strategic Management Journal, 2001, 22 (10): 969-988.

[29] COE D T, HELPMAN E. International R&D spillovers [J]. Eurpean Economic Review, 1995 (39): 859-887.

[30] COMBES P P, DURANTON G. Labour pooling, labour poaching, and spatial clustering [J]. Regional Science and Urban Economics, 2006, 36 (1): 1-28.

[31] COMIN D, HOBIJN B. An exploration of technology diffusion [J]. American Economic Review, 2010, 100 (5): 2031-2059.

[32] DEMIR F. Financial liberalization, private investment and portfolio choice: Financialization of real sectors in emerging markets [J]. Journal of Development Economics, 2009, 88 (2): 314-324.

[33] DENISKOSYAKOV, ANDREYGUSKOV. Impact of national science policy on academic migration and research productivity in Russia [J]. Procedia Computer Science, 2019 (146): 60-71.

[34] DESTEFANIS S, SENA V. Public capital and total factor productivity: New evidence from the Italian regions, 1970-98 [J]. Regional Studies, 2010, 39 (5), 603-617.

[35] DING C, NIU Y. Market size, competition, and firm productivity for manufacturing in China [J]. Regional Science and Urban Economics, 2019, 74 (1): 81-98.

[36] DJANKOV S, HOEKMAN B. Foreign investment and productivity growth in Czech enterprises [J]. World Bank Economic Review, 2000: 49-84.

[37] FARE R, GROSSKOPF S, LINDGREN B, et al. Productivity

changes in Swedish Pharamacies 1980–1989: A non-parametric Malmquist approach [J]. The Journal of Productivity Analysis, 1992, 3 (1-2): 85-101.

[38] FARRELL M J. The measurement of productive efficiency [J]. Journal of the Royal Statistical Society, 1957, 120 (3): 253-290.

[39] FEDER G. On export economic growth [J]. Journal of Development Economics, 1982 (12): 59-73.

[40] FORAY D, HALL B H, MAIRESSE J. Pitfalls in estimating the returns to corporate R&D using accounting data [J]. SSRN Electronic Journal, 2009 (1).

[41] FREDRIK S.Technology gap, competition and spillover from direct foreign investment evidence from establishment data [J]. Journal of Development Studies, 1999 (36): 53-73.

[42] FRIED H O, LOVELL C A K, SCHMIDT S S, et al. Accounting for environmental effects and statistical noise in data envelopment analysis [J]. Journal of Productivity, 2002, 17 (2): 121-136.

[43] GE J, FU Y, XIE R, et al. The effect of GVC embeddedness on productivity improvement: From the perspective of R&D and government subsidy [J]. Technological Forecasting and Social Change, 2018, 135 (10): 22-31.

[44] GEREFFI G. International trade and industrial upgrading in the apparel commodity chain [J]. Journal of International Economics, 1999, 48 (1): 37-70.

[45] GHIRMAY T, RICHARD G, SHARMA S C. Exports, investment, efficiency growth in LDC: An empirical investigation [J]. Applied Economics, 2001, 33 (6): 689-700.

[46] GLAESER E L. Introduction agglomeration economics [J]. National Bureau of Economic Research, 2010: 1-14.

[47] GLAESER E L, MARÉ D C. Cities and skills [J]. Journal of Labor Economics, 2001, 19 (2): 316-342.

[48] GLOBERMAN S. Foreign direct investment and spillover efficiency benefits in Canadian manufacturing industries [J]. Canadian Journal of Economics, 1979 (12): 42-56.

[49] GRAHAM D J, MELO P C. Graham testing for labour pooling as a source of agglomeration economies: Evidence for labour markets in England and Wales [J]. Papers in Regional Science, 2014, 93 (1): 31-52.

[50] GRILICHES Z. Market value, R&D, and patents [J]. Economic Letter, 1981 (7): 183-187.

[51] GRILICHES Z. Productivity, R&D, and basic research at the firm level in the 1970s [J]. American Economic Review, 1986 (76): 141-154.

[52] GRILICHES Z. R&D and productivity: The econometric evidence [M]. Chicago: The University of Chicago Press, 1998.

[53] GRILICHES Z. R&D and the productivity slowdown [J]. American Economic Review, 1980, 70 (2): 343-348.

[54] GROSSMAN G M, HELPMAN E. Trade, knowledge spillover, and growth [J]. European Economic Review, 1991, 35 (2-3): 517-526.

[55] GUILLOU S. Competitiveness and export market shares in high tech industries in the US and the EMU countries: A comparative study [EB/OL]. [2006-10-01]. https://core.ac.uk/download/pdf/7061293.pdf.

[56] GUNNY K A. The relation between earnings management using real activities manipulation and future performance: Evidence from meeting earnings benchmarks [J]. Contemporary Accounting Research, 2010, 27 (3): 855-888.

[57] HADDAD M, HARRISON A. Are there positive spillovers from direct foreign investment: Evidence from panel data for Morocco [J]. Journal of Development Economics, 1993 (42): 51-74.

[58] HALL B H, HAYASHI F. Research and development as an investment [J]. Working Paper Series, 1989.

[59] HALL B H, LOTTI F, MAIRESSE J. Innovation and productivity in SMEs: Empirical evidence for Italy [J]. Small Business Economics,

2009，33（1）：13-33.

[60] HALL B H，MAIRESSE J. Exploring the relationship between R&D and productivity in French manufacturing firms [J]. Journal of Econometrics，1995（65）：263-293.

[61] HARMSE C，ABUKA C A. The links between trade policy and total factor productivity in South Africa's manufacturing sector [J]. South African Journal of Economics，2005，73（3）：389-405.

[62] HAYAMI Y，OGASAHARA J. The Kuznets versus the Marx pattern in modern economic growth：A perspective from the Japanese experience [J]. Working Paper，1995（1）.

[63] HELPMAN E，KRUGMAN P. Market structure and foreign trade：Increasing returns，imperfect competition，and the international economy [M]. Cambridge：MIT Press，1985.

[64] HELSLEY R W，STRANGE W C. Matching and agglomeration economies in a system of cities [J]. Regional Science and Urban Economics，1990，20（2）：189-212.

[65] HERRALA M E，HUOTARI H，HAAPASALO H J O. Governance of finish waterworks a DEA comparison of selected models [J]. Utilities Policy，2012，20（1）：64-70.

[66] HSIEH C T，KLENOW P J. Misallocation and manufacturing TFP in China and India [J]. The Quarterly Journal of Economics，2009，124（4）：1403-1448.

[67] HU C，TAN Y. Product differentiation，export participation and productivity growth：Evidence from Chinese manufacturing firms [J]. China Economic Review. 2016（41）：234-252.

[68] HUMPHREY J，SCHMITZ H. Governance and upgrading in global value chains：Linking industrial cluster and global value chain research [J]. IDS Working Paper，2000.

[69] IGNA I A，WATERMAN D. Upstream regulation，factor demand and productivity：Cross-industry differences in OECD countries，1975-2007

[J]. Information Economics and Policy, 2019, 49 (12): 1-12.

[70] IMBRIANI C, REGANATI F. International efficiency spillovers in to the Italian manufacturing sector - English summary [J]. Economic Interactionale, 1997 (50): 583-595.

[71] JEFFERSON G H, HUAMAO B, XIAOJING G, et al. R&D performance in Chinese industry [J]. Economics of Innovation and New Technology, 2006, 15 (4-5): 345-366.

[72] JOPPE M, LI X P. Productivity measurement in tourism: The need for better tools [J]. Journal of Travel Research, 2016, 55 (2): 139-149.

[73] KALNINS A, CHUNG W. Resource-seeking agglomeration: A study of market entry in the lodging industry [J]. Strategic Management Journal, 2004, 25 (7): 689-699.

[74] KAMIEN L, SCHWARTZ N L. Self-financing of an R&D project [J]. American Economic Review, 1978, 68 (3): 252-261.

[75] KESHARI P K, SAGGAR M. A firm level study of the determinants of export performance in machinery and transport equipment industry of India [J]. The Indian Economic Journal, 1989, 33 (6): 1-14.

[76] KHANNA R, ARNOULD R J, FINNERTY J E. Does infrastructure stimulate total factor productivity? A dynamic heterogeneous panel analysis for Indian manufacturing industries [J]. The Quarterly Review of Economics and Finance, 2020, 19 (8).

[77] KIM E. Trade liberalization and productivity growth in Korean manufacturing industries: Price protection, market power and scale efficiency [J]. Journal of Development Economics, 2000 (62): 55-83.

[78] KIM J, LAU L. Source of economic growth of the East Asian newly industrialized countries [J]. Journal of the Japanese and International Economics, 1994 (9): 235-271.

[79] KIM Y R, WILLIAMS A M, PARK S, et al. Spatial spillovers of agglomeration economies and productivity in the tourism industry: The case of

the UK [J]. Tourism Management, 2021, 82 (2): 1-13.

[80] KOHTAMAKI M, PARTANEN J. Co-creating value from knowledge-intensive business service in manufacturing firms: The moderating role of relationship learning in supplier-customer interactions [J]. Journal of Business Research, 2016, 69 (7): 2498-2506.

[81] KOKKO A. Productivity spillovers from competition between local firms and foreign affiliates [J]. Journal of International Development, 1996 (8): 517-530.

[82] KOOPMAN R, POWERS W, WANG Z, et al. Give credit where credit is due: Tracing value added in global production chains [J]. NBER Working Paper, 2010.

[83] KOZIOWSKA J. Services in machinery manufacturing sector in Poland [J]. Procedia Engineering, 2017, 182 (3): 350-358.

[84] KRUGMAN P. Increasing returns and economic geography [J]. Journal of Political Economy, 1991, 99 (3): 483-499.

[85] KUMAR S A, CHANDRA S N, DUKHABANDHU S. Impact of policy reforms on the productivity growth of Indian coal mining: A decomposition analysis [J]. Resources Policy, 2018, 59 (9): 460-467.

[86] LE M D, ZANINOTTO E, BERKOWITZ D, et al. From central planning towards a market economy: The role of ownership and competition in Vietnamese firms' productivity [J]. Journal of Comparative Economics, 2019, 47 (3): 693-716.

[87] LI Y, CHEN Y. Development of an SBM-ML model for the measurement of green total factor productivity: The case of pearl river delta urban agglomeration [J]. Renewable and Sustainable Energy Reviews, 2021, 145 (2): 1-9.

[88] MADERA J M, DAWSON M, GUCHAIT P, et al. Strategic human resources management research in hospitality and tourism: A review of current literature and suggestions for the future [J]. International Journal of Contemporary Hospitality Management, 2017, 29 (1): 48-67.

[89] MARIOTTI S, PISCITELLO L, ELIA S. Spatial agglomeration of multinational enterprises: The role of information externalities and knowledge spillovers [J]. Journal of Economic Geography, 2010, 10 (4): 519-538.

[90] MARSHALL A. Principles of economics [M]. 8th Edition. London: Macmillan, 1920.

[91] MARTIN R, SUNLEY P. Deconstructing clusters: Chaotic concept or policy panacea? [J]. Journal of Economic Geography, 2003, 3 (1): 5-35.

[92] MCCANN B T, FOLTA T B. Demand- and supply-side agglomerations: Distinguishing between fundamentally different manifestations of geographic concentration [J]. Journal of Management Studies, 2009, 46 (3): 362-392.

[93] MERTON R C, BODIE Z. The design of financial systems: Towards a synthesis of function and structure [J]. SSRN Electronic Journal, 2004 (3): 1388-1389.

[94] MINNITI A, VENTURINI F. R&D policy, productivity growth and distance to frontier [J]. Economics Letters, 2017, 156 (7): 92-94.

[95] NGUYEN H Q. Business reforms and total factor productivity in Vietnamese manufacturing [J]. Journal of Asian Economics, 2017 (51): 33-42.

[96] NOVELLI M, SCHMITZ B, SPENCER T. Networks, clusters and innovation in tourism: A UK experience [J]. Tourism Management, 2006, 27 (6): 1141-1152.

[97] OBSTFELD M. Risk-taking, global diversification, and growth [J]. American Economic Review, 1994, 84 (5): 1310-1329.

[98] OVERMAN H G, PUGA D. Labour pooling as a source of agglomeration: An empirical investigation [J]. SERC Discussion Paper, 2008 (6): 133-150.

[99] PABLO J, ORTIZ D. Financialization: The AIDS of economic system [J]. Ensayos de Economía, 2014, 23 (44): 55-73.

[100] PANANOND P. Where do we go from here? Globalizing subsidiaries moving up the value chain [J]. Journal of International Management, 2013, 19 (3): 207-219.

[101] PAVCNIK N. Trade liberalization, exit, and productivity improvements: Evidence from Chilean plants [J]. Review of Economic Studies, 2002 (69): 240-290.

[102] PENEDER M. Structural change and aggregate growth [J]. WIFO Working Paper, 2002.

[103] PERKINS F C. Export performance and enterprise reform in China's coastal provinces [J]. Economic Development and Cultural Change, 1997, 45 (3), 501-539.

[104] PORTER M E. Clusters and the new economics of competition [J]. Harvard Business Review, 1998, 76 (6): 77-90.

[105] PUSKAROVA P, PIRIBAUER P. The impact of knowledge spillovers on total factor productivity revisited: New evidence from selected European capital regions [J]. Economic Systems, 2016, 40 (3): 335-344.

[106] RAMMER C, WOERTER M, STUCKI T, et al. Does energy policy hurt international competitiveness of firms? A comparative study for Germany, Switzerland and Austria [J]. Energy Policy, 2017, 109 (10): 154-180.

[107] ROBERT C, FEENSTRA G H. Global production sharing and rising inequality: A survey of trade and wages [J]. NBER Working Paper, 2001.

[108] ROBERTO A, LOPEZ R A. Exporting and performance: Evidence from Chilean plants [J]. Canadian Journal of Economics, 2005 (38): 1360-1400.

[109] ROSENTHAL S S, STRANGE W C. Evidence on the nature and sources of agglomeration economies [J]. Handbook of regional and urban economics, 2004 (4): 2119-2171.

[110] ROTHWELL R. Towards the fifth-generation innovation process [J]. International Marketing Review, 1994, 11 (1): 7-31.

[111] SANZ-CÓRDOBA P. The role of infrastructure investment and factor productivity in international tax competition [J]. Economic Modelling, 2020, 85 (2): 30-38.

[112] SCHERER F M. Firm size, Market structure, opportunity and the output of patented inventions [J]. American Economic Review, 1965, 55 (5): 1097-1125.

[113] SERDAROĞLU T. Financial openness and total factor productivity in Turkey [J]. Procedia Economics and Finance, 2015 (30): 848-862.

[114] SHAO L, HE Y, FENG C, et al. An empirical analysis of total-factor productivity in 30 sub-sub-sectors of China's nonferrous metal industry [J]. Resources Policy, 2016, 50: 264-269.

[115] SHAVER J M, FLYER F. Agglomeration economies, firm heterogeneity and foreign direct investment in the United States [J]. Strategic Management Journal, 2000, 21 (12): 1175-1193.

[116] SHEFER D, FRENKEL A. R&D, firm size and innovation: An empirical analysis [J]. Technovation, 2005, 25 (1): 25-32.

[117] SIM N. International production sharing and economic development: Moving up the value-chain for a small-open economy [J]. Applied Economics Letters, 2004, 11 (14): 885-889.

[118] SOLOW R M. Technical change and the aggregate production function [J]. Review of Economics and Statistics, 1957 (8): 312-320.

[119] SYVERSON C. What determines productivity? [J]. Journal of Economic Literature, 2011, 49 (2): 326-365.

[120] TURNER C, TAMURA R, MULHOLLAND S E. How important are human capital, physical capital and total factor productivity for determining state economic growth in the United States, 1840-2000 [J]. Journal of Economic Growth, 2013, 18 (4): 319-371.

［121］ÚBEDA-GARCÍA M，CLAVER CORTÉS E，MARCO-LAJARA B，et al. Strategy，training and performance fit［J］. International Journal of Hospitality Management，2014（42）：100-116.

［122］VU Q，TRAN T Q. Government financial support and firm productivity in Vietnam［J］. Finance Research Letters，2021（40）：1-7.

［123］WAUGH M E. Comment on：Innovation，productivity，and monetary policy［J］. Journal of Monetary Economics，2018，93（1）：42-44.

［124］WHEELER C H. Cities and the growth of wages among young workers：Evidence from the NLSY［J］. Journal of Urban Economics，2006，60（2）：162-184.

［125］WORLEY J S. Industrial research and the new competition［J］. Journal of Political Economy，1961，69（2）：243-252.

［126］WU S，LI B，NIE Q，et al. Government expenditure，corruption and total factor productivity［J］. Journal of Cleaner Production，2017，168（12）：279-289.

［127］XIONG A，WESTLUND H，LI H，et al. Social capital and total factor productivity：Evidence from Chinese provinces［J］. China & World Economy，2017，25（4）：22-43.

［128］XU B，SENDRA-GARCÍA J，GAO Y，et al. Driving total factor productivity：Capital and labor with tax allocation［J］. Technological Forecasting and Social Change，2020，150（1）：1-10.

［129］XU H，LAI M，QI P. Openness，human capital and total factor productivity：Evidence from China［J］. Journal of Chinese Economic & Business Studies，2008，6（3）：279-289.

［130］白极星，周京奎. 研发聚集、创新能力与产业转型升级：基于中国工业企业数据实证研究［J］. 科学决策，2017（1）：1-17.

［131］班琦. 房价上涨、企业多元化与其生产效率［D］. 成都：西南财经大学，2019.

［132］蔡昉. 中国经济增长如何转向全要素生产率驱动型［J］. 中国

社会科学，2013（1）：56-71；206.

［133］蔡跃洲，付一夫. 全要素生产率增长中的技术效应与结构效应——基于中国宏观和产业数据的测算及分解［J］. 经济研究，2017，52（1）：72-88.

［134］曹雨. 全球价值链背景下中国装备制造业分工地位的影响因素分析［D］. 大连：东北财经大学，2018.

［135］曾春华，杨兴全. 多元化经营、财务杠杆与过度投资［J］. 审计与经济研究，2012，27（6）：83-91.

［136］陈爱贞，刘志彪. 决定我国装备制造业在全球价值链中地位的因素——基于各细分行业投入产出实证分析［J］. 国际贸易问题，2011（4）：115-125.

［137］陈洁雄. 制造业服务化与经营绩效的实证检验——基于中美上市公司的比较［J］. 商业经济与管理，2010（4）：32-41.

［138］陈骏，徐捍军. 企业寻租如何影响盈余管理［J］. 中国工业经济，2019（12）：171-188.

［139］陈明，韩秀申，周海燕. 中国高科技产品出口竞争力发展趋势及对策研究［J］. 国际经济合作，2015（4）：39-42.

［140］陈伟光，郭晴. 逆全球化机理分析与新型全球化及其治理重塑［J］. 南开学报（哲学社会科学版），2017（5）：58-70.

［141］陈喜强，傅元海，罗云. 政府主导区域经济一体化战略影响制造业结构优化研究——以泛珠三角区域为例的考察［J］. 中国软科学，2017（9）：69-81.

［142］刁秀华，李姣姣，李宇. 高技术产业的企业规模质量、技术创新效率及区域差异的门槛效应［J］. 中国软科学，2018（11）：184-192.

［143］丁志国，赵宣凯，苏治. 中国经济增长的核心动力——基于资源配置效率的产业升级方向与路径选择［J］. 中国工业经济，2012（9）：18-30.

［144］董琴. "逆全球化"及其新发展对国际经贸的影响与中国策略研究［J］. 经济学家，2018（12）：91-98.

［145］董香书，肖翔. 三大区域政策提高了劳动报酬比重吗？——基

于中国工业企业数据的实证研究［J］. 经济学动态，2016（8）：82-92.

［146］杜晓旭，李钕铃. 中国铁路运输设备制造业国际竞争力分析［J］. 经济研究导刊，2016（23）：27-29.

［147］杜勇，张欢，陈建英. 金融化对实体企业未来主业发展的影响：促进还是抑制［J］. 中国工业经济，2017（12）：113-131.

［148］段瑞君. 技术进步、技术效率与产业结构升级——基于中国285个城市的空间计量检验［J］. 研究与发展管理，2018，30（6）：106-116.

［149］樊纲. 渐进式改革的政治经济学分析［M］. 上海：上海远东出版社，1996.

［150］范德成，杜明月. 高端装备制造业技术创新资源配置效率及影响因素研究——基于两阶段StoNED和Tobit模型的实证分析［J］. 中国管理科学，2018，26（1）：13-24.

［151］范黎波，马聪聪，马晓婕. 多元化、政府补贴与农业企业绩效——基于A股农业上市公司的实证研究［J］. 农业经济问题，2012，33（11）：83-90；112.

［152］冯英杰，钟水映，赵家羚，等. 市场化程度、资源错配与企业全要素生产率［J］. 西南民族大学学报（人文社科版），2020，41（5）：100-112.

［153］冯贞柏. 行业技术效率测度与全要素生产率增长的分解［J］. 经济评论，2019（3）：57-73.

［154］傅晓霞，吴利学. 技术效率、资本深化与地区差异——基于随机前沿模型的中国地区收敛分析［J］. 经济研究，2006（10）：52-61.

［155］傅元海，叶祥松，王展祥. 制造业结构变迁与经济增长效率提高［J］. 经济研究，2016，51（8）：86-100.

［156］耿强，江飞涛，傅坦. 政策性补贴、产能过剩与中国的经济波动——引入产能利用率RBC模型的实证检验［J］. 中国工业经济，2011（5）：27-36.

［157］郭玉屏. 全球价值链视角下的宁波装备制造业产业升级［D］. 沈阳：辽宁大学，2013.

［158］国家发展计划委员会产业发展司．中国装备制造业发展研究总报告（上册）［R］．2002．

［159］郝睿．经济效率与地区平等：中国省际经济增长与差距的实证分析（1978—2003）［J］．世界经济文汇，2006（2）：11-29．

［160］何宁，夏友富．新一轮技术革命背景下中国装备制造业产业升级路径与评价指标体系研究［J］．科技管理研究，2018（9）：68-76．

［161］何施，黄科舫，吕鹏辉．我国高端装备制造业关键材料科技成果计量分析［J］．情报杂志，2013（2）：57-61．

［162］胡海峰，窦斌，王爱萍．企业金融化与生产效率［J］．世界经济，2020，43（1）：70-96．

［163］胡汉辉，倪卫红．集成创新的宏观意义：产业集聚层面的分析［J］．中国软科学，2002（12）：36-38．

［164］黄群慧，贺俊．中国制造业的核心能力、功能定位与发展战略［J］．中国工业经济，2015（6）：5-17．

［165］霍文慧．基于全球价值链的黑龙江省装备制造业升级路径研究［D］．哈尔滨：哈尔滨商业大学，2018．

［166］纪玉俊，孙红梅．市场化、产业协同集聚与城市生产率［J］．山东科技大学学报（社会科学版），2020，22（1）：91-101．

［167］江波，郑健壮．全球价值链环境下的产业集群升级战略研究［J］．技术经济，2008，27（4）：19-21．

［168］姜绍华．山东装备制造业发展的思考［J］．山东经济，2007（4）：128-131．

［169］蒋殿春．高级微观经济学［M］．北京：北京大学出版社，2008．

［170］蒋楠，郑晨．政府补助是否促进了企业研发投入及实质性创新？［J］．中国注册会计师，2020（1）：34-39．

［171］金钊．中国轨道交通装备制造业进出口状况和国际竞争力分析［J］．中国科技投资，2013（30）：1-2，6．

［172］康学芹，廉雅娟．中美高新技术产业竞争力比较与中国的战略选择［J］．河北经贸大学学报，2020，41（1）：76-85．

［173］赖艳蕾．市场化进程对高技术产业生产率的影响研究［D］．广州：广东外语外贸大学，2020．

［174］李斌，祁源，李倩．财政分权、FDI与绿色全要素生产率——基于面板数据动态GMM方法的实证检验［J］．国际贸易问题，2016（7）：119-129．

［175］李锋．《财富》未来50强榜单出炉：中国21家企业入围［N］．21世纪经济报道，2018-11-29．

［176］李京文，钟学义．中国生产率分析前沿［M］．北京：社会科学文献出版社，1998．

［177］李静，孟令杰，吴福象．中国地区发展差异的再检验：要素积累抑或TFP［J］．世界经济，2006（1）：12-22．

［178］李静，楠玉，刘霞辉．中国研发投入的“索洛悖论”——解释及人力资本匹配含义［J］．经济学家，2017（1）：31-38．

［179］李庆雪．区域装备制造业与生产性服务业互动融合运行机制研究［D］．哈尔滨：哈尔滨理工大学，2018．

［180］李然，马萌．京津冀产业转移的行业选择及布局优化［J］．经济问题，2016（1）：124-129．

［181］李小平，朱钟棣．国际贸易、R&D溢出和生产率增长［J］．经济研究，2006（2）：31-43．

［182］李晓钟，陈涵乐，张小蒂．信息产业与制造业融合的绩效研究——基于浙江省的数据［J］．中国软科学，2017（1）：22-30．

［183］林桂军，何武．中国装备制造业在全球价值链的地位及升级趋势［J］．国际贸易问题，2015（4）：3-15．

［184］林毅夫，任若恩．东亚经济增长模式相关争论的再探讨［J］．经济研究，2007，57（8）：4-12．

［185］林毅夫，张鹏飞．适宜技术、技术选择和发展中国家的经济增长［J］．经济学（季刊），2006（3）：985-1006．

［186］林毅夫．新结构经济学的产业政策［J］．中外书摘：经典版，2016（6）：34-36．

［187］刘笃池，贺玉平，王曦．企业金融化对实体企业生产效率的影

响研究［J］．上海经济研究，2016（8）：74-83．

［188］刘佳斌．辽宁装备制造业实现全球价值链地位提升的路径研究［D］．沈阳：辽宁大学，2018．

［189］刘立峰．“十四五”规划应把握的方向与重点［J］．中国经贸导刊，2020（3）：92-96．

［190］刘似臣，张诗琪．金砖国家装备制造业出口增加值比较研究［J］．统计研究，2018，35（8）：48-57．

［191］刘树峰，杜德斌，覃雄合，等．基于创新价值链视角下中国创新效率时空格局与影响因素分析［J］．地理科学，2019，39（2）：173-182．

［192］娄岩，刘燕玲，黄鲁成．基于专利分析的北京高端装备制造业对策研究［J］．科技管理研究，2012（9）：38-40．

［193］毛德凤，李静，彭飞，等．研发投入与企业全要素生产率——基于PSM和GPS的检验［J］．财经研究，2013，39（4）：134-144．

［194］毛其淋，盛斌．对外经济开放、区域市场整合与全要素生产率［J］．经济学（季刊），2012，11（1）：181-210．

［195］毛蕴诗，刘富先，李田．企业升级路径测量量表开发［J］．华南师范大学学报（社会科学版），2016（3）：103-117．

［196］米运生，易秋霖．全球化、全要素生产率与区域发展差异——基于珠三角、长三角和环渤海的面板数据分析［J］．国际贸易问题，2008（5）：17-22．

［197］潘辉，汤毅．美国“制造业回归”战略最新进展及对华经济效应分析［J］．河北经贸大学学报，2018，39（4）：66-72．

［198］逄红梅．我国装备制造业技术效率测算与空间分布研究［J］．财经问题研究，2014（1）：34-41．

［199］彭国华．中国地区收入差距、全要素生产率及其收敛分析［J］．经济研究，2005（9）：19-29．

［200］綦良群，蔡渊渊，王成东．我国装备制造业与生产性服务业互动作用及效率评价研究［J］．中国科技论坛，2015（1）：63-68．

［201］綦良群，李兴杰．区域装备制造业产业结构升级机理及影响因

素研究［J］. 中国软科学，2011（5）：138-147.

［202］钱学锋，余弋. 出口市场多元化与企业生产率：中国经验［J］. 世界经济，2014，37（2）：3-27.

［203］钱雪松，康瑾，唐英伦，等. 产业政策、资本配置效率与企业全要素生产率——基于中国2009年十大产业振兴规划自然实验的经验研究［J］. 中国工业经济，2018（8）：42-59.

［204］乔世政．“一带一路”背景下高端设备制造业的发展路径［J］. 宏观经济管理，2016（7）：68-74.

［205］邱金辉，侯剑平. 多元化对上市公司生产效率影响的实证研究［J］. 系统工程，2006（11）：85-89.

［206］阮舟一龙，许志端. 县域营商环境竞争的空间溢出效应研究——来自贵州省的经验证据［J］. 经济管理，2020，42（7）：75-92.

［207］芮明杰. 产业国际竞争力评价理论与方法［M］. 上海：复旦大学出版社，2012.

［208］邵昶，李健. 产业链“波粒二象性”研究——论产业链的特性、结构及其整合［J］. 中国工业经济，2007（9）：5-13.

［209］邵敏，包群. 政府补贴与企业生产率——基于我国工业企业的经验分析［J］. 中国工业经济，2012（7）：70-82.

［210］沈国兵，李韵. 全球生产网络下中国出口竞争力的变化及其成因——基于增加值市场渗透率的分析［J］. 财经研究，2017，43（3）：81-93.

［211］盛丽丽. 生产性服务业对江苏装备制造业国际竞争力的影响研究［D］. 南京：南京财经大学，2014.

［212］盛明泉，汪顺，商玉萍. 金融资产配置与实体企业全要素生产率：“产融相长”还是“脱实向虚”［J］. 财贸研究，2018，29（10）：87-97，110.

［213］盛新宇，刘向丽. 美、德、日、中四国高端装备制造业国际竞争力及影响因素比较分析［J］. 南都学坛，2017，37（3）：99-108.

［214］宋凌云，王贤彬. 重点产业政策、资源重置与产业生产率［J］. 管理世界，2013（12）：63-77.

[215] 孙晓华，郑辉．R&D溢出对中国制造业全要素生产率的影响——基于产业间、国际贸易和FDI三种溢出渠道的实证检验［J］．南开经济研究，2012（5）：18-35．

［216］唐静，赵兰香，万劲波．中国最优R&D投入强度测算［J］．科研管理，2014，35（6）：102-107．

［217］陶长琪，彭永樟，李富强．产业梯度转移促进技术势能集聚的驱动机制与空间效应［J］．中国软科学，2019（11）：17-30．

［218］田泽，程飞．我国东部沿海地区装备制造业生产效率研究——基于三阶段DEA模型［J］．工业技术经济，2017，36（5）：13-20．

［219］佟家栋，谢丹阳，包群，等．“逆全球化”与实体经济转型升级笔谈［J］．中国工业经济，2017（6）：5-59．

［220］涂正革，谌仁俊．传统方法测度的环境技术效率低估了环境治理效率？——来自基于网络DEA的方向性环境距离函数方法分析中国工业省级面板数据的证据［J］．经济评论，2013（5）：89-99．

［221］王兵，吴延瑞，颜鹏飞．中国区域环境效率与环境全要素生产率增长［J］．经济研究，2010，45（5）：95-109．

［222］王福君．比较优势演化与装备制造业升级研究［D］．长春：东北师范大学，2009．

［223］王红建，曹瑜强，杨庆，等．实体企业金融化促进还是抑制了企业创新——基于中国制造业上市公司的经验研究［J］．南开管理评论，2017，20（1）：155-166．

［224］王厚双，盛新宇．中国高端装备制造业国际竞争力比较研究［J］．大连理工大学学报（社会科学版），2020，41（1）：8-18．

［225］王群．基于全球价值链视角的辽宁装备制造业集群发展模式研究［D］．沈阳：辽宁大学，2009．

［226］王三兴，董文静．中国制造业的分工地位和国际竞争力研究——基于行业上游度和RCA指数的测算［J］．南京财经大学学报，2018（4）：44-52．

［227］王恕立，王许亮．双向FDI的生产率效应研究——基于中部地区的省际面板数据［J］．武汉理工大学学报（社会科学版），2016，29

(5)：883-890.

[228] 王思语. 制造业服务化对我国制造业产业升级的影响研究 [D]. 北京：对外经济贸易大学，2018.

[229] 王稳. 经济效率内生增长的作用机制 [J]. 中国人民大学学报，2004 (4)：48-55.

[230] 王英，董轲萌. 产业集聚的环境效应及其空间溢出——以江苏装备制造业为例 [J]. 科技管理研究，2019，39 (10)：248-255.

[231] 王永龙. "再制造业化"战略建构及对我国的影响效应 [J]. 经济学家，2017 (11)：97-104.

[232] 魏志华，李常青. 多元化究竟是"馅饼"还是"陷阱"？——基于产出效率视角的实证研究 [J]. 财贸研究，2009，20 (5)：126-133.

[233] 吴舟，林洪熙. "一带一路"最终圈定18省 福建和新疆成核心区 [EB/OL]. [2015-03-29]. http：//www.fjrd.gov.cn/ct/4-92957.

[234] 肖利平. "互联网+"提升了我国装备制造业的全要素生产率吗 [J]. 经济学家，2018 (12)：38-46.

[235] 肖文，林高榜. 政府支持、研发管理与技术创新效率——基于中国工业行业的实证分析 [J]. 管理世界，2014 (4)：71-80.

[236] 肖兴志，王伊攀. 政府补贴与企业社会资本投资决策——来自战略性新兴产业的经验证据 [J]. 中国工业经济，2014 (9)：148-160.

[237] 肖忠意，林琳. 企业金融化、生命周期与持续性创新——基于行业分类的实证研究 [J]. 财经研究，2019，45 (8)：43-57.

[238] 谢家智，王文涛，江源. 制造业金融化、政府控制与技术创新 [J]. 经济学动态，2014 (11)：78-88.

[239] 谢建国，周露昭. 进口贸易、吸收能力与国际R&D技术溢出：中国省区面板数据的研究 [J]. 世界经济，2009，32 (9)：68-81.

[240] 谢贤君，王晓芳，任晓刚. 市场化对绿色全要素生产率的影响 [J]. 北京理工大学学报（社会科学版），2021，23 (1)：67-78.

[241] 熊爱华，张质彬. 国有企业混合所有制改革、金融化程度与全要素生产率 [J]. 南方经济，2020 (9)：86-106.

[242] 徐冰曦. 美国制造业回归对我国产业升级的影响 [D]. 杭州：

浙江大学，2014.

［243］徐坚．逆全球化风潮与全球化的转型发展［J］．国际问题研究，2017（3）：115-125.

［244］徐孝勇，曾恒源．“逆全球化”背景下中国制造业转型升级路径研究［J］．重庆科技学院学报（社会科学版），2018（6）：35-38.

［245］徐振鑫，莫长炜，陈其林．制造业服务化：我国制造业升级的一个现实性选择［J］．经济学家，2016（9）：59-67.

［246］许平祥，李宝伟．企业金融资产配置与全要素生产率之谜——基于中国A股制造业上市公司财务数据的GMM分析［J］．贵州财经大学学报，2019（6）：44-55.

［247］许亚运．美国制造业回归对中国制造业出口竞争力影响研究［D］．蚌埠：安徽财经大学，2014.

［248］颜新艳，马妍妍，俞毛毛．非金融企业金融化行为与全要素生产率——基于合理性分析的视角［J］．管理现代化，2020，40（5）：5-11.

［249］杨斌．中国高端装备制造业发展报告［M］．北京：清华大学出版社，2017.

［250］杨冕，王银．FDI对中国环境全要素生产率的影响——基于省际层面的实证研究［J］．经济问题探索，2016（5）：30-37.

［251］杨汝岱．中国制造业企业全要素生产率研究［J］．经济研究，2015，50（2）：61-74.

［252］杨文溥．过度金融化及其资源错配效应研究［J］．西南金融，2019（11）：22-31.

［253］杨兴全，申艳艳，尹兴强．外资银行进入与公司投资效率：缓解融资约束抑或抑制代理冲突？［J］．财经研究，2017（2）：97-108.

［254］杨筝．实体企业金融化与全要素生产率：资源优化还是资源错配？［J］．贵州社会科学，2019（8）：145-153.

［255］易纲，樊纲，李岩．关于中国经济增长与全要素生产率的理论思考［J］．经济研究，2003（8）：13-20，90.

［256］于浩．非金融企业金融化对创新的影响［D］．郑州：河南财

经政法大学，2019.

［257］余国新，张建红. 企业多元化经营与生产效率关系的实证研究——基于农业上市公司的分析［J］. 中国农学通报，2009，25（2）：300-306.

［258］余明桂，回雅甫，潘红波. 政治联系、寻租与地方政府财政补贴有效性［J］. 经济研究，2010，45（3）：65-77.

［259］余泳泽，张妍. 我国高技术产业地区效率差异与全要素生产率增长率分解——基于三投入随机前沿生产函数分析［J］. 产业经济研究，2012（1）：44-53.

［260］余子鹏.金融发展、研发投入与高新产业国际竞争力［J］. 湖北社会科学，2018（11）：51-58.

［261］袁凯华，彭水军，陈泓文. 国内价值链推动中国制造业出口价值攀升的事实与解释［J］. 经济学家，2019（9）：93-103.

［262］詹建兴."一带一路"下全球化与"逆全球化"研究［J］. 河南社会科学，2017，25（10）：27-32.

［263］张德荣. 要素收益率与生产率动态关系之定量研究［J］. 沈阳航空航天大学学报，2012（8）.

［264］张凡. 区域创新效率与经济增长实证研究［J］. 中国软科学，2019（2）：155-162.

［265］张海洋. 中国工业部门R&D吸收能力与外资技术扩散［J］. 管理世界，2005（6）：82-88.

［266］张满银. 中国特色区域规划体系研究［J］. 中国软科学，2020（5）：72-84.

［267］张美莎，徐浩，冯涛. 营商环境、关系型借贷与中小企业技术创新［J］. 山西财经大学学报，2019，41（2）：35-49.

［268］张文中，蔡青青，克龃，等."丝绸之路经济带"核心区丝路能源金融中心建设研究［J］. 新疆社会科学，2019（6）：35-45.

［269］张友国. 区域间产业转移模式与梯度优势重构——以长江经济带为例［J］. 中国软科学，2020（3）：87-99.

［270］张玉芹，李辰. 我国装备制造业在全球价值链的地位分析

[J]. 国际商务（对外经济贸易大学学报），2016（5）：76-87.

[271] 张月月，俞荣建，陈力田. 国内国际价值环流嵌入视角下中国装备制造业的升级思路 [J]. 经济学家，2020（10）：107-116.

[272] 张志昌，任淮秀. 政府补贴、寻租与企业研发人力资本投入 [J]. 云南财经大学学报，2020，36（3）：92-103.

[273] 张中元，赵国庆. FDI、环境规制与技术进步——基于中国省际数据的实证分析 [J]. 数量经济技术经济研究，2012（4）：19-32.

[274] 张子峰，周杰，薛有志. 多元化经营对R&D投入影响的实证研究 [J]. 科学学与科学技术管理，2010（2）：19-22.

[275] 赵桐，宋之杰. 中国装备制造业的双重价值链分工——基于区域总产出增加值完全分解模型 [J]. 国际贸易问题，2018（11）：74-89.

[276] 赵新成，郑军，王媚莎，等. 税收负担、寻租与企业研发策略——基于中国民营企业调查数据的实证研究 [J]. 会计之友，2020（12）：126-131.

[277] 甄丽明，罗党论. 信贷寻租、金融错配及其对企业创新行为影响 [J]. 产经评论，2019，10（4）：68-80.

[278] 郑玉歆. 全要素生产率的测度及经济增长方式的“阶段性”规律——由东亚经济增长方式的争论谈起 [J]. 经济研究，1999（5）：3-5.

[279] 中国人民银行货币政策分析小组. 中国货币政策执行报告 [M]. 北京：中国金融出版社，2002.

[280] 周程，张杰军. 跨越创新过程中的“死亡之谷”——科技成果产业化问题刍议 [J]. 科学学与科学技术管理，2010，31（3）：50-55.

[281] 周永莲. 区域市场化水平对商贸流通业发展的影响——基于省级面板的实证 [J]. 商业经济研究，2019（22）：17-19.

[282] 朱彦. 生产性服务业集聚对中国制造业升级的影响研究 [D]. 西安：西北大学，2019.

[283] 宗庆庆，周亚虹. 内生情形下企业研发对生产率作用评估 [J]. 世界经济文汇，2013（6）：39-54.

索引